서진학교, 17년의 기다림과 장애인권 이야기

학교 가는 길

학교 가는 길

서진학교, 17년의 기다림과
장애인권 이야기

김정인
그리고 발달장애인 부모 7인 함께 쓰다

책폴

표지 설명

표지 상단부터 중앙까지, 책의 3분의 2 정도를 차지하는 크기로 이 책의 제목 '학교 가는 길'이 세 줄로 쓰여 있다. 제목의 둘째 줄 왼쪽 부분에 책의 부제인 '서진학교, 17년의 기다림과 장애인권 이야기'가 쓰여 있다. 제목의 셋째 줄 오른쪽 부분에 저자인 '김정인 그리고 발달장애인 부모 7인 함께 쓰다'가 적혀 있다.

표지의 배경은 수채화 느낌의 그림이다. 학교로 걸어가는 아이와 그 곁에 아이 손을 잡고 함께하는 엄마. 학교로 향하는 이 두 사람의 뒷모습이 뭉게구름이 떠 있는 파란 하늘 아래 그려져 있다. 하늘의 오른쪽과 왼쪽에는 새 몇 마리가 날고 있고, 표지 하단의 학교 가는 길목에는 초록의 풀밭과 나무들이 있으며 노랑, 파랑의 꽃씨가 등교를 반기는 듯 일렁이고 있다.

전자책이나 오디오북 등으로 이 책을 접할 때, 시력이 나쁘거나 시각 장애가 있는 이들이 책의 표지를 접할 때, 시각 외의 감각으로도 표지 디자인을 느낄 수 있도록 표지 설명을 적어 둡니다.

마로와 마로의 친구들에게

일러두기

- 이 책은 2017년부터 2022년까지 이어진 다큐멘터리 〈학교 가는 길〉의 기획과 제작, 배급 과정을 다루고 있습니다.
- 주요 인물의 호칭은 기본적으로 이름에 어머니를 붙이는 것으로 통일하되 필요에 따라 당시 전국장애인부모연대에서 맡은 직책을 기준으로 표기하였습니다. 전국장애인부모연대는 장애 자녀와 그 가족이 의미 있는 삶을 사는 사회를 만들기 위해 장애인 부모들이 힘을 모아 만든 단체입니다.
- 장애인 가족이 겪은 비극적인 일은 구체적인 신원을 노출하지 않는 선에서 최대한 현실에 가깝게 소개하였습니다.
- 장애 자녀의 아버지들도 자녀를 위해 열심히 활동하고 계십니다. 다만 낮 동안 경제 활동에 나설 경우 현장 참여가 적었고, 투쟁이 한창일 때는 본의 아닌 물리적인 충돌 등을 염려해 직접 자리하지 않기도 하였습니다. 책을 읽는 동안 아버지들의 존재와 역할에 오해 없기를 바랍니다.
- 본문의 사진 자료는 다큐멘터리 장면을 바탕으로 하였고, 377쪽의 사진은 DMZ 국제다큐멘터리영화제에서 제공받았습니다.
- 국립국어원 표기 원칙에 따랐으며 단행본, 정기 간행물, 신문의 제목은 『 』, 영화·방송 프로그램·노래 제목은 〈 〉로 묶어 표기하였습니다.

추천의 글

우리가 누군가에게 공감한다는 것은 그를 이해하기 때문이며, 그의 기쁨과 슬픔을 유추할 수 있기 때문이다. 비장애인에게 장애의 세계는 낯설고 알 수 없는 세계다. 김정인 감독은 자신도 몰랐던 미지로 한 발 한 발 걸어 들어가 마침내 진심으로 그 세계를 끌어안게 된다. 이 책은 격렬한 지역의 반대 속에서 서진학교가 설립되기까지의 과정을 그린 다큐멘터리 〈학교 가는 길〉의 제작기이며 동시에 장애에 대한 세간의 차별과 혐오를 넘어 그가 도달한 공감의 기록이다. 무엇보다 두드러진 것은 그가 마주한 세계로 우리를 안내하는, 참으로 다정한 길 안내서라는 사실이다.

- 김옥영(다큐멘터리 작가, 『다큐의 기술』 저자)

비장애인이 숨 쉬듯 누리는 자연스러운 일상이 장애인에게는 투쟁의 대상이 되는 사회. 영화 〈학교 가는 길〉은 그런 우리 사회의 민낯을 적나라하게 보여 주었다. 그리고 1년 후, 김정인 감독이 카메라 앵글 안에 담지 못한 이야기가 활자가 되어 책으로 만들어졌다. 평범한 일상의 순간에서 차별을 발견하고 삶의 변화를 만들어 간 이야기는 진정한 연대의 삶이 무엇인지 자신을 돌아볼 기회를 마련해 준다.

- 백정연(소소한소통 대표, 『장애인과 함께 사는 법』 저자)

결코 요약될 수 없는 이야기가 있다. 심장을 꺼내 탈탈 털어도 다 못할 이야기를 길어 내는 문법은 말끔한 문장도, 유창한 말재주도 아니다. 곁에 머무는 마음이다. 언제 끝날지 알 수 없는 여정이 언제 끝나든 가장 오래 남아 함께하겠다는 마음. 그 우직한 마음을 만났을 때만 입을 여는 이야기가 한 편의 다큐멘터리 영화와 그 영화의 제작기인 이 책에 있다. 그 마음이 담아낸 한 공립 특수학교의 개교 과정을 따라가다 보면, 싫어하지 않는다며 외면하고 차별하지 않는다며 구별 지어 온 '우리'의 가장 솔직한 모습과 마주하게 된다. 장애 자녀가 살아갈 세상의 폭을 넓히기 위해 무릎을 꿇어서라도 맞서 온 엄마들의 분투에 한없이 부끄러워진다.

- 이문영(기자, 『노랑의 미로』 저자)

특수학교 설립을 반대하는 이들 앞에서 학부모들이 무릎을 꿇고 호소하던 모습부터 장애 학생과 학부모의 평범한 하루하루까지 꼼꼼하게 담아냈던 다큐멘터리 〈학교 가는 길〉이 전해 준 울림을 기억한다. 그 묵직한 울림을, 이번에는 종이 위에서 다시 한번 느꼈다. 기록은 힘이 세다고 한다. 장애 학생의 교육권을 향한 치열한 노력이 영상과 활자를 통해 널리 소개된다면, 우리는 장애와 비장애의 경계를 넘어 다양한 정체성이 공존하는 사회로 한 걸음 더 나아갈 것이다. 김정인 감독과 발달장애인 부모들의 소중한 기록이 많은 이들에게 가닿기를 바란다.

- 조희연(전 성공회대 교수)

다시, 길 위에 서서

허락도 없이 당신을 길동무라 부르기로 했습니다. 이 멀고 험한 여정을 계속하려면 한 사람의 동행이라도 귀한 법이니, 오랜 망설임 끝에 살며시 초대의 손길을 내밀고자 합니다.

책을 쓰고 있는 지금은 2022년입니다. 영화가 끝나고 다시 시작되는 여정 앞에서, 애석하게도 제 마음은 썩 기쁘지가 않습니다. 이유를 고백하기보다 부탁을 하나 드리고 싶습니다. 언젠가 기회가 된다면 꼭 한 번, '발달장애인'을 인터넷 포털에서 검색하고 이맘때의 뉴스를 찾아보길 바랍니다. 관심 밖에서 멀어진, 잊지 말아야 할 무언가를 발견하게 될 테니까요.

수많은 당신의 노력에 힘입어 우리는 큰 나라를 일구었습니다. 어디에 내놓아도 당당하게 어깨를 나란히 할 수 있지요. 나의 나라가 한없이 자랑스럽습니다만, 최근 들려온 소식에는 적잖이 낙담이 되기도 했습니다.

서울에 사는 40대 어머니가 발달장애가 있는 6세 아이를 안고 생을 마감했습니다. 인천에서는 한 어머니가 중증 장애를 앓는 딸을 살해한 뒤 체포되었습니다. 본인도 뒤따르려다 가족에게 발견되어 겨우 살았습니다. 같이 가지 못한 것을, 그는 몹시 후회했습니다.

이게 전부가 아닙니다. 경남 밀양에서 발달장애인의 부모가 스스로 목숨을 끊었습니다. 전남 여수에서는 지적 장애인이 가까운 친척의 폭행으로 숨졌습니다. 검색해 보면 아실 겁니다. 온통 우울한 뉴스뿐이지요.

〈학교 가는 길〉 개봉 이후 저는 신이 났었습니다. 전국 방방곡곡을 다니며 만난 관객들은 영화의 메시지에 깊은 공감을 표해 주었습니다. 더 나은 세상을 만들자고 외쳤습니다. 고마운 결과였고 놀라운 반향이었지만 아직은 안주할 때가 아닌 듯합니다.

끊임없이 들려오는 비극의 굴레 앞에 저는 다시 한번 극도의 무력감을 느낍니다. 깊이 절망했습니다. 단 한 번도 다큐멘터리가 세상을 바꿀 수 있다고 믿은 적 없지만, 이토록 꿈쩍도 하지 않을 줄은 미처 몰랐습니다.

한국의 장애인 자살률이 비장애인의 두 배를 웃돌고, 장애인 관련 예산이 OECD 꼴찌 수준인 것은 어제오늘 이야기가 아닙니다. 죽지 않아도 될, 죽으면 안 되는 사람들이 절망 속에서 생을 향한 희망을, 의지를, 자진해서 저버리고 있습니다. 더 큰 문제는 기나긴 죽음의 행렬이 어디서 끝날지 아무도 모른다는 점이지요.

그러나 아직 포기하기엔 이릅니다. 여전히 뜻을 꺾지 않은 이들이 있습니다. 온갖 악조건에도 살아남은 장애인 부모들은 자녀들의 행복과 인간다운 삶을 위하여 존엄하고 숭고하게 투쟁을 이어 갑니다. 절대 물러서지 않겠다고, 단념하지 않겠다고, 기필코 무심한 세상을 바꾸어 내겠다며 몸부림치고 있습니다.

한동안 냉소와 비관에 빠져 있던 저도 그들의 불굴의 의지를 보며 다시금 마음을 다잡습니다. 더욱 뜨겁게 전의를 불태워 봅니다.

이 책에 담겨 있는 현실은 절대 만만치 않습니다. 발달장애인들이 졸업 이후 맞닥뜨리게 될 세상을 보면 더욱 그러합니다. 아득히 멀고 험한 길이 앞에 놓여 있지요. 그러나 저는 확신합니다. 더 많은 길동무와 함께 손잡고 이 길을 걷는다면, 우리는 어느새 성큼 목적지에 다다를 수 있을 것입니다.

그 세계는 지금과는 많이 다른 모습입니다. 또 다른 현정이와 혜련이, 지현이와 재준이 들은 눈치 보지 않고, 마음 졸이지 않고 원하는 교육을 받을 수 있습니다. 열심히 배우고 익혀 졸업 후에는 적성과 능력을 고려한 직업생활을 시작합니다. 일한 만큼 벌고, 번 만큼 세금도 내고, 가끔 가족에게 통닭 한 마리 정도는 화끈하게 쏠 수도 있을 것입니다.

외딴곳에 있는 시설에 들어가는 것이 아니라 지역사회 내에서 뿌리내리고 비장애인과 함께 살아갑니다. 발달장애인을 둘러싼 현실로 인해 나머지 가족 구성원이 고통받거나 무너지지 않고 각자의 일상을 살아갑니다.

꿈만 같은 상상인가요? 이렇게만 되면 얼마나 좋을까요? 더는 내 아이보다 하루만 더 살고 싶다고 절규하는 부모는 없지 않을까요. 그러면 평생을 죄인처럼 살아가는 부모도 존재하지 않겠지요. 굳이 저상버스나 지하철 역사 내 엘리베이터를 언급하지 않더라도, 장애인이 살기 좋은 세상에서 비장애인은 얼마나 더 누릴 수 있는 게 많을까요.

유토피아를 만들자는 게 아닙니다. 단지 대다수 당신에게 당연히 주어진 보통의 삶을 발달장애인과 그 가족들도 대수롭지 않게 경험하면 좋겠습니다. 평범한 하루하루, 그뿐입니다.

한시적인 자리에 머무는 권력자들보다는 영속성을 지닌 당신이 더 중요합니다. 그래서 다시 한번 조심스레 손을 내밀어 봅니다.

길동무가 되어 주시겠습니까?

함께한 우리를 소개합니다

김남연

중증자폐성장애를 가진 청년 윤호의 엄마. 투쟁 현장에서는 한없이 냉철하고 전략적으로 행동하지만 실은 자유분방하고 정 많은 성격을 지녔다. 윤호의 유치원 입학 거부 사건을 계기로 장애인권 활동가가 되었다. 끊임없이 도전하고 부딪히는 것을 두려워하지 않는 자세로 평범했던 장애인 부모들을 조직화하는 데 힘써 왔다. 발달장애 정책을 요구하고 실현시키기 위해서라면 국회, 세종시, 서울시청, 교육청 등 어디든 달려간다.

발달장애를 가진 아들과 예민한 딸을 둔 엄마. 삶을 '쓰임'과 '즐김'으로 나누고자 하며 전국장애인부모연대 부모활동가라는 쓰임을 가장 명예롭게 여긴다. 전공인 동양철학을 주제로 청소년 인문학 책을 몇 권 냈고 SF 소설을 쓰고자 하는 소망을 여전히 간직하고 있다. 걷다가 생각하려면 멈춰 서야만 하는 버릇이 있다. 자신과 평생 불화하여 자기 자신을 봐 주지 않으면서, 모든 평계를 게으름에 갖다 대는 '비겁하고 용렬한 자'로 스스로를 일컫는다.

김종옥

발달장애를 가진 지현이의 엄마. 지현이의 중학교 진학을 앞두고 어려움을 겪으며 발달장애인의 교육권 이슈에 눈을 떴다. 2013년에 강서장애인부모회를 설립한 후 본격적인 부모운동에 나서며 서진학교 개교 및 여러 발달장애인 관련 정책 활동에 참여했다. 현재는 국가의 '탈시설 정책'에 발맞추어 발달장애인의 지역사회 통합을 돕는 일자리를 발굴하고 훈련 기회를 제공하며, 고용 기업을 지원하는 활동을 하고 있다. 추진력과 실행력이 가히 천하무적!

이은자

장민희

세 딸을 둔 엄마로, 그중 둘째가 혜련이다. 사회복지사로 일하며 발달장애인과 그 가족의 복지를 위해 앞장서고 있다. 장애 자녀를 둔 엄마로서 자신이 경험한 아픔을 다른 가족들이 덜 겪을 수 있도록 돕는 일에 보람을 느낀다. 공익을 먼저 생각하는 마음과 씩씩한 자세는 한국전쟁 때 군의관으로 전사한 할아버지와 베트남전쟁 참전 유공자인 아버지의 영향 덕분이라 생각하여, 두 분께 늘 감사하며 살고 있다.

신중하고 책임감이 강한 성격으로, 딸 여섯 중 맏이로
태어나 일탈 한번 하지 않고 착실하게 살아왔다. 평범
하던 삶은 자폐성장애가 있는 재준이의 엄마가 되면서
롤러코스터 타는 것처럼 백팔십도, 확끈하게 바뀌었다.
평소에는 겁이 많고 소심하지만 의외로 대범하게 일을
해 나갈 수 있는 건 전적으로 재준이 때문이다. 재준이
엄마로 사는 삶을 아끼고 사랑한다.

정난모

조부용

전형적인 틀에서 한 치도 벗어나지 않은 학창 생활을
한, 이른바 '노잼 모범생'이었다. 발달장애라는 선물(?)
을 가지고 태어난 보물(!) 둘째 딸 현정이 덕분에 낯선
세계에 입문했고 비교적 뒤늦게 부모운동에 발 담그게
되었다. '투쟁'이란 단어가 여전히 입에 낯설지만, 그 누
구보다 속성으로 배워 가장 뜨겁고도 치열한 나날을 보
냈다. 2018년~2020년, 강서장애인부모회 3기 회장을
역임했다.

최보영

동해시 장애인학부모회의 회장을 맡고 있다. 뇌병변 장애 1급 판정을 받은 열아홉 살 기쁨이와 열다섯 살 아라, 이렇게 두 딸의 엄마다. 초등학교 때부터 운동선수 생활을 해서인지 매사에 활력이 넘치며, 장애 아이들을 위해서라면 '쌈닭'이 되기를 자처하는 열혈 근성의 소유자. "다른 지역으로 이사 가지 않아도 동해시에서 우리 아이들을 충분히 키울 수 있다."는 이상을 현실로 이루고자, 오늘도 가만히 쉬지 못한다.

그리고
김정인

아빠가 된 후 부모의 마음을 조금씩 알게 되면서 생애 가장 진지한 태도로 인생을 개척해 나가고 있다. 만나고 헤어지는 게 삶의 본질이라지만 다큐멘터리의 세계 속에서 얽힌 인연을 그 무엇보다 소중히 여긴다. 사람들에게 질문을 던지는 이야기를 찾아 나서고자 하는 의지로 언제나 불타오른다.

책의 주요 등장인물

차례

◢ 1장　시작하는 마음

◢ 2장　다가가는 걸음

◢ 3장　바라보는 마음

◢ 4장　사라져 간 걸음

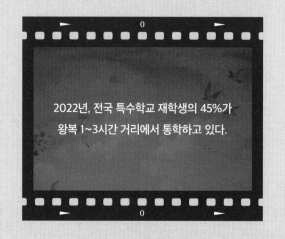

2022년, 전국 특수학교 재학생의 45%가
왕복 1~3시간 거리에서 통학하고 있다.

등교 준비

이른 아침, 휴대폰 알람 소리에 놀라 잠이 깼다. 미세하게 돌아온 정신 줄에 반해 눈꺼풀은 여전히 꿈쩍도 하지 않았다. 비몽사몽간에 어디선가 울고 있는 휴대폰을 찾으려 연신 팔을 허우적댔다.

"잡았다, 요놈……."

이불 속에 파묻혀 있던 녀석을 겨우 달래 놓았다. 요란했던 불청객이 가시니 완벽한 평화가 스며들었다. '딱 5분만 더 자 볼까?' 순간 달콤한 유혹에 흔들린다. 평소 같으면 못 이기는 척 다시 누웠겠지만, "안 돼!" 하고 마음을 다잡았다. 하늘이 두 쪽 나도, 오늘은 반드시 학교에 가야만 한다.

집을 나서는데 주체할 수 없는 하품이 쏟아졌다. 시곗바늘은 이제 막 6시를 넘어서고 있다. 등교하려고 이렇게 일찍 일어난 건 고등학교 이후 처음이 아닐까 싶다. 지금쯤이면 지현이도 잠에서 깬 하루를 시작하고 있겠지? 늦지 않기 위해 부지런히 길을 나섰다. 그렇다. 오늘은 서울시 강서구에서부터 구로구에 있는 정진학교까지, 지현이와 함께 스쿨버스를 타기로 한 날이다.

지현이네 집 주차장에 도착하니 얼추 시간이 맞았다. 간단하게 카메라를 점검하면서 오늘 촬영할 상황을 이미지 트레이닝했다. 비좁고 흔들리는 스쿨버스 안에서 어떻게 하면 지현이의 등굣길 풍경을 잘 담아낼 수 있을지가 관건이었다.

다큐멘터리 제작에 웬 '이미지 트레이닝'이냐고 반문하는 분이 계실지 모르겠지만, 사실 콘티 없는 촬영일수록 변수가 많기 때문에 여러 가능성을 예측하고 그에 따른 대응책을 고민해 보는 과정은 필수다. 물론 그렇게 준비한다 해도 막상 실전에서는 빗나갈 때가 태반이다. 그럼에도 나름의 대안을 마련해서 진행하는 촬영과 빈손으로 부딪히는 촬영은 결과물을 놓고 볼 때 큰 차이가 있다.

잠시 후, 이은자 어머니께서 이제 곧 지현이가 엘리베이터를 탄다고 전화 주셨다. 황급히 아파트 출입문 앞으로 달려가 카메라를 켜 놓고 대기했다. 지현이가 앞장서고 이은자 어머니가 뒤따라 오셨다. 지현이는 내게 인사를 까딱 건네고는 빠른 걸음으로 직진했다. 스쿨버스 타는 곳까지 가는 과정을 다양한 컷으로 구성하고 싶었는데 지현이의 속도를 따라가기도 벅찼다.

이윽고 길 하나를 건너 조금 올라가니 노란색 정진학교 스쿨버스가 보였다. 어떤 학생들은 스쿨버스 타러 가는 길마저 한참 걸린다는데 그나마 지현이는 정류장이 가까워 다행이라고, 이은 자 어머니가 웃으며 말했다. 그의 안도에 어떻게 반응해야 할지 난감했다. 나는 아마 잠시 '웃픈' 표정을 짓고서 버스에 올랐을 것이다.

지현이는 매일 아침 6시에 일어난다. 일어나자마자 밥을 먹어야 하는데, 보통 이 시간에 일어나면 제아무리 미식가라 한들 식욕이 있을 리 없다. 어렵사리 식탁 앞에서 씨름하고 나서는 세수하고 머리 감고 옷을 입어야 한다. 이외에도 이것저것 준비할 게 많다. 시간이 오래 걸리는 일이고 지현이 혼자서는 아직 능숙하게 해내기가 어렵다. 모든 과정을 한 시간 안에 끝내야만 늦지 않고 버스에 오를 수 있기 때문에 엄마와 딸은 이인삼각을 하듯 단짝이 되어, 3년째 전쟁 같은 아침을 보내고 있다.

지금 이 순간에도 전국의 수많은 이은자와 안지현이 비슷한 모습으로 매일 아침을 맞이할 것이다. 일전에 만난 한 어머니는 시간을 아끼기 위해 전날 밤 미리 자녀에게 양말을 신겨 재운다고 말씀하셨다. 대한민국 장애 학생들의 학교 가는 길이 어쩌다 이렇게 된 것일까?

지현이는 자리에 앉아서부터 줄곧 창밖을 응시했다. 희미한 소리로 콧노래를 흥얼거리다가 이따금 배시시 웃기도 했다. 지루함을 달래는 지현이만의 노하우일지도 모르겠다. 지현이의 세계 안에는 무엇이 존재하는지, 뷰파인더 속 클로즈업된 표정을 보면서 나의 궁금증도 커져만 갔다. 언젠가 꼭 한 번쯤은 물어보고 싶다는 생각이 들었다.

'지현아, 너 그때 무슨 노래를 불렀던 거야? 그리고 왜 웃었던 거야?'

잠시 후 버스는 가양동 공진초등학교 앞 진입로에 들어섰다. 거리 위로 빼곡하게 들어선 '특수학교 설립반대' 관련 현수막들이 잔바람에 일렁였다. 재빨리 카메라를 바깥으로 틀어 그 모습을 촬영했다. 하필 버스가 지나는 경로 코앞이니 학생들의 시선에도 한눈에 들어왔을 것이다. '버스 안 아이들은 매일 아침 날 선 문구와 인사하겠구나⋯⋯.' 왠지 모를 씁쓸함이 밀려왔다. 출발한 지 한참이 지난 것 같은데 목적지는 여전히 멀게만 느껴졌다.

지현이네 집에서 정진학교까지는 대략 12km 남짓. 교통 사정이 좋다면 20분 안에 충분히 갈 수 있는 거리다. 그런데 지현이는 날마다 편도 1시간 30분, 왕복 3시간가량을 스쿨버스에서 보내고 있다. 특수학교가 절대적으로 부족하다 보니 여러 지역에 사는 학생들이 몰릴 수밖에 없고 그러다 보면 스쿨버스 노선이 복잡해지기 마련이다. 이날도 강서구에서 구로구로 넘어오는 길 여기저기에서 학생들을 태웠다. 조용하던 버스 안이 하나둘 학생들로 채워지면서 활기를 띠었지만 수다스러운 분위기는 이내

잦아들었다.

　시간이 흐를수록 꾸벅꾸벅 졸거나 의자에 기대 잠을 청하는 아이들이 늘어났다. 아침 일찍 일어나서 잠이 부족할 테니, 학교에 도착하려면 아직도 멀었으니, 당연히 그럴 만도 했다. 장시간 이동으로 생리 현상 조절이 어려운 친구들은 아예 기저귀를 차고 스쿨버스에 오른다고도 한다.

　이 모든 게 통학거리만 가까웠더라면 전혀 문제 되지 않았을 것들이다. 교실에 닿기도 전에 피로해진 아이들. 온전한 학교생활이, 배움이 가능할지 마음 쓰였다.

　아침 7시 20분쯤 출발한 버스는 9시가 다 되어서야 학교에 도착했다. 나 역시 기진맥진했지만 교문 앞에서 미리 내려 학교로 들어오는 버스를 카메라에 담았다. 곧이어 다른 지역에서 출발한 버스 서너 대가 줄지어 도착해 운동장을 가득 메웠다. 학생들은 질서 있게 버스에서 내려, 기다리고 있던 인솔교사와 함께 교실로 들어갔다.

이들 중 상당수가 지현이처럼 먼 길을 달려왔을 것이다. 그리고 하교 후에 다시금 그 길을 거슬러 돌아갈 것이다. 인파 속으로 사라지는 지현이의 뒷모습을 물끄러미 바라보면서 부디 오늘 하루 잘 지내기를, 건투를 빌었다. 학생들이 모두 사라진 운동장 전경을 다양한 각도에서 조금 더 촬영한 후 이날 일정을 마무리했다. 강서구에서 촬영할 때보다 집으로 가는 시간이 배는 길어졌지만 불평할 수는 없다. 누군가에게 참으로 멀고 험난한 학교 가는 길은 내일도 계속될 테니까.

1장

시작하는 마음

モ든 국민은 능력에 따라
균등하게 교육을 받을 권리가 있다.
왜 이 당연한 것이 장애 학생들에게는
당연하게 이뤄지지 않는 걸까.

1   첫걸음

2017년 7월 초 어느 날. 그날의 온도는 기억나지 않는다. 아마도 초여름의 적당한 후덥지근함이 찾아왔을 것이다. 책상에 앉아 여느 때처럼 인터넷 뉴스를 검색하고 있었다. 세계 평화와 직결된 긴박한 속보에서 믿거나 말거나 식의 터무니없는 해프닝까지, 하루도 빠짐없이 수많은 소식이 세상에 나고 진다.

화면을 훑어보던 중 기사 하나가 눈에 띄었다. 분량은 길지 않았다. 2017년 7월 6일, 서울 강서 지역 공립특수학교 신설을 위한 1차 주민토론회가 열렸다는 내용이었다. 장애인 학부모 측, 주민 대표단, 서울시 교육청 관계자들이 모인 이 토론회는 시작도 못 하고 무산되었다고 했다.

저간의 사정을 완독하지 않아도 상황을 재구성하는 것은 어렵지 않았다. 부둥켜 울고 있는 장애인 부모들의 사진 한 장이 모든 것을 말하고 있었다.

　보통은 무력감이 드는 기사를 만나면 재빨리 다른 읽을거리를 찾아 나선다. 더는 신경 쓰고 싶지 않아서다. 습관처럼 검지에 힘을 줘 클릭을 이어 갔다. 연예인과 관련된 가십거리에 기웃거리거나 좋아하는 스포츠 스타의 최신 동향을 찾아보기도 했다. 의도적으로 온갖 시시콜콜한 글을 읽고서 낄낄대며 웃었다.

　그런데 이상한 일이다. 힘껏 시선을 돌리려는데도 기원을 알 수 없는 자성이 계속해서 마음을 끌어당겼다. 좀처럼 떨쳐 낼 수가 없었다. 결국, 어느 틈엔가 되돌아가 조금 전 그 기사를 찬찬히 읽고 있는 나를 발견했다. 그것만으로는 성에 차지 않아 검색 창에 '강서구 특수학교'를 넣고 더 많은 관련 소식을 찾아 헤매었다. 그때만 해도 언론의 관심이 크지 않았던 터라 기사가 많지 않았다. 그래서 더욱 신중하게, 짤막한 기사 하나라도 허투루 대하지 않고 몇 번씩 반복해서 읽었다.

　평소 장애에 대해 아는 것도 없었고, 솔직히 관심이라고는 전무했다. 그랬던 내가 그날, 그 사건에는 왜 그리 호들갑스럽게 반응했을까?

　그리고 보면 한 사람의 인생이 언제나 심각하고 중차대한 계기로 변곡점을 맞는 것은 아니다. 오히려 아주 사소한 상황 때문에, 얼떨결에 내린 결정으로 경로가 바뀌는 경우도 적지 않을 것이다. 때로 인생의 궤적이란, 전자레인지 안에서 막 터지기 시작한 팝콘처럼 어디로 튈지 종잡을 수가 없다.

　나도 마찬가지였다. 그때만 해도 우연히 마주친 기사 하나가 앞으로 5년 동안, 어쩌면 그 이후로도 쭉 내 삶에 지대한 영향을 끼치리라고는 전혀 상상하지 못했다. 종착지를 가늠할 수 없는 미지의 영역을 향해, 나의 '학교 가는 길'은 그렇게 첫걸음을 내디뎠다.

　　　　　　　　　　　　　　　　　　　시작하는 마음

2 그때 그 마음

어느덧 살아온 날과 살아갈 날이 아슬하게 균형을 이루고 있을
것만 같은 시기에 접어들었다. 여전히 사소한 일에도 갈팡질팡,
판단력이 옹색하여 불혹(不惑)이라는 별칭은 민망하지만 심신의
활력이 예전 같지 않음은 명백하다. 이쯤 되면 본능적으로 알아
챈다. 이 악물고 풀 액셀러레이터를 밟고서 덤비는 세월에 맞설
방법은 없음을. 온갖 첨단과학과 의학, 미용기술의 힘을 빌려 저
항한다 한들 대세는 이미 기울었을 것이다. 그저 가는 세월의 급
가속이 너무 야속하지 않기만을 바라며 하루하루 최선을 다하는
수밖에.

그러고 보니 요즘 들어 과거를 추억하는 시간이 부쩍 늘었다.
아직은 하고 싶은 일도 많고 앞으로 나아가고자 하는 의지도 충
만하나 켜켜이 쌓인 지난 시절은 고단한 오늘을 견디게 하는 버

팀목이 되어 준다. 물론 지금 당장 이불 킥을 부르는 사건 사고도 허다하고, 다시는 반복하고 싶지 않은 실수나 아픔도 적지 않다. 그럼에도 부족하면 부족한 대로, 아쉬우면 아쉬운 대로, 내 삶의 모든 발자취를 보듬어 낼 수 있는 여유와 용기가 이제야 생긴다.

무엇보다, 하찮은 인생 중에도 좋은 시절은 있었다. 거창하고 폼 나는 모양새와는 거리가 멀었지만 소중하고 의미 있으며 감사한 순간들이 분명히 있었다. 그중에서도 가장 기억에 남는 일을 꼽으라면 단연 한 아이의 아빠가 된 것이겠다.

올해로 마로와 만나게 된 지 10년이 넘었다. 옹알이나 겨우 하던 녀석은 그사이 훌쩍 커서 요새는 티끌만 한 일에도 잔소리를 늘어놓거나 말대꾸하기 일쑤다. 그 모습에 때로 헛웃음이 나기도 하지만 한편으로는 이만큼 자란 마로가 대견하다. 이제 곧 본격적인 10대 반열(?)에 오르고 사춘기를 맞이할 텐데, 그때는 이 아이의 삶에서 아빠의 존재도 점차 희미해질 것이다. 섭섭한 마음이 앞설 법도 하지만 되레 안도감이 찾아오는 건 왜일까?

솔직히 고백하자면 아빠라는 역할은 아직도 어렵다. 아이가 태어나고부터 단 하루도 편한 날이 없었다. 강산이 한 번 변할 만큼 적지 않은 시간이 흘렀건만 아빠 노릇은 나도 생전 처음이라, 제대로 하고 있는지 늘 두렵고 떨리는 마음이었다. 왜 그때 조금 더 기다리지 못하고 화를 냈는지, 왜 그때 조금 더 이해하지 못하고 핀잔을 주었는지, 왜 그때 조금 더 따뜻하게 안아 주지 못했고

　　　　　　　　　　　　시작하는 마음

조금 더 자주 사랑한다고 표현하지 못했는지, 지나고 나면 두고 두고 미안할 뿐이다.

자식은 부모의 거울이라고, 정말이지 어느 순간부터 마로가 귀신같이 알고 내 행동을 따라 하기 시작했을 때는 정신이 번쩍 들었다. 행여 안 좋은 모습까지 닮을까 봐 말 한마디, 행동거지 하나하나 신중에 신중을 기했지만 번번이 역부족이었음을 인정하지 않을 수 없다. 만약 '아빠 되기 자격시험' 같은 게 있었다면 나는 진즉에 낙제를 면치 못했을 것이다.

아이의 시선에서 멀어지면 아빠의 자리에서 느끼는 부담도 줄어들기 마련이다. 그렇다고 내가 마땅히 해야 할 책무를 외면하겠다는 뜻은 아니다. 이전과는 다른 방식으로 긴장감을 지니려고 한다. 지금도 변함없는 부족함투성이, 풋내기 아빠이지만 이제 적어도 내 자식이 귀한 만큼 남의 자식도 귀하다는 것쯤은 알게 되었다. 그런 의미에서 우리 아이들이 살아갈 세상은 내가 살아온 세상보다 단 한 뼘이라도 나은 곳이 되길 바란다. 부끄러운 유산(遺産)만큼은 대물림하지 않으면 좋겠다.

다큐멘터리 〈학교 가는 길〉에는 평범한 소시민으로 살아가던 한 중년의 작은 소망이 담겨 있다. 앞서도 언급했다시피, 그간 장애와 장애인, 장애인을 둘러싼 현실에 대한 관심이 눈곱만치도 없던 나였다. 그랬던 내가 아빠가 되고, 부모의 마음이 무엇인지 조금씩 알아 가면서 잠시 읽은 기사 하나에 마음을 쏟게 된 것 같다.

그들의 안부가 궁금했다. 그들의 이야기가 떠나지 않고 마음 속에 맴돌았다. 살면서 처음 겪는 감정이었다. 일반적인 학부모들은 '어떻게 하면 좋은 학군을 찾아갈 수 있을지, 주변에 괜찮은 사립학교, 또는 잘 가르친다는 학원이 어디인지'를 주된 관심사로 내세우지 않던가? 학교에 가는 것 자체를 걱정해야 하는 상황은 상상도 못 할 일이었다.

그런데 자녀가 입학할 때부터 기막힌 현실의 벽에 좌절하는 부모들이, 운 좋게 학교에 갈 수 있다고 한들 아주 먼 길을 돌아가야 하는 아이들이, 엄연히 우리 사회에 존재하지만 동시에 존재하지 않는다는 사실을 알게 되었다. 그림자처럼, 숨죽이며, 그들이 그렇게 살고 있었다.

다시 지난날을 돌이켜 본다. 남 일에 크게 신경 쓰지 않고 살았고 아마 남은 인생도 유사한 태도로 맞이할 것이다. 때문에 '공감'이라는 단어는 내게 겸연쩍다. 애당초 그럴 만한 그릇이 못 되고, 그저 마음 가는 대로 단순하게 행동했을 뿐이다.

행여 가식이나 위선은 아닐지 몇 차례 자문해 본 적은 있다. 마땅한 결론에 이르지는 못했으나 아무렴 상관은 없겠다 싶다. 그때나 지금이나 크게 변한 것은 없기 때문이다. 마로의 아빠로서, 동시대를 사는 장애인 부모들에게 그저 작은 위로와 응원이 되었으면 하는 바람이었다. 오지랖일 수도 있겠지만, 그 마음만은 진심이었다.

시작하는 마음

3   명운

1차 토론회가 무산되고 두 달여가 흘렀다. 아침저녁으로는 제법 선선한 바람이 불었지만 늦더위의 여운이 채 가시지 않던 즈음이었다.

"현장에 답이 있다."라는 격언은 비단 범죄 수사 시에만 통용되는 것은 아닌 듯싶다. 다큐멘터리 제작을 위해서도 필수적인 덕목이다. 범죄 현장, 즉 크라임신(Crime Scene)에서 수사관이 증거를 찾고 사건을 분석하듯 다큐멘터리신(Documentary Scene)에서 감독은 이야기의 얼개를 채집하고 본질을 추적한다. 이처럼 다큐멘터리의 근거가 되는 토대는 늘 현장에 있다. 제아무리 대단한 프로젝트를 기획했다 한들 방구석을 박차고 나와 현장으로 달려가지 않으면 그 이야기는 세상에 나오지 못할 가능성이 크다. 그리하여 2017년 9월 5일, 현장으로 향했다. 1차 토론회가 시작도 못 하고 파행으로 끝난 까닭에 2차 토론회가 다시 열린 것이다.

점심을 대충 먹고 서둘러 강서구 가양동으로 향했다. 가방 속에는 손바닥만 한 미러리스 카메라 두 대와 삼각대뿐이라 어깨는 가벼웠다. 오랜만의 촬영을 앞두고 잠시 긴장이 되기도 했지만 그렇다고 큰 부담은 느끼지 않았다. 사실 이때까지만 해도 '어떤 상황인지 일단 가서 한번 볼까?' 정도였기에 복잡하게 생각할 일이 아니었다.

집에서 지하철로 한 시간 반 남짓. 가양동은 학부 시절 SBS 방송국 공개홀 견학차 와 본 이후 처음이다. 태생적으로 기억력이 좋지 않은 데다 워낙 오래전 일이라 모든 게 새로운 동네였다. 서울 시내 대부분이 그렇겠지만 지하철역을 나오자마자 빼곡히 들어선 아파트촌과 마주쳤다. 구역별로 잘 나뉘어 조성된 것이 조금 오래된 신도시 같은 느낌도 들었다. 이제부터는 정신을 바짝 차려야 했다. 행여 딴 길로 샐까 봐 휴대폰 지도를 켜고, 주변 지형지물을 확인하며, 경로를 따라 조심스레 이동했다.

첫 번째 목적지는 특수학교 설립 예정지인 공진초등학교 부지였다. 여기를 먼저 들르려고 여유 있게 출발했다. 큰 사거리를 지나 학교가 있는 쪽으로 우회전했는데, 그때부터 사뭇 다른 분위기가 감지되었다. 거리 위로 줄지어 늘어선 현수막들이 단박에 시선을 사로잡았다. 반대 주민들의 굳건한 결기를 보여 주듯 색상부터 강렬했다. 어떤 것은 조희연 서울시 교육감과 교육청의 행태를 비판했고, 어떤 것은 지역구를 대표하는 김성태 국회의원의 공약 이행을 촉구하기도 했다. 서울시 내 불균형한 특수학교 운영 실태를 비판하는 내용도 있었다.

단연 눈에 띈 문구는 '국립한방병원 설립하여 우리도 한번 잘살아 보자'라는 현수막이었다. 이처럼 내용은 저마다 달랐지만 결론은 특수학교 설립반대로 정리되었다. 내가 잘 모르는 주민들의 입장도 있을 테니 섣불리 어떠한 판단도 내리지 않기로 다짐한 터다. 다만 그 길의 유동 인구가 적지 않아서(하긴 그래서 현수막을 걸어 놓았겠지만), 특히 오가는 학생들이 자주 보여 괜스레 마음이 싱숭생숭했다.

'아이들이 다 볼 텐데……'

길 건너 반대편에서 현수막 이미지컷을 조금 촬영하고 학교로 향했다.

공진초등학교에 들어가기 전 교문 앞에 잠시 멈춰 섰다. 본래 학교 명패가 있어야 할 자리가 텅 빈 채 회색빛 콘크리트 속살만 보였다. 이름은 잃는다는 것은 존재의 소멸과 다름이 없다. 고로 이 학교는 형상은 있으나 더 이상 살아 있는 것이 아니었다. 교문

에서 이어진 야트막한 오르막을 짧게 걸었다. 곧바로 운동장 끄트머리로 가서 학교 건물 정면을 바라보았다. 밖에서 볼 때와는 확연히 달랐다. 대규모 아파트 단지 한복판에 놓인 학교는 거대 도시 안의 외딴섬 같았다.

좌우로 길게 늘어선 교사(校舍)가 과거 이 학교의 규모를 짐작하게 했다. 한때 꽤 많은 교직원과 학생이 공진초등학교에 다녔을 것이다. 아이들 떠드는 소리, 선생님이 가르치는 소리, 수업 종소리, 급식 먹는 소리, 교장 선생님 훈화 소리 등등 학교라는 공간에서 파생 가능한 온갖 소리로 가득했을 이곳이 짙은 적막에 휩싸여 있었다. 이따금 밖에서 오가는 자동차가 경적을 울리거나 산책하던 개가 왈왈 짓기도 했지만 빛바랜 과거는 주술로

시작하는 마음

묶인 듯 박제되었다.

운동장 위로 무성한 잡초와 잔뜩 녹슨 축구 골대 그리고 바짝 마른 수돗가와 페인트칠이 다 벗겨진 낡은 벤치, 결정적으로 건물 정중앙에 붙어 9시 5분에 멈춰 선 대형 시계까지. 독특하고 묘하며, 이질적이었다. 학교 안의 여러 이미지를 풀샷부터 클로즈업으로 이어 다양하게 담기로 했다.

단순히 눈에 보이는 외관을 넘어 어떤 정서나 감정까지 아우르는 촬영이면 좋겠다는 생각이 들었다. 그곳에 가 보지 않은 제삼자에게도 내가 느낀 것들이 전해지기를 바라며 한 컷 한 컷 꽤 공들여 찍었다. 한참을 촬영에 빠져 있다 보니 시간이 금방 흘렀다. 어느새 토론회 시작이 임박해서, 다음에 또 오리라 다짐하고 자리를 떴다.

첨예한

갈등의 현장

공진초등학교 뒤편을 기준으로 가양4단지아파트를 끼고 길 하나를 건너니 탑산초등학교가 바로 나왔다. 두 학교 사이는 말 그대로 엎어지면 코 닿을 거리라 이토록 가까운 곳에 굳이 또 다른 학교를 신설할 필요가 있었는지 의아했다. 여하튼 이곳에서 2차 토론회가 개최된다고 했다. 오는 도중 정차해 있던 커다란 경찰

버스를 보았는데 왠지 만만치 않은 하루가 될 것만 같은 예감이 들었다. 탑산초에 다가갈수록 점점 더 많은 사람이 웅성웅성하는 소리가 들렸다.

학교로 들어서는 주출입구는 정문이 아닌 후문이었다. 교통경찰이 주변을 통제하고 나섰지만 차도 밖 공간이 비좁아서 여러모로 어수선했다. 한눈에 봐도 상당한 인파가 학교 쪽으로 쉬지 않고 밀려왔다. 주민들은 물론이거니와 취재진도 눈에 띄게 많았다. 군중 속에는 인이어를 끼고 무전을 주고받는 사람들도 있었는데 아마도 사복경찰이 아닐까 싶었다.

그 와중에 전초전은 이미 벌어졌다. 입구를 중심으로 오른쪽에서는 특수학교 설립반대 비대위에서 현수막을 들고 참석자들을 맞이했고, 왼쪽에서는 특수학교 설립을 지지하는 시민단체가 기자회견을 준비하고 있었다. 한순간 분위기가 험악해지면서 시비가 붙었지만 다행히 큰 싸움으로 번지지는 않았다. 두 그룹은 이내 곧 각자의 영역으로 흩어져 다시 할 일을 했다. 토론회는 시작도 안 했는데 벌써 심장이 콩닥콩닥 뛰었다.

'강서양천 공동행동'은 특수학교 설립에 찬성하는 지역 내 시민사회단체들이 모인 일종의 연대체다. 단체 대표가 나와 이번 기자회견의 취지를 소개하고 강서특수학교는 물론 더 많은 장애인 교육시설이 확충되어야 한다고 힘주어 말했다. 발언자 뒤로 피켓을 들고 선 사람들은 박수와 함성으로 화답했다. 이어서 쇼

시작하는 마음

트커트에 위아래로 검은색 정장을 차려입은 한 여성이 두 손 모아 마이크를 잡았다. 긴장한 기색이 역력해 보였다. 그는 몇 번의 망설임과 깊은 한숨 끝에, 아주 천천히 입을 열었다.

"저는 고등학교에 다니는 발달장애인 딸을 둔, 지현이 엄마 이은자입니다. 여러분이 걱정하시는 것 잘 알고 있습니다. 저도 아이를 낳기 전까지는 관심이 없는 평범한 사람이었으니까요. 그런데 여러분께 말씀드리고 싶은 것은 강서구에 살고 있는 강서구 주민이 강서구에 갈 학교가 없어서 구로구까지 간다는 사실입니다. 강서구에 사는 장애인이라고 생각하지 마시고, 강서구 주민인데 갈 학교가 없어서 구로구까지 통학한다고 생각해 주십시오."

어쩐지 낯익은 얼굴이다.

지난 1차 토론회 소식을 다룬 기사 사진에서 본 기억이 떠올랐다. 이은자 어머니를 처음 대면하게 된 순간이었다. 그의 목소리는 자주 위태로웠으나 중심을 잃지 않고 나아갔다. 감성에만 호소하지 않고 차분히 근거와 당위를 제시했다. 그러면서도 깊은 간절함이 배어 있었다. 군더더기 없이 준비한 발언을 끝내고서, 마지막으로 다시 한번 가양동 주민들의 이해와 협조를 구한다고 했다.

마이크를 내려놓는 그의 얼굴은 여전히 상기되어 있었다. 잠시 인사라도 건네고 싶었지만, 곧바로 기자들이 이은자 어머니에게 붙는 바람에 다가가기 어려웠다. 물끄러미 옆에서 지켜보다 토론회 장소인 학교 강당으로 올라갔다.

강당 출입문 앞에서는 특수학교 설립반대 서명운동이 진행되고 있었다. 서명 차례를 기다리는 사람들 틈을 비집고 강당 안으로 들어갔다. 토론회 시작까지는 10분 정도 남은 상황. 현장은 벌써 뜨겁게 달아올랐다. 아니나 다를까, 강당 뒤편에서 참석자들 사이에 고성이 터졌다. 현수막 게시 여부, 신분증 검사 시도 등을 놓고 험한 말이 수위를 높이더니 급기야 몸싸움 일보 직전까지 간 것이었다. 주변 사람들의 중재와 사회자의 간곡한 만류로 소란은 겨우 잦아들었지만 평온이 찾아왔다고 생각하면 오산이다. 그곳은 마치 작은 불씨 하나만 있으면 금방이라도 폭발할 것만 같은 화약고였다. 찰나의 침묵 속에서 팽팽한 기싸움이 더욱 고조되고 있었다.

저녁 6시 정각. 사회자는 바쁜 와중에 이 자리에 참석해 준 모든 분께 감사 인사를 전하고 토론회 시작을 알렸다. 주최 측의 공식적인 안내가 있었던 것은 아니지만 자연스럽게 강당 오른쪽에는 특수학교 설립에 반대하는 주민들이, 왼쪽에는 장애인 부모들과 특수학교 설립에 동조하는 '외부세력'이 주로 앉았다. 양측의 규모를 비교하자면 아무래도 주민들 수가 더 많아 보였다.

단상에는 특수학교 설립반대 비대위 측, 조희연 교육감을 비롯한 서울시 교육청 관계자들, 장애인 부모 대표들이 ㄷ자 모양

으로 자리했다. 장애인 부모 대표 3인은 조금 전 학교 입구에서 만났던 '서울장애인부모회' 부대표 이은자, '강서장애인부모회' 회장 정난모와 부회장 조부용이었다.

먼저 조희연 교육감이 여는 발언을 했다. "특수학교 설립 문제로 주민 여러분께 심려를 끼쳐 송구하다. 그러나 저는 서울시 교육의 총책임자로서 장애인 학생들의 교육권을 보장해야 되는 법적 책무가 있다. 특수학교 설립을 추진하겠지만 그 과정에서 주민들과 진심으로 소통하고자 한다. 오늘 이 토론회를 통해 공존과 상생의 길로 나아갈 수 있기를 바란다."로 요약할 수 있었다.

교육감의 말투에서는 뭐랄까, 애가 탄다는 느낌이 묻어났다. 이 난국을 돌파하리라는 의지는 충분히 느껴졌지만, 아직 '어떻게'가 잘 마련되지 않은 듯했다. 수도 서울의 교육 수장에게 부여된 권한과 능력은 결코 작지 않을 것이었다. 그런 그에게도 이번 특수학교 설립 이슈는 무척 버거워 보였다.

다음으로 김성태 의원 차례였다. "국립한방병원은 지역 발전을 위해 아주 중요하다. 동시에 노동운동가, 사회복지사 출신으로서 장애 학생들이 겪고 있는 어려움 또한 너무 잘 알고 있다. 그 때문에 그간 국립한방병원과 특수학교 모두 설립하기 위해 대체부지를 알아보는 등 많은 노력을 기울였지만 교육청의 미온적 태도에 아쉬움이 크다. 아무쪼록 오늘 이 자리에서 찬반 양측이 뜻을 모아 주신다면 저 역시 문제 해결을 위해 최선을 다하겠다."고 말했다.

의원은 어느 누구도 배제하지 않기 위해 고심한 흔적이 역력했다. 단어 선택 하나에도 신중을 기했다. 사실 양시론은 지역구 국회의원에게 주어진 유일한 선택지였을 것이다. 다만 이 사안의 직접적 당사자로서가 아닌 3인칭 관찰자의 관점에서 발언하는 점이 아리송했다. 김 의원의 말이 끝나자 주민들로부터 우레와 같은 박수가 쏟아졌다. 이후 그는 조금 더 토론회를 지켜보다가 자리를 떴다.

이어서 특수학교 설립반대 비상대책위원회(이하 비대위) 위원장이 본격적인 토론회의 포문을 열었다. 그는 초장부터 무척 비통해했고, 울분에 가득 차 있었다. 가양동 주민들이 오랜 시간 겪은 설움과 아픔, 이 지역에 국립한방병원 건립이 필요한 이유, 교육청의 무책임하고 무성의한 처신 등을 격앙된 목소리로 조목조목 증언했다. 썩어 문드러진 교육청의 행태를 보며 자라나는 학생들이 과연 무엇을 배울 수 있겠느냐고, 깊은 탄식을 연거푸 뱉어 냈다.

위원장은 적절하게 완급을 조절하면서 더욱 거침없이 주장을 펼쳤다. 자신들은 결코 장애인을 싫어하지 않으며 특수학교가 필요한 것도 잘 알지만, 강서구에는 이미 사립특수학교인 교남학교가 있고, 무엇보다 가양동은 여러모로 특수학교가 들어설 곳이 아니라고 강조했다.

사이사이 주민들이 보태는 추임새에 위원장은 더욱 힘을 얻은 듯 보였다. 길어지는 발언 시간을 저지하는 장애인 부모들의 항의가 빗발쳤지만 아랑곳하지 않고 할 말을 다 했다. 마지막으로 위원장이 주민투표를 통해 국립한방병원을 설립할 것인지, 특수학교를 설립할 것인지 결정하자고 제안하자 토론회장에는 주민들의 환호 소리가 활화산처럼 끓어올랐다.

장내의 혼란은 쉽사리 가라앉지 않았다. 누가 먼저 시작했는지 모르겠지만 상대를 향한 비난과 야유가 장대비처럼 쏟아졌다. '성숙한 시민의식'을 부르짖는 사회자의 읍소마저 무기력하게 허공을 맴돌았다.

그럼에도,
포기할 수 없는 것

이번에는 서울장애인부모회 이은자 부대표가 나섰다. 조금 전 기자회견 때와 같이, 두 손 모아 마이크를 꼭 그러쥐었다. 장애 학생들이 아침마다 어떤 일을 겪는지 설명하는 것으로 이야기를 시작했다.

가장 보통의 속도로, 담담하고 담백한 어투로 말했다. 그렇게 발언을 이어 가고 있는데, 갑자기 누군가 객석에서 "장애인 나가란 말이야!"라고 크게 외쳤다. 그는 순간 멍한 표정을 짓더니 입술을 꾹 깨물었다. 물러서지 않기 위해, 무너지지 않기 위해 안간힘을 쓰는 것 같았다.

"장애인 나가라고 하시면 저와 지현이는 어떻게 해야 하나요? 어떻게 했으면 좋겠습니까?"

"당신이 알아서 해, 당신이 알아서 해!!"

"여러분도 부모이시고 저도 부모입니다. 일반 학생들은 가까운 곳에 있는 학교에 다니는데 장애가 있는 아이들은 갈 학교가 없어서 매일 아침 두 시간 전부터 집을 나서야 합니다. 주민 여러분, 저희가 먼저 다가가려고 더 노력하겠습니다. 학교는 안전하고 깨끗하게 잘 운영하겠습니다."

"감성적으로 하지 마쇼!"

"다른 동네로 가라!"

"굳이 여기에 지을 이유가 없잖아요!"

"울어! 그럴 거면 그냥 울어!"

"여러분들이 모욕을 주셔도 저희 괜찮습니다. 지나가다 때리셔도 맞겠습니다. 그런데 학교는, 학교는 절대로 포기할 수 없습니다."

이은자 부대표는 마지막까지도 주민들을 설득할 수 있다고 믿었던 듯싶다. 카메라 뷰파인더에 비친 그의 표정과 몸짓, 미세한 불안과 떨림에서까지, '저 사람은 지금 자신이 갖고 있는 모든 것을 다 걸었구나.'라는 확신이 들었다. 그러나 현실은 결코 만만치 않았다. 그가 한마디를 할 때마다 서너 배나 되는 날 선 반박이 비수처럼 날아들었다. 주민들의 동요는 끝까지 이어졌다. 발언을 마무리하는 이은자 부대표는 못내 아쉽고 허탈한 듯 보였다. 그나마 장애인 부모들이 보내 준 격려와 응원이 없었더라면 발언을 무사히 마치기도 어려웠을 듯했다.

주요 당사자들의 기조발언이 끝나고 자유토론으로 넘어갔다. 토론회가 중반을 향해 가면서 촬영의 난도 역시 높아졌다. 카메라 한 대로 단상 위 토론자와 객석을 신속하게 오가며 현장 반응을 촬영하려니 여간 어려운 일이 아니었다.

'충분한 제작비를 모아 경험 많은 촬영감독을 대동했더라면 좋았을 텐데.' 하는 생각도 들었다. 하지만 언제 다큐멘터리 제작

환경이 풍요로웠던 적이 있었던가? 결핍과 긴축에서 예술혼이 꽃핀다는 말을 끔찍이 싫어하지만, 이가 없을 땐 잇몸으로라도 완벽하게 해내는 것을 선호한다. 일단 삼각대에 세워 둔 두 번째 카메라를 객석 가까운 곳으로 위치시켰다. 구도는 단조롭겠지만 아쉬운 대로 건질 수 있는 장면이 있으리라 기대했다. 손에 들던 카메라는 줌 기능이 강화된 렌즈로 바꿔 끼웠다. 인물의 표정을 더욱 생생하고 밀도 있게 담기 위해서였다. 이럴 때 다큐멘터리 촬영자에게는 말 그대로 '매의 눈'이 필요한 법. 더욱 신경을 곤두세우고 집중하면서, 토론회장 구석구석을 살폈다.

비대위 측 토론자는 위원장, 부위원장, 감사, 위원, 인근 아파트 입주자대표, 주민자치위원장 등으로 다양한 면면을 자랑했다. 이들은 차례로 나서 가양동 지역의 특수성, 공진초 부지가 국립한방병원 설립에 최적인 이유를 피력했고 서울시 교육청의 기만적 태도 그리고 언론의 편파·왜곡 보도를 성토했다. 앞서 위원장이 발언했던 내용을 더욱 구체적으로, 매섭게 풀어내는 중이었다.

그러면서도 비대위의 견해는 장애인 혐오나 차별과는 절대 관련이 없다는 말도 빼놓지 않았다. '지금 당장 모든 절차 중단하고 원점에서 재논의' '강서구에는 이미 많은 기피시설 존재' '경제성과 효율성을 고려해 결정' '교남학교에 재학 중인 타 지역 학생들을 효과적으로 정리해야'라는 문장들이 유독 인상적으로 들렸다.

　　　　　　　　　　　　　시작하는 마음

장애인 부모를 대표한 토론자들 역시 호락호락하지 않았다. 강서장애인부모회 회장 정난모는 헌법 제31조, "모든 국민은 능력에 따라 균등하게 교육을 받을 권리가 있다."를 외치면서 발언을 시작했다. 장애 학생들에게도 교육받을 권리가 있는데, 왜 이 당연한 것이 당연하게 이뤄지지 않는지 무척 답답해했다.

"이 귀한 시간, 여러분에게 설득당하려고 이 자리에 앉아 있는 게 아닙니다. 지금 여러분은 특수학교 반대하지 않는다고 말하지만, 결론은 지역이기주의이고 반대입니다. 지난 토론회 때도 주민 한 분이 분명히 그랬습니다. 장애인에게 학교가 왜 필요하냐? 그냥 산속에 시설 짓고 처넣으면 되지 않냐? (중략) 우리가 언제 한방병원 부지에 학교 짓는다고 한 적 있습니까? 없습니다! 학교 부지에 학교 짓는다고 하는 겁니다. (중략) 한 번만 내 자식이라고, 가족이라고 생각해 주십시오. 우리 아이들, 그렇게 혐오스러운 존재가 아닙니다. 오히려 아픈 아이이기 때문에 집에서 더 귀하게, 공들여 키웠습니다. 이렇게 귀하게 키운 아이들이 여러분과 더불어 살고 싶다는 게 지나친 욕심입니까?"

정난모 회장은 강서장애인부모회를 이끌면서 누구보다 열정적으로 특수학교 설립에 앞장섰다. 객석의 거친 반발에도 내성이 생겼는지 꿋꿋하게 이야기를 이어 갔다.

정난모 회장 왼쪽에는 강서장애인부모회 부회장 조부용이 앉아 있었다. 평소 나긋나긋한 성격의 그를 잘 아는 사람들은 훗날 이구동성으로 말했다. 이날의 하이라이트는 단연 '조부용의 재발견'이었다고.

조부용 부회장은 시종일관 상대방의 발언을 가만히 경청하는 듯했다. 정 듣기 힘든 대목에서는 미간을 찌푸리기도 했지만 대부분은 미동도 없이 집중했다. 그렇게 조부용 부회장은 자신의 시간을 묵묵히 기다렸고 때가 되자 주저 없이 터뜨렸다.

"곧 있으면 가을 운동회 하기 좋은 시즌인데, 오늘 이 자리가 마치 장애인 비장애인이 청군 백군으로 나뉘어 이겨라 이겨라 하는 것 같아서 기분이 참 씁쓸합니다. (중략) 교남학교에 다니는 타 지역 아이들 색출해서 다른 학교로 보내라고 하셨는데요, 저희 아이는 구로구에서 졸업시켰습니다. 만약에 구로구에서 나가라고 했다면 낙동강 오리알 될 뻔했습니다. 똑같은 상황 만들 수 없습니다. (중략) 여러분에게 동병상련의 정을 기대하지는 않겠습니다. 다만 장애 학생들도 교육받을 권리가 있습니다. 이것만은 타협의 여지가 없습니다. 애초에 학교부지를 한방병원 건립 용도로 설정한 전제부터 잘못된 것입니다. (중략) 한방병원 없어서 저희가 병원을 못 갑니까? 허준거리가 있다고 해서 강서가 명품 지역이 됩니까? 아닙니다. 강서주민이 이런 님비현상 없애고 우리가 이 학교를 수용했다, 이렇게 하시면 길이길이 역사에 남을 것입니다. (중략) 조금 전 아주 말씀 잘하셨습니다. 교육청의 처사에 아이들이 과연 배울 게 있느냐고 말씀하셨는데요, 오늘 어머님 아버님들이 이렇게 하시는 것을 보면 여러분의 자녀들이 과연 무엇을 배울 수 있을지 묻고 싶습니다."

조부용 부회장은 문장을 끝낼 때마다 두 눈을 또렷이 뜨고 맞은편을 주시했다. 목소리는 예의를 갖추면서도 급소를 에둘러 가지 않았다. 발언 도중 수시로 끼어드는 상대의 변칙마저 단칼에 물리쳤다. 어떤 경우에도 굽히지 않겠다는 단호한 의지가 읽혔다.

순식간에 토론회를 휘어잡은 그 덕분에 현장의 흐름이 바뀌었다. 촬영하는 내내 몇 번이나 뷰파인더에 담긴 조부용 부회장과 실물 조부용 부회장을 번갈아 봤는지 모르겠다. 그의 순서가 끝나자 장애인 부모들이 환호성을 질렀다. 반대편의 고함과 삿대질이 단박에 묻힐 만큼, 그 소리는 컸다.

앞서 발언했던 이은자 부대표는 비교적 짧게, 그러나 묵직한 다음의 말을 다시 보탰다.

"지역의 숙원사업이라고 자꾸 허준 선생을 앞세워서 한방병원 지어야 한다고 말씀하시는데, 제가 알기로 허준 선생은 약자들, 가난하고 힘없는 사람들을 위해서 『동의보감』을 편찬하셨습니다. 그 허준 선생이 지금 여러분을 보면 뭐라고 하시겠습니까? 특수학교 대신 한방병원 지었으니 그래 잘했다, 이렇게 칭찬하실 것 같습니까?!"

말과 말이 격렬하게 부딪쳤다. 앉은 자리 어디서든 동시다발적으로 날카로운 말들이 솟구쳤고 상대를 향해 진득하게 엉겨붙었다. 피아의 식별도 무의미한, 언어의 백병전이었다.

다급해진 조희연 교육감은 어떻게든 완충지대를 설정하고 합의점을 찾으려 백방으로 애를 썼다. 한방병원 설립은 '김성태 의원이 만든 가공의 희망'이라고 일축하면서도 특수학교와 한방병원을 함께 짓는 당근책을 제시하기도 했지만, 주민들은 꿈쩍도 하지 않았다. 아니, 오히려 더욱 격하게 반발했다. '목숨 걸고 특수학교 반대' '토론회 보이콧' 등 극단의 언어들이 쓰나미처럼 들이닥쳤다. 교육감 임기 중 선한 의지를 갖고 추진한 역점사업은 오늘부로 확실히 진퇴양난에 빠지고 말았다.

이후 두 명의 장애 자녀를 키우는 한 아빠가 큰절까지 하며 주민들의 마음을 돌리려 했지만 반응은 냉담했다. 다람쥐 쳇바퀴 돌듯 찬성과 반대의 공방전이 지리멸렬하게 이어질 뿐이었다.

2차 토론회마저 아무런 성과 없이, 양측의 간극만 확인한 채 끝나 가는 중이었다. 그때 방청석 맨 앞자리에 앉아 있던 여자 분이 발언을 신청했다. 그의 이름은 장민희였다. 그리고 잠시 후, 모두가 잘 아는 그 일이 일어났다.

우리가
무릎 꿇은 이유

장민희

그날의
이야기

2017년 9월 5일, 강서구 특수학교 설립을 위한 2차 주민토론회 때 장애 자녀를 둔 엄마들은 격렬히 반대하는 주민들 앞에서 무릎을 꿇었다. 이른바 '강서구 특수학교 무릎사건'의 시작이다. 내가 첫 번째로 무릎을 꿇었고 이어 엄마들이 이심전심으로 하나가 되어 무릎을 꿇었다. 우리는 모두 무릎을 꿇은 채로 뜨거운 눈물을 흘리며 절박한 심정을 호소했다.

그날 이후 무릎 꿇은 엄마들의 사진은 세간의 화제가 되어 널리 알려졌다. 많은 분께서 "장애인 자녀를 둔 것은 죄가 아니니, 다시는 무릎 꿇을 일이 없을 거다." "잘못한 것도 없는데 왜 그랬

냐!" "당연히 차별 없이 교육받아야 한다." "장애 학생의 교육권을 지켜야 한다." 등 지지와 격려를 보내 주셨다. 공립특수학교 설립은 시민사회의 연대와 국민적 공감대를 얻은 큰 사건이 되었다. 벌써 5년 가까운 시간이 흘렀다.

이후 서진학교는 무사히 공사를 마치고 2020년에 개교해 어느덧 개교 2주년을 맞이했다. 그때 무릎 꿇은 이유를 묻는다면 한마디로 설명하기 어렵다. 2시간 이상 길어지는 토론회 내내 날카롭게 쏟아지던 말들로 우리 장애 학생 부모들은 벼랑 끝에 몰려 있었다. 반대하는 주민들은 절대 생각을 돌리지 않을 듯했다. '이대로 물러설 수는 없다.' '뭐라도 하고 싶다.'는 절박함에 나도 모르게 무릎을 꿇게 되었던 것 같다.

기록하는 목소리1

　발달장애를 가진 아이의 부모로 살아온 설움이었을까. 내 자식을 바라보는 그분들의 눈빛에서 느낀 두려움이었을까. 정당한 권리를 주장하는 게 이렇게 어려운 일인가 하는 막막함이었을까. 일순간 수많은 감정이 나를 강렬하게 이끌었다.

　비장애 학생들은 수월성 교육을 위해 외고, 과학고, 예술고, 체육고 등 특목고에 진학하기도 하고 직업을 위해 특성화고에 진학하기도 하는 등 다양한 교육 선택권이 있는 반면 장애 학생들은 학교 설립 확정 공고가 났어도 주민들의 반대라는 커다란 장벽에 부딪힌다. 개교에 이르기까지 온갖 시련과 고통을 겪고 있는 현실이 정말 안타깝지 않을 수 없다.

　나는 장애가 있는 우리 딸 혜련이 외에 비장애 자녀 둘을 키우지만 부모에게는 다 같은 자녀일 수밖에 없다. 열 손가락 깨물어

안 아픈 손가락이 있을까? 혜련이도 똑같이 내 배 아파서 낳은 보석 같은 존재지만 더욱 애틋할 수밖에 없다.

자녀가 장애 판정을 받는 순간부터 엄마는 죄인의 삶을 산다. 내가 태교를 잘못해서일까? 지은 죄가 커서일까? 출산 과정에서는 문제가 없었나? 온갖 이유를 떠올리며 어떻게든 내 아이를 낫게 하겠다는 일념으로 몸부림치며 치료실과 병원을 찾아다닌다. 자녀가 사회에 첫발을 내딛는 유아기부터 그 아이가 속한 사회에 잘 적응해 살아갈 수 있도록 조금이라도 도움이 된다 싶으면 여기저기를 헤매고 다니며 전전긍긍한다. 특히 혜련이 같은 발달장애인은 표현력과 의사소통 능력이 부족해 아프면 아프다, 싫으면 싫다, 제대로 표현도 못 하고 행동도 느려서 평생 지원과 보살핌이 필요한 존재다.

성장이나 발달과정이 또래 아이들과 현저히 다른 것을 지켜보며 부모들은 하루하루 세상이 무너지는 경험을 한다. 어떤 분들은 막막한 심정에 해서는 안 되는 생각을 하기도 하고, 끝내 장애 자녀와 극단적인 선택을 하는 경우도 많다.

이런 위기 가정이 되지 않게 사회가 보듬어 주고, 더불어 살아가는 세상을 기대했건만……. '무릎사건' 당시 어느 장애인 부모는 주변 이웃들이 지역 정치인의 공약사항인 국립한방병원 설립에 호응하여 특수학교를 배척하는 것에 큰 상처를 받았다고 한다. 자식 키우는 사람이라면 누구나 내 아이가 당당한 사회의 구성원이 되길 바랄 것이다. 내 아이가 배척당하고 소외되기를 바라는 부모는 아무도 없다. 죄를 지은 것도 아닌데, 장애가 있다는 이유만으로 사회가 왕따를 시킨다면 어떤 힘으로 버텨 내야 할까. 발달장애인의 특성을 잘 모르고 교류해 본 경험이 부족하다면 막연한 두려움을 느끼는 것이 당연하다. 하지만 특성을 안다면 그렇게 색안경을 끼고 바라볼 대상이 아니라는 것을 금방 알아챌 것이다.

'무릎사건' 이후 많은 언론과 SNS에서 특수교육을 받아야 하는 장애 학생들이 특수학교에 다니지 못하거나, 특수학교에 다니기 위해 하루 2~3시간씩 원거리 통학을 하는 불편을 겪는지 몰랐다며 "이 사회가 약자인 장애인의 교육권에 무심했다. 정말 안타깝다."고 공감해 주셨다. 많은 분이 특수학교 설립 지지 서명운동에 직접 참여해 주셔서 큰 힘을 얻었다.

서진학교 설립을 지지하는 기자회견을 해 주신 여러 국회의원님, 시구의원님, 학계와 지역 내 여러 시민사회단체 분들, 한 분 한 분 다 언급할 수 없지만 과분한 관심과 성원을 보내 주신 모든 분께 감사를 전한다. 또 특수학교 설립에 찬성하는 강서구 주민이 적지 않다는 사실에도 참 많은 위로를 받았다.

한 사람의 열 걸음보다 열 사람의 한 걸음이 더 중요하다는 말처럼, 한 명 한 명의 따뜻한 관심과 공감과 지지하는 마음이 모여 우리 사회가 한 걸음 발전할 수 있다는 것을 몸소 체험한 시간이었다. 오래 걸릴 수밖에 없는 일이고, 거센 반대에 부딪힐 수밖에 없고, 그런 과정이 때론 지치고 힘들기도 했다. 하지만 우리 이전의 수많은 선배 발달장애인 부모님들의 노력과 우리의 노력 모두가 절대 헛되지 않았다는 사실을 믿을 수 있어 무척 기뻤다.

강서 특수학교 설립은 우리에게 어떤 특별한 능력이나 재주가 있어서가 아니라, 간절한 외침에 기꺼이 응답한 이 땅의 같은 부모들, 사회구성원들의 존재 덕분에 가능했던 결과가 아닐까 생각해 본다.

혜련이와 나

혜련아, 위로 두 살 터울의 언니와 아래로 두 살 터울의 언니 같은 여동생을 둔, 1997년생 우리 둘째 혜련아. 너는 어려서부터 무척 순했단다. 더러 늦되는 애들도 있다는 어른들 말씀에 동의는 했지만, 솔직히 내 아이가 지적장애일 줄은 꿈에도 생각 못 했어.

그런 네가 벌써 스물여섯 살이 되었네. 강서구에 특수학교 설립 얘기가 처음 나왔을 때만 해도 혹 전공과라도 갈 수 있을까, 기대하기도 했지만 너는 그보다 앞서 2017년에 고등학교를 졸업했지.

요즘 너는 하루 4시간 초등학교 청소미화원으로 일하면서, 월

급으로 적금도 들고 가끔 치킨도 쏠 수 있는 경제력이 생겼구나. 언니와 동생은 아직 대학생이지만 너는 어엿한 사회인이 되었어.

엄마에게 우리 혜련이 얼굴은 아직도 고등학생처럼 앳되게 느껴져. 네가 또래 아가씨처럼 멋 부리지 못하는 게 안타까우면서도 다른 한편으론 그 자체의 순수함을 잃지 않아 좋기도 하단다.

혹시 엄마가 꾸미는 법을 제대로 안 가르쳐서일까? 너는 휴대폰이나 스마트 워치 같은 최신 기기들에는 관심이 있어도 외모 가꾸는 데에는 취미가 없잖아. 뭐, 이 점도 개성이라고 해 두자.

엄마로서 나는 가끔 과거를 돌이켜 보고 반성한단다. 너를 위한답시고 했던 온갖 노력이 진짜 너를 위한 것이었는지, 어쩌면 나 자신의 욕심을 채우기 위한 건 아니었을까 싶어서. 네가 어릴 적엔 또래 비장애 아이들과 끊임없이 비교하며 다그치기만 했었구나. 각자 리듬이 있는 건데 내 생각이 모자랐지.

그렇지만 여전히 포기할 수 없는 이유가 있단다. 아직도 혜련이가 익히고 습득해야 할 것이 많기 때문이야. 엄마는 하루하루 늙어 가는데 시간이 너무 부족해. 입으로는 지적장애의 특성을 이해하는 것처럼 말하지만 기대감에 '왜, 왜, 왜, 다시 제자리인가?' 싶기도 하고 '하루 이틀도 아닌데 왜 맨날 양치 점검을 하고 똑같은 소리를 반복해야 하는지' 가끔 야속할 때가 있어. 엄마가 이 세상에 없으면 어떡하려고…….

맞아, 혜련아. 나는 욕심 많은 엄마란다. 우리 혜련이한테 기대

가 커. 어쩌면 그래서 과감하게 너를 사회 속으로 밀어 넣는 시도
를 하는지도 모르지. 오늘보다는 더 나은 내일이어야 하지 않을
까, 하는 생각에서 말이야.

자녀 양육에는 정답이 없다는 사실을 잘 알아. 다만 우리 부모
님께서 나를 키우는 데 최선을 다하셨듯 나도 멈출 수 없는 거야.
장애를 가진 사람도 배척당하지 않고, 부모나 가족의 걱정을
떠나 사회에서 당당하게 살 수 있는 세상이 온다면 얼마나 좋을
까? 그런 세상을 위해 내가 할 수 있는 노력을 아끼지 않겠다는
다짐을 해 본단다. 너를 위해서, 내 아이와 같은 장애가 있는 아
이들을 위해서, 또 그 부모들의 심정을 생각하며……

2장

다가가는 걸음

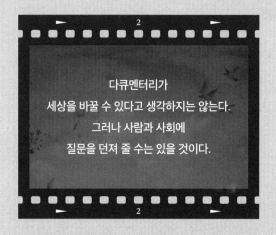

다큐멘터리가
세상을 바꿀 수 있다고 생각하지는 않는다.
그러나 사람과 사회에
질문을 던져 줄 수는 있을 것이다.

4   수소문

긴 밤이었다. 2차 토론회장에서 돌아오는 길은 유난히 멀게 느껴졌다. 집에 와서도 쉽게 잠들지 못했다. 아내에게 오늘 있었던 일을 잠시 얘기해 주었는데, 마음만 앞설 뿐 자꾸 횡설수설하고 있다는 느낌이 들었다. 사실 제대로 된 설명을 하려야 할 수도 없었다. 흔히 겪는 일은 아니었으니까.

자리에 누워 한참을 뒤척였다. 몸은 녹초가 다 되었지만 각성이 된 것마냥 두 눈은 말똥말똥했다. 겨우 몇 시간 전 일인데 원인 모를 착시와 교란이 기억을 흩뜨렸다. 아무리 생각해 봐도 내가 무엇을 보았는지, 무엇을 들었는지, 또는 어디에, 왜 갔었는지 또렷하지가 않았다.

어렴풋이 떠오르는 건 사람들이었다. 기뻐하는 사람, 애통해하는 사람, 호전적인 사람, 말리려는 사람, 의기양양한 사람, 실의에 빠진 사람, 목청을 높이는 사람, 속삭이는 사람, 확신에 찬 사람, 반신반의하는 사람, 다그치는 사람, 속으로 삭이는 사람, 호탕하게 웃는 사람, 깊은 한숨을 내쉬는 사람, 손뼉을 치는 사람, 팔짱 끼고 있는 사람, 조용히 눈물 닦는 사람 그리고 나처럼 촬영하고 취재하는 사람 등 오만 가지 군상이 한자리에 엉켜 있었다.

저마다의 욕망은 마주 보며 달리는 열차처럼 충돌하고 말았는데, 결국 모든 이들은 세우려는 자와 막으려는 자 그리고 소수의 회색분자 중 하나로 수렴되었다. 그 누구도 예외 없이, 어느 편에 설지를 결정해야만 하는 순간이었다.

하긴, 촬영하는 내내 뭔가 '초현실적'이라는 생각이 떠나질 않았었다. 일치단결한 군중이 분출하는 압도적인 에너지와 그에 대비되는 장애인 부모들의 고군분투, 게다가 강당 천장에서 강렬하게 내리쬐던 조명 빛까지 더해 시공간의 무질서는 서서히 현실 감각을 마비시켰다. 경미한 현기증에 시달리며, 무엇에 홀린 듯 간신히 그 시간을 지켜 내는 것 말고는 할 수 있는 일이 없었다.

오죽하면 목격하는 그 풍경이 차라리 '몰래카메라'이기를 바랐을까? 그런데, 이상한 기분에 휩싸였다. 어질어질한 상황이 고조될수록 내 안에 어떤 확고한 의지가 자리하게 된 것이었다. 여러 기준을 두고 꼼꼼히 쟀다기보다 촬영 중 어느 순간부터 덜컥 그렇게 하고 싶었다. 앞으로 어떤 일이 펼쳐질지 전혀 가늠할 수 없었지만, 장애인 부모들의 여정을 '기필코' 다큐멘터리로 만들겠다는 고집은 이렇게 솟아났다.

문제는 이제부터였다. 당장 그분들과 연락할 방법조차 없었다. 이럴 거였으면 현장에서 최소한 통성명이라도 해야 했는데 소심하고 유약한 나는 주변을 맴돌며 쭈뼛거리다가 왔다. 초면이라고 말 한마디 제대로 못 붙이는 몹쓸 성격을 탓해 봐야 무슨 소용이 있으랴…….

무의식의 경로를 정처 없이 헤매다 보니 날이 밝았다. 일어나자마자 뉴스를 찾아본다고 휴대폰을 집어 들었는데 이게 웬일?! 굳이 힘들게 검색할 필요도 없었다. 인터넷 포털 사이트 전면에 떡하니 토론회 관련 뉴스가 배치돼 있는 것이 아닌가. 지상파와 종편, 주요 일간지는 말할 것도 없고 여러 군소매체까지도 '무릎 사건'을 빼놓지 않았다.

기사마다 어마어마한 양의 댓글이 달린 건 물론이었다. SNS 상에서도 단연 화제가 되고 있다고 전해 들었다. 하룻밤 사이 언론의 관심은 무지막지하게 뜨거웠고 대중의 반응 또한 폭발적이었다. 장애 학생 부모들을 지지하고 응원하는 내용이 대부분이라 내심 기분이 좋았지만 한편으로는 초조해지기 시작했다. 계속해서 주요 언론이 보도하고 각계각층의 관심이 밀려들면 일개 무명의 독립 다큐 제작자가 끼어들 틈은 사라지고 말 것이었다.

정신이 번쩍 들었다.

황급히 이불을 박차고 컴퓨터 앞으로 달려갔다.

'어떤 키워드로 접근해야 될까?'

일단은 단체명이 좋겠다 싶었다. 강서장애인부모회를 검색창에 넣고 엔터키를 눌렀다. 전날 토론회와 관련된 소식이 줄을 잇고 있었다.

한데 그것만으로는 어머니들의 연락처를 알 수가 없었다. 화면을 마우스로 내리면서 좀 더 살펴보는데, 반가운 단서 하나가 눈에 띄었다. 강서장애인부모회 인터넷 카페 주소였다. 클릭했더니 곧바로 해당 카페로 연결되었다. 잠시 게시 글 목록을 훑어보았는데 내가 찾던 그분들이 운영하는 곳이 맞는 듯했다. 초연결 사회의 위력을 체감하고는 입가에 미소가 절로 번졌다.

간단한 절차를 거쳐 회원 가입을 했다. 등급이 낮아서 게시판에 직접 글을 쓰기는 어려웠지만 카페 운영자에게 쪽지 보내기는 가능했다. 나름 한 글자 한 글자 정성을 다해 글을 작성했다.

운영자님 안녕하세요, 저는 다큐멘터리를 전공하고 있는 김정인이라고 합니다. 일면식도 없는데 이렇게 불쑥 연락드려 죄송하다는 말씀을 드립니다. (중략) 한 번만 꼭 만나뵙고 저의 계획을 말씀드리고 싶습니다. 바쁘신 줄 잘 알지만 잠깐이라도 시간을 내주시면 정말 감사하겠습니다. 그럼 연락 부탁드리겠습니다. 안녕히 계세요.

연락처: 010-XXXX-XXXX

김정인 드림

신춘문예에 지원하는 것마냥 몇 번을 썼다 지웠다. 온갖 잔머리를 굴려 봤지만 더 고민한들 크게 나아질 리도 없고 이만하면 내 의도를 충분히 담아낸 것 같았다. 불안한 마음에 마지막으로 한 번 더 검토를 하고 나서 보내기 버튼을 지그시 눌렀다.

'쪽지가 전송되었습니다.'라는 팝업창 메시지를 확인한 나는 그제야 두 손을 머리 위로 힘껏 뻗어 기지개를 켰다. 과연 답변을 받을 수 있을까? 주사위는 이미 던져졌다.

다가가는 걸음

5   과일 주스

진인사대천명(盡人事待天命). 사람으로서 최선을 다하고 하늘의
뜻을 기다린다는 이 말을 〈학교 가는 길〉 제작하는 내내 입버릇
처럼 달고 살았다. 절대자의 도움을 간구하기 전에 도리를 다하
겠다는 의지의 표명이지만 대개는 기다리는 것 말고 선택지가
없는, 그래서 무력하기 마련인 다큐 감독의 애환이 녹아 있다고
할 수 있겠다.

쪽지를 보내고서, 늘 그랬듯이 하염없는 기다림에 빠져들었
다. 행여나 걸려 온 전화를 놓칠까 봐 시도 때도 없이 휴대폰을
확인했다. 이럴 때일수록 마음을 비워야 한다고 자기 최면을 걸
었지만 오히려 불안과 초조만 증폭되는 것 같았다.

그다음 날 오전쯤 되었을까? 모르는 번호로 전화가 걸려 왔다.

순간 확신했다. 좋은 예감이 들었다. 목청을 한번 가다듬고 두근 거리는 심장을 진정시켰다.

"여보세요?"

나직하고 또렷한 음성이 들려왔다. 자신을 강서장애인부모회 사무국장을 맡고 있는 장민희라고 소개한 그는 내가 보낸 쪽지 를 잘 읽었다고 말했다. 다만 지금은 언론사 취재 요청이 너무 많 아서 당장 만나기 어렵고, 어느 정도 여유가 생기면 그때 다시 연 락을 주겠노라고 했다.

통화는 짧게 끝났다. 조금 김이 새기는 했지만 이해 못 할 일은 아니었다. 이미 다양한 언론 매체와 약속을 잡았을 테고, 더군다 나 나는 아무런 영향력도 없는 독립 다큐 감독일 뿐이었다. 이렇 게 연락을 주신 것만으로도 고마웠다.

하루, 이틀, 사흘, 나흘……. 또다시 기약 없는 기다림의 시간 이 시작되었다. '언젠가는 연락이 오겠지.'라는 기대를 포기하지 않았지만 길어지는 공백에 속내가 뒤숭숭해지는 것도 사실이었 다. 제아무리 무소식이 희소식이라 한들 냉정히 말해 무소식은 무소식일 뿐이니까.

그사이 TV, 라디오, 신문, 인터넷 매체에서는 어머니들의 이야 기가 쉴 새 없이 보도되고 있었다. 접근 방법도 다양했다. 어머니

　　　　　　　　　　다가가는 걸음

들의 개별적인 인생사에 초점을 맞춘 기사가 있는가 하면 특수
학교와 발달장애인 정책 전반에 걸쳐 심층 취재한 내용도 여럿
있었다. 덕분에 나도 새롭게 배울 수 있는 점이 많았고, 사회 전
체적으로도 시의적절한 장애인 인식 개선의 계기가 된 듯했다.
분명 바람직하고 환영할 만한 흐름이었지만 그와 별개로 내 마
음은 시커멓게 타들어 갔다.

　어느덧 일주일이 흘렀다. 전화벨은 다시 울리지 않았다.
　세상사 대부분이 그러하겠지만 결국 '인연'이 닿아야 일이 된
다. 감독이 기를 쓰고 달려들어도 마지막 퍼즐, 인연을 맞추지 못
하면 그 프로젝트는 무산될 수밖에 없다. 이미 몇 차례 경험한 바
있다.
　아쉽지만 이번에는 인연이 아닐 수도 있겠다는 생각이 들었
다. 물론 한 번 더 연락해 볼 참이긴 했지만 결과는 이미 정해져
있을 것만 같았다. 이런저런 고민을 해 봐도 뾰족한 수 없이, 그
렇게 또 하루가 지났다.
　벼랑 끝에 선 심정으로 아침을 맞이했다. 마음의 준비를 했다.
오늘까지 연락이 오지 않는다면 내가 먼저 전화 드려서 가부를
결정지을 생각이었다.
　그런 단호한 결의가 통한 것일까? 오후쯤 되어서 드디어 장민
희 사무국장님 번호로 전화가 걸려 왔다. 반가운 마음이 앞섰지
만 어떤 예단도 할 수 없었다. 만에 하나 좋은 소식이 아닐 수도

있기에 떨리는 마음으로 통화를 시작했다.

다행히 우려했던 일은 일어나지 않았다. 사무국장님께서는 그동안 일정이 너무 많아 연락할 틈이 없었다고, 미안하다고 했다. 그러고는 내일모레 시간이 되면 강서구 방화동에 있는 부모회 사무실에서 만나고 싶다고 하셨다. 당연히 마다할 이유가 없었다. 그때 꼭 뵙자고 말씀드리고 통화를 마쳤다.

안도의 한숨이 절로 나왔다. 지금 돌이켜 보면 이날의 통화는 닐 암스트롱이 달 표면에 남긴 첫 발자국처럼 다큐멘터리 〈학교 가는 길〉을 가능케 한 매우 중요한 시발점이 되었다는 생각이 든다. 약속도 잡혔겠다, 이내 마음이 분주해졌다. 주어진 시간은 단 이틀. 어렵사리 마련된 자리이니만큼 부모님들을 설득해서 출연 허락을 받아야만 했다. 그렇다면 무엇을 준비해야 할까? 일단 컴퓨터 앞에 앉아 기획안을 쓰기 시작했다. 첫머리에는 제목이 필요했다. 오래 고민하지 않았다. 순간적으로 머릿속을 스치고 지나간 제목이 있었다.

'학교 가는 길'

조금 밋밋하고 평범한 느낌의 이 제목은, 동명의 피아노곡이 유명하고 몇 편의 극영화와 다큐멘터리로도 존재한다. (그리고 개봉 과정에서 알게 되었는데, 경기도 부천에서 맛집으로 소문난 떡볶이집

이름이기도 했다.) 당시에는 가제(假題), 즉 임시 제목으로 사용하고 나중에 세련되고 멋진 제목을 다시 지을 계획이어서 크게 신경 쓰지 않았다. 이어서 줄거리는 '강서 특수학교가 개교하기까지 장애인 부모님들의 여정'을 중심축으로 삼아 적었다.

그리고 가장 중요한 기획의도, 이 모든 과정을 통해 '한국 사회 내 공존의 가치와 의미를 되짚어 보고자 한다.'는 거창하고 원대한 포부를 밝혔다. 옛말에 이르기를, 꿈은 최대한 크게 품는 게 좋다고 하지 않았던가? 끝으로 그동안 내가 제작한 작품 목록과 변변찮은 경력을 추가해서 공신력을 높이려고 애썼다. 이렇게 해서 A4 용지 한 장 분량의 다큐멘터리 〈학교 가는 길〉 기획안이 탄생했다. 이 초안이 토대가 되어 나중에 제법 만족할 만한 정식 기획 구성안이 완성되었다.

D-day, 2017년 9월 15일.

만남의 날이 다가왔다. 부지런히 집을 나서 서울 지하철 5호선을 타고 종점인 방화역에서 내렸다. 4번 출구로 나가자마자 정면에 부모회 사무실이 위치한 상가 건물이 보였다. 늦지 않게 잘 찾아왔다. 처음 뵙는데 빈손으로 가기 뭣해서 주위를 살펴보니 마침 편의점이 눈에 띄었다.

매장 진열대 위에서는 다양한 음료 세트가 저마다의 매력을 뽐내고 있었다. 보통은 선택에 대한 고민을 하는데 어쩐 일로 단박에 계산을 마쳤다. 빨강, 노랑, 연두. 정체는 토마토, 망고, 알로에. 알록달록한 색상이 마음에 들었다. 통통 튀는 비타민 활력 가득한 하루가 되기를 소망하며, 과일 주스 세트를 손에 들고 한 걸음 한 걸음 계단을 올랐다.

6 　 승낙

사무실은 3층에 있었다. 복도를 사이에 두고 길가 바깥쪽으로
는 태권도 학원이, 안쪽에는 강서장애인부모회가 자리했다. 바
로 직행하려다 본능적으로 화장실에 먼저 들렀다. '그럼 그렇
지…….' 거울에 비친 내 모습을 보니 어떻게든 수정·보완이 필
요한 상태였다. 급한 대로 푸석한 머리에 물을 좀 바르고 옷매무
새도 가다듬었다.

　출입문 앞에 서자 이상하리만치 마음이 편했다. 살포시 문을
열어 안으로 들어가니 작은 사무 공간이 나왔고 그 옆으로 중문
이 하나 더 있었다. 그 문의 일부가 유리여서 안이 훤히 보였는데
역시나 어머니들은 어느 언론사와 한창 인터뷰 중이었다.

　방해가 되지 않으려고 허리를 낮춰 살그머니 의자에 앉았다.
그러고는 준비해 온 기획안을 다시 읽으며 어머니들께 어떻게

말씀드릴지 예행연습을 했다. 촬영을 승낙해 주시다면야 더할 나위 없겠지만 문제는 반대의 경우였다. 막연하게 갖고 있던 가장 큰 우려는, 어머니들이 장애 자녀를 노출하는 게 부담스러워 출연을 거절하는 상황이었다.

사실 이 점이 처음부터 계속 마음에 쓰였다. 언젠가 TV에서 본 어느 장애인 부모님은 주변 지인에게 자녀의 장애를 알리는 것조차 무척 고통스러웠다고 말씀하셨다. 때문에 사무국장인 장민희 어머니에게서 오랫동안 아무 소식이 없었을 때도 조심스럽게 기다렸다. 만약 '순리'라는 게 존재한다면 그리 흘러가도록 놔두는 편이 최선이라고 생각했다. 부디 그 끝은 나의 바람과 같은 방향이기를, 이날따라 기도가 절로 나왔다.

다가가는 걸음

한 10분 정도 지났을까? 인터뷰가 끝났는지 안에서 조금씩 소란이 일었다. 무슨 일인지 궁금해 안쪽을 기웃댔는데 장민희 어머니께서 나를 발견하고는 반갑게 인사해 주셨다. 차례로 다른 분들도 소개받았다. 마치 오랜 시간 알고 지낸 사이인 듯 격의 없이 대해 주셔서 오히려 어색함이 덜했다. 그러는 동안 앞선 취재진은 떠나고, 비로소 온전한 나의 시간이 왔다.

민트색 낮은 조립식 테이블을 중심으로 옹기종기 모여 앉았다. 그 자리에는 강서장애인부모회의 정난모 회장님, 조부용 부회장님, 장민희 사무국장님 그리고 각각 고등분과와 중등분과에서 활동 중인 장미라 어머니, 엄명희 어머니가 계셨다. (이은자 어머니는 다른 일정으로 안 계셨다.) 토론회장에서 봤던 모습 그대로였지만, 이번에는 밝은 표정으로 만났다는 결정적 차이가 있었다.

간단하게 자기소개를 하면서, 복사해 온 기획안을 어머니들께 전해 드렸다. 가능한 한 솔직하게 말씀드리기로 했다.

"저는 발달장애에 대해 아는 것도, 관심도 없던 사람입니다. 그런데 아이를 키우면서 부모의 마음을 조금은 알아 가던 중에 1차 토론회 관련 소식을 접하고서 조금 놀랐습니다. 학교에 다니는 것 자체가 어려운 학생들이 대한민국에 아직도 이렇게나 많은 줄 미처 몰랐어요. 처음에는 단순한 호기심, 사소한 관심이었지만 2차 토론회에 참석하고서 마음을 굳혔습니다. 앞으로 몇 년이 더 걸릴지 모르겠지만 특수학교가 개교할 때까지 어머니들의 여정을 다큐멘터리로 만들어 보고 싶습니다. 달리 부탁드릴

것은 없고, 그냥 앞으로 어디서 무엇을 하시든 따라다닐 수 있게
만 해 주시면 됩니다."

대략 이렇게 말하고서 어머니들의 표정을 살폈다. 뜨뜻미지근
한 것 같았다. (그도 그럴 것이, 나중에 알았지만 당시에는 자신들의 이
야기를 장편 다큐멘터리로 만든다는 것에 대한 개념 자체가 없었다고 하
셨다.)
선뜻 호응하는 분위기는 아니었지만 그래도 중요한 것은 'No'
라고 하지 않으셨다는 점이었다. 게다가 어머니들은 자녀와 함
께 미디어에 출연하는 것에 열린 마음으로, 긍정적인 태도였다.

"장애 자녀를 드러내는 게 쉬운 일은 아니지만 그래도 예전에
비해 생각이 많이 달라졌어요. 어떡하든 발달장애인이 자꾸 사
회로 진출하고 밖으로 나와야 비장애인들도 편견을 덜 갖지 않
겠어요?"

어머니들은, 내가 무엇을 하려는지 정확히는 모르겠으나 촬영
은 얼마든지 가능하고 앞으로 관련된 일정이 있을 때마다 연락
을 하겠다고 얘기해 주셨다.
'휴, 이제 됐다.'
다큐멘터리 제작 과정 중 가장 중요한 '주인공들의 허락'을 얻
었으니 첫 번째 큰 고비는 넘은 셈이었다. 그 뒤로는 한결 긴장이

다가가는 걸음

풀린 채로 이런저런 이야기를 나누었다. 내가 가져온 과일 주스를 보고는 "돈도 없을 텐데 뭘 이런 걸 가져왔느냐"고 장난스레 타박을 하셨다. 서로 초면이었지만 맘껏 웃고 떠들며 맞장구를 쳤다. 체면치레 없이 즐거운 시간을 보낸 뒤 집으로 돌아오는 발걸음 또한 유난히 가벼웠다.

지금도 여전히 생생하게 간직하는 정서가 있다. 어머니들께서는 나를 '참 따뜻하게 환영해 주셨다.' 내세울 것 하나 없는데도, 처음 봐서 낯설 텐데도, 진심으로 다가와서 반겨 주셨다.

"여기까지 오느라 수고했고 참 잘 왔어요. 우리 이야기에 귀 기울여 줘서 고맙습니다. 앞으로 함께 잘해 봐요."

특별할 것 없는 한마디에 나는 안도했고 용기를 얻었다. 고백하자면, 〈학교 가는 길〉을 제작하는 동안 숱한 어려움과 고비를 만났다. 포기했어도 이미 백번은 더 했을 상황이 즐비했다. 그때마다 나는 2017년 9월 15일 금요일을 떠올렸다. 어머니들을 만나 이야기를 시작한 그 순간을.

그 뒤로 내가 받은 게 정말 많다. 단 한 번도 어머니들은 내게 이러니저러니 어떠한 부담을 준 적 없지만, 어머니들을 위해서라면 나는 뭐라도 하고 싶었다. 그날의 기억은 위기가 닥칠 때마다 나를 일깨우고 다시 세웠다.

7 파란

물결이 일었다. 심심한 잔물결인 줄 알았는데 알고 보니 해일이었다. 곧이어 압도적인 수량과 수압이 한국 사회 곳곳을 덮쳤고 무심한 듯 살아가던 사람들은 뒤늦게 충격에 빠지기도 했다. 그 충격이 일깨운 것은 어쩌면, 허상으로 쌓아 올린 마천루의 가장 그늘진 곳이었는지도 모르겠다. 늘 우리 곁에 머물렀으되 투명인간처럼 살아가던 발달장애인과 그 가족의 삶, 좀 더 범위를 좁히자면 학령기에 접어든 장애 학생과 부모의 이야기.

솔직히 말해 잘 모르는 게 당연했다. 앞만 보고 가기도 벅찬 사람들에게 왜 그리 무관심하냐고, 왜 주위를 둘러보지 않느냐고 핀잔을 준다면 그 또한 도덕적 교조주의일 수 있다. 그렇지만 새롭게 알게 된 무언가가 분명 오감을 사로잡고 마음의 격정을 이끌어 내는 경우가 있다. 그럴 땐 누가 먼저랄 것 없이 동참하기도 한다.

이번 일이 그랬다. 구름 떼 같은 사람들이 단기간 내 깊은 공감을 쏟아 냈다. 지지와 성원이 줄을 이었고, 마음과 마음이 모여 수십 년간 무슨 수를 써도 꿈쩍도 하지 않던 벽에 마침내 균열을 냈다. 그래서일까, 누군가 말했다. 2017년 9월 5일은 대한민국 장애인권운동사에 길이 빛날 하루였다고.

어머니들은 늘 "우리는 그저 장애 아이를 키우는 평범한 엄마일 뿐"이라고 하셨다. 세간의 주목이 극에 달했을 때도, 찾는 이들의 발길이 차츰 뜸해졌을 때도, 한결같았다. 세상에 널리 알려져도 우쭐대지 않았고, 잊힌다고 해서 낙담하지 않았다.

그들의 이런 꾸준함과 일관성이야말로 〈학교 가는 길〉 위에서 발견한 최고의 미덕이었다. 대부분의 사람들이 무릎 꿇은 사진 한 장으로 기억하는 그날 이전과 이후로도, 이루 다 헤아리기 어려운 전후맥락이 있었다. 하루아침에, 어쩌다 보니 절로 그려진 게 아니라 오랜 시간 묵묵히 가시밭길을 걸어온 장애인 부모들의 희생과 헌신이 밑바탕을 이루었다. 그리하여 이번 장에서는 토론회 이후 만들어진 눈부신 성취를 '간단히' 정리해 보고자 한다.

1   **언론의 대대적인 조명**

2017년 9월 한 달 동안만 무려 800개 넘는 특수학교 관련 보도가 나왔다. 국내에 존재하는 거의 모든 언론사가 최소 한 번쯤은 해당 사안을 다뤘다고 해도 과언이 아니다. 더욱 고무적이었던 것은, 기사 내용이 단순한 사건 전달에 국한되기보다 제도와 정책을 진단하고 대안을 제시하는 방향으로까지 확장되었다는 점이다. 이로 인해 한국 사회 전반에 걸쳐 장애 학생의 교육권에 대한 대대적인 여론을 불러일으켰다. 입법과 행정 영역에서 신속히 반응했으며, 결정적으로 많은 이가 장애학생들이 놓여 있는 현실을 깨닫고서 변화를 촉구하는 대열에 앞장서게 되었다.

2 정치권의 응답

더불어민주당 의원 68명은 특수학교 설립을 촉구하는 성명서를 발표했다. 본인이 발달장애인 부모이기도 한 당시 자유한국당(현 '국민의힘') 나경원 의원은 특수학교 설립 개선을 위한 긴급 간담회를 열었다. 이후 국회는 본회의에서 초당적으로 '특수학교 설립을 통한 장애 학생의 교육권 보장 촉구 결의안'을 통과시켰다. 또한 이 사안은 국무총리 주재 국정현안점검조정회의에서 주요 안건으로 논의되었다. 청와대 역시 장애인 부모들을 초청해 면담했으며, 2018년 문재인 대통령은 발달장애인 생애주기별 종합대책을 발표하는 자리에서 다시 한번 '무릎 호소'를 비중 있게 언급했다.

141. 특수학교 설립을 통한 장애학생의 교육권 보장 촉구 결의안

재적: 299 인   재석: 162 인   찬성: 161 인   반대: 0 인   기권: 1 인

3 **서울시 교육청 공립특수학교 신설 확대방안 발표**

서울시 교육청과 조희연 교육감은 강서 특수학교, 서초 특수학교, 중랑 특수학교, 이상 3개교 신설을 흔들림 없이 추진하고 일반학교에 특수학급도 확대하겠다고 발표했다. 아울러 서울시 내 특수학교가 전무한 8개 자치구에도 특수학교를 설립하겠다는 입장을 공식화했다. 그러면서도 지역주민들과 긴밀히 소통하고 협력하겠다는 다짐을 잊지 않았다. 이 모든 계획을 뒷받침하기 위해 '서울형 특수학교 모델 개발을 위한 정책연구'에 착수했다.

4 **교육부 제5차 특수교육발전 5개년 계획 발표**

교육부는 특수교육 대상자의 원거리 통학 및 과밀학급

문제를 해소하기 위해 2022년까지 특수학교를 최소 22개교 이상 신설하고 특수학급 1250개를 확충하겠다고 약속했다. 또한 통합교육 내실화를 위해 장애유형별 거점지원센터와 치료지원전담팀을 운영하겠다는 방침을 밝혔다. 정규 교육과정을 마친 뒤에도 장애인들이 평생교육을 받을 수 있도록 지원체제를 구축하고 교육부 내 특수교육 전담조직을 확대하겠다는 내용도 발표했다.

5 특수학교 설립지지 청원 10만 2356명 참여

'강서사랑모임'에서 진행한 온라인 청원에 총 10만 2356명이 서명했다. 청원 초기 지지부진하던 참여자 수는 2차 토론회가 끝나고 급격히 증가했다. 장애 이슈와 관련된 청원으로 이렇게 뜨거운 반응을 이끌어 낸 사례는 흔치 않았다. 특수학교 설립을 염원하는 많은 이의 마음은 이후 정치권과 교육계에서 관련 정책을 마련하고 실행하는 데 중요한 원동력이 되었다.

물론 좋은 결과만 있는 것은 아니었다. 선언적 구호에 그치거나 기대만큼의 성과에 미치지 못한 일도 많았다. 특히 서울 중랑구의 특수학교 개교가 2024년으로 연기되고 2022년까지 특수학교를 최소 22개교 이상 새로 짓겠다는 교육부의 목표가 무산된 것은 큰 아쉬움으로 남는다.

그렇다고 섣불리 좌절할 이유는 없다. 희망의 증거 역시 차고 넘치기 때문이다. 최초 목표 대비 60%를 웃도는 특수학교 열네 곳이 개교했고 무려 1700개가 넘는 특수학급이 추가되었다. 이 밖에도 여러 장애인 지원시설과 인력, 예산 등이 늘어났음은 물론이다. 무엇보다, 장애가 있든 없든 아이들 교육만큼은 제대로 해야 하지 않겠느냐며 장애인을 바라보는 비장애인들의 인식이 크게 개선된 점은 그 어떤 것으로도 환산할 수 없는 사회적 자산이 되었다.

여전히 산적한 과제와 현안이 쌓여 있지만 앞으로는 힘겹고도 외롭게 장애인 부모들만 싸우는 일은 벌어지지 않을 것이다. 단언컨대, 당신이 있기에 지금 이 나라는 한 걸음 더 나아갔다.

8   출발 준비

자연스러운 추세에 대해, 그 추세를 뒷받침하는 논리에 대
해 끊임없이 되물어야 한다.

                              – 피에르 부르디외

다시 2017년으로 돌아가서, 강서장애인부모회 사무실에 찾
아가 어머니들을 만나고 오니 기분이 묘했다. 이제 꼼짝없이 '학
교 가는 길'로 들어서게 됐다. 물러날 곳은 어디에도 없었고, 한
번도 가 보지 않은 미지의 세계만이 나를 기다리고 있었다.

문득 온갖 부담감이 한꺼번에 밀려왔다. 워낙 장기전인 데다
앞으로 어떤 돌발 상황과 우여곡절을 겪게 될지 예측할 수 없었
다. 그중에서도 '내가 과연 잘 해낼 수 있을까?' 하는 스스로의 역
량에 대한 의구심이 가장 컸다.

준비해야 할 것도 많았다. 면밀히 촬영장비를 점검하고 보강하며 작업을 함께할 제작진도 물색해야 했다. 게다가 독립 다큐 감독의 평생 숙명과도 같은, 빠듯한 제작비의 압박은 두말할 필요조차 없었다. 무슨 부귀영화를 누리겠다고 이런 일을 업으로 삼았는지……. 새 작품에 착수할 때마다 찾아오는 우울감은, 지나치게 성실하여 한 번도 비껴가질 않았다.

뜬금없지만, 중고등학교 시절 나의 꿈은 트럼펫 연주자였다. 누나의 생일 선물로 샀던 트럼펫 연주곡 CD를 듣고 되레 내가 푹 빠졌다. 청아한 듯 구슬픈 소리가 주는 매력에 마음이 홀렸던 것 같다. 고3이 될 때까지 나름 진지하게 임했다. 밤낮없이 악기를 불었다. 그러다가 어느 시점부터 분명히 알게 되었다. 트럼펫을 전공하기에는 내 재능이 턱없이 모자라다는 것을. 본격적인 입시철을 앞두고 몇 년간 애증하던 트럼펫을 내려놓기로 결심했을 때, 나는 한없는 자유를 만끽했다. 다만 그런 홀가분함과는 별개로 대학 진학이라는 매우 현실적인 문제가 코앞에 닥쳐왔다.

발등에 불 떨어진 것마냥 어떤 적성을 찾아갈지 헤매던 차에 마침 짝꿍 동규가 자신은 광고나 영상 계통을 생각한다고 말했다. 왠지 그쪽 일은 자유로워 보였고 어쩌다 보니 결국 영상 관련 학과에 진학했다. 친구 따라갔다가 연예인 됐다는 경우와 뭔가 비슷한 결말이었다. (물론 동규는 다른 진로를 택했고 지금도 나와 전혀 다른 일을 하고 있다.)

대학에서 하는 공부는 나의 예상과 많이 달랐다. 열심히 한다고는 했는데 동기생 중 처음으로 학사 경고를 받기도 했다. 학년이 올라가도 서툰 실력은 그대로였지만 다행히 영상 제작에는 점차 흥미를 붙였다. 실재(實在)하는 인물, 사건을 다루는 다큐멘터리가 특히 좋았다.

영화보다 더 영화 같은 현실이 존재하는 한 창작열은 언제 어디서든 뜨겁게 불타올랐다. 소소한 일상부터 세계사를 뒤흔든 역대급 사건까지, 다큐멘터리의 행성 안에서는 모든 것이 훌륭한 소재였다. 다큐계의 뛰어난 거장들이 갖춘 기본적인 소양, 이를테면 세상을 향한 남다른 관심과 문제의식, 날카롭고 균형 잡힌 시선, 탁월한 이미지 직조 능력 등과는 현격한 차이가 있었지만 내가 할 수 있는 데까지 힘껏 부딪혀 보고자 했다.

다큐멘터리가 세상을 바꿀 수 있다고 생각하지는 않는다. 그러나 사람과 사회에 질문을 던져 줄 수는 있을 것이다. 그리고 누군가는 그 질문을 곰곰이 되새길 때, 이따금 세상은 더 나은 방향으로 진보하기도 한다. 내가 기대하는 다큐멘터리의 역할이 그것이다. 그래서 언젠가부터 관객에게 의미 있는 물음표를 선사하는 다큐를 만들고 싶다는 포부가 생겼다. 거창하게 '철학' 운운할 만큼은 아니지만, 앞서 인용한 피에르 부르디외의 말처럼 세간에 주류로 굳어진 관념이나 행동양식, 지배적인 흐름에 맞서 한 번쯤은 우리가 지금 제대로 가고 있는 것인지, 성찰의 마중물이 되는 작품이면 좋겠다 싶었다. 이후 판단은 오롯이 관객의 몫이다. 고로 다큐멘터리의 본령은 감독이 내린 정답을 강요하고 주입하는 것이 아니라 관객 스스로, 주체적으로 사유하고 탐구하도록 하는 데 있다고 믿는다.

〈학교 가는 길〉 역시 그러했다. 가장 고심했던 대목은 작품의 방향성을 설정하는 일이었다. 정확한 좌표를 찍어야 내비게이션이 제구실을 하듯 감독에게도 경로 이탈을 방지할 큰 그림이 필요했다. 게다가 언론을 통해 대대적으로 알려진 사건이다 보니 머릿속이 더욱 복잡했다.

높은 인지도는 양날의 검과 같다. 상당수의 사람들이 사전 지식을 갖추고 있다는 사실은 이야기의 진입 장벽을 낮추는 데 큰 도움이 되지만, 동시에 이미 다 알듯한 기시감을 주기도 한다. 때문에 관객의 일방적인 예측과 추정을 넘어서는 상상력의 영토를 확보하는 게 중요했다. 앞뒤로 꽉 막힌 마침표가 아니라 지속적인 의문 부호가 관객과 호흡하고 몰입을 촉진하는 구조를 만들고 싶었다. 그래야만 각자의 방식으로 해석 가능한 여백을 존중하면서, 어떤 상황에서든 흔들림 없이 목적지를 향해 나아갈 수 있는 법이었다.

처음에는 이런저런 생각이 무질서하게 떠올라 정리가 쉽지 않았다. 사안의 경중을 따졌고 실현 가능성에 가중치를 두며 범위를 좁혔다. 이렇게 해서 아래의 세 가지 제작원칙을 최종적으로 확정했다.

다큐멘터리 〈학교 가는 길〉

제작원칙

1 **특수학교 설립 주도 부모들의 생생한 캐릭터 부각**

〈학교 가는 길〉은 단순히 서진학교 설립 과정 중 발생한 표면적인 사건만을 쫓지 않는다. 오랜 시간, 숱한 반대와 어려움에 맞서 이 일을 주도했던 사람들, 구체적으로는 장애인 부모님들의 캐릭터와 행보에 더욱 주목하고자 한다. 그들은 장애 자녀를 낳고서 인생이 송두리째 바뀌는 경험을 했다. 지금은 아이들을 위해서라면 어떤 난관도 두려워하지 않는 개척자, 혹은 투사로 진화했다. 그 과정에서 벌어진 수많은 울고, 웃는 이야기가 있다. 따라서 본 작품은 가까이 서되 객관성을 잃지 않는 자세로 부모님들의 저력과 매력 그리고 진심을 아낌없이 보여 줄 것이다.

2 **특수학교 관련 논란을 향한 선과 악, 이분법적 접근 지양**

본 작품은 특정 개인이나 집단을 단편적으로 비난하거나 매도하는 자세를 적극 경계한다. 한껏 손가락질을 하고 나면 속은 후련할지 모르나 문제는 그대로 남고 같은 일이 반복되는 경우가 대부분이다. 무엇보다 사안의 본질을 살펴보면 구조적·제도적인 관점에서 우리 사회가 함께 고민해 볼 만한 부분이 적지 않다. 그래서 더욱 각별하고 비중 있게, 특수학교 설립에 반대하시는 분들의 입장과 목소리를 다룰 것이다. 특히 국가의 주거·교육 정책 등의 미비점을 살펴보고 공동체 전반에 걸친 노력, 제도 개선의 필요성을 제시하고자 한다.

3 공진초등학교 역사를 통해 한국 사회의 현주소 조명

학교의 기구한 운명은 대한민국의 축소판이다. 오랜 시차를 두고 벌어진 두 번의 비극은 본질을 두고는 쌍둥이처럼 닮았다. 가난을 향한 차별과 배제로 문을 닫게 된 학교는 다시 장애를 향한 오해와 편견으로 진통 중이다. 우리 사회의 민낯이 고스란히 담긴 아픔이지만 어느 누구도 이 일과 무관하다고는 장담할 수 없을 것이다. 더는 이렇게 학교를 잃어서는 안 된다. 너무 많은 학부모와 학생들이 상처를 입었다. 반성과 다짐은 문제를 직시하는 것에서 시작한다고 배웠다. 이에 공진초등학교의 발자취를 통해 한국 사회의 현주소를 가감 없이 들여다보고자 한다.

나를 성장하게 만든
그 시절

정난모

자리의
무게

2013년 4월 18일은 우리 강서장애인부모회의 창립식 날이다. 그때는 '함께가는 강서장애인부모회'라는 명칭으로 창립했다. 초대 회장 이은자를 중심으로 뜻을 같이했던 임원진이 구성될 때 나 또한 홍보국장이라는 이름으로 함께 활동을 시작했다가 나중에는 회계까지 맡아 부모회 살림도 함께하게 되었다. 그러고 보니 2023년이면 벌써 창립 10주년을 맞이하게 된다.

그렇게 창립한 부모회 1기 임원진 활동이 마무리되고 2016년 2기 임원진이 구성될 때 의도치 않게 2기 강서 지회장이 되었다. 그때 총회에서 한 말이 아직도 기억난다.

"아무것도 없는 데서 무언가 만들고 기준을 세워 가는 것은 쉬운 일이 아니다. 1기에서 그 역할을 했다면 2기에서는 아이들을 위해 더 단단한 부모회가 될 수 있도록 최선을 다할 테니 많이 도와달라."

지회장이 되어 20여 명의 임원진을 구성하고 임원 강화 교육부터 시작했다. 그때 우리 임원진은 어느 때보다 활발하게 움직이며 단합도 의기투합도 잘되었다. 한 예로 임원들 결속력을 다지기 위해 '타타타'라는 난타 동아리를 만들었는데, 바쁜 와중에도 매주 열리는 난타 교실에 빠지는 사람이 없을 정도로 열정적이었다. 나름 무대의상을 갖춰 입고 화장도 하고 지역복지관, 교남학교, 특수교육지원청, 부모연대 등에 초대되어 찬조 출연으로 공연을 할 만큼 우리는 에너지가 넘치는 멋진 엄마들이었다. 2017년 강서장애인 가족지원센터 개소식에서는 난타 공연으로 오프닝을 맡기도 했다.

지회장이 된 지 얼마 안 되어 서울시 교육청 농성을 하게 되었다. 그전까지는 농성장에 참석만 했기 때문에 큰 부담감이 없었다. 그런데 회장이라는 타이틀은 회원들을 설득하여 함께 참여하고 성과를 내야 하는 자리였기에 역할의 무게가 생각보다 크게 다가왔다.

특수학교를 만들기 위해 아이들을 교육청 정문 앞에 놓고 돌아서며, 차마 아이들 얼굴을 보지 못하고 허공을 바라보며 겨우 겨우 발걸음을 떼 '아이를 버린 부모'라고 종로경찰서로 자수하러 갔던 일, 새벽에 교육청 담을 넘어 들어가 점거했던 일 등 한번도 상상해 보지 않은 일을 함께 하면서 초짜 회장인 나는 그 속에서 투쟁의 의미를 하나씩 배워 갔다.

그렇게 4박 5일간의 서울시 교육청 농성을 시작으로 강서지회의 조직력도 조금씩 성장하게 되었다. 교육청 농성이 끝난 후 얼마 안 되어 전국장애인부모연대 서울지부는 서울시청에서 42일 동안 농성하며 매일 2명씩 릴레이 삭발을 단행했다. 그 기간 동안 강서지회는 100명이 넘는 회원들이 적극적으로 집회에 참여했고 은자와 나는 평생 해 볼까 말까 하는 삭발까지 했다. (그런데 의외로 삭발 머리가 잘 어울리는 것이 아닌가!)

웃어야 할지 울어야 할지 모르겠지만 42일의 농성과 26명의 릴레이 삭발로 우리는 서울시와 발달장애정책협상을 이루어 냈다. 25개 자치구에 발달장애인평생교육센터와 장애인가족지원센터 설치, 지원주택 운영, 발달장애인 일자리를 위한 커리어플러스 설치, 발달장애인 자조모임 지원을 위한 피플퍼스트센터 설치, 자산형성사업을 위한 이룸통장 사업 등이 투쟁의 결실이었다. (현재 서울시에서 발달장애 정책으로 시행하고 있는 사업들이기도 하다.)

서울시청 농성이 끝나고 2016년 10월에는 발달장애인 예산을 확보하게 위해 강서구청에서 2박 3일 농성을 시작했다. 서울시청 농성의 경험이 있어서인지 강서구청 농성은 집과 가까워 편하다며 많은 회원들이 어렵지 않게 참여했다. 그때를 돌이켜 보면 식당을 하는 회원은 끼니때마다 우리의 식사를 만들어 나르고, 농성에 동참하는 회원들은 두 손 가득 먹을거리를 들고 왔다. 농성하면 살이 찐다며 우스갯소리도 하고 오랜만에 만난 회원들과 소통도 하면서 농성 중이지만 즐거웠던 순간도 많았음을 기억한다. 그 이후에도 특수학교 건립을 위해 강서구 김모 의원 사무실과 정당 당사를 1박 2일 점거하기도 하고 이 밖에도 많은 집회와 기자회견 등을 서울지부 중심으로 함께했다.

'무릎사건'으로 이슈가 된 서진학교 설립 토론회는 우리 부모회에 잊을 수 없는 하나의 역사로 남았다. 토론회 이후 언론은 물론 많은 시민의 관심을 받는 계기가 되었으며, 우리 부모회가 더 단단히 자리매김하는 데도 중요한 사건이 되었다. 이렇게 굵직 굵직한 일들도 많았지만 우리 지회는 지역 내에서도 자체적으로 참 많은 행사를 열었다. 여러 박람회에 참석하여 먹거리 부스를 통해 부모회를 알렸고 각종 사업의 일환으로 발달장애인 당사자, 가족, 부모 등을 위한 다양한 프로그램과 캠프 등을 진행하며 소중한 추억을 만들었다.

이제 와서 돌이켜 보면 그때 어떻게 그 많은 일을 했는지 모르겠다. 나 혼자라면 절대 할 수 없는 일들을 임원들과 만들어 가고, 회원들이 적극적으로 참여해 주었기에 가능했다. 그 시절 함께했던 엄마들이 "그때 진짜 바빴는데 그때가 가장 재밌었던 것 같아."라고 말할 때가 있는데 그 얘길 들으면 나도 모르게 가슴이 찡하고 눈물이 핑 돈다. 늘 곁에서 함께했고 누구보다 열정 많은 사무국장 장민희와 2기 임원진, 특히 모든 현장에 앞장서 나와 주었던 언니들을 난 잊을 수가 없다.

아무리 작은 일이라도 누군가의 희생이 있어야 가능하고, 그것을 당연하게 여기면 안 되는 것임을 그리고 어떤 일이든 거저 되는 것이 없음을 너무나 생생하게 체험했다. 이렇게 내 인생에서 아무런 대가 없이 순수한 열정으로 최고로 열심히 살았던 그 시절은 세상에서 가장 값진 것들을 경험하고 배울 수 있는 귀한 시간이었다. 재준이 엄마로서 나 스스로도 세상을 다시 배우며 단단하게 성장할 수 있었다.

짧다면 짧은 2년 동안이었지만 강서지회 창립 이후 가장 많은 집회와 농성이 있었고, 여러 행사를 치렀다. 그 시절 우리는 아름다웠고 순수했으며 열정적이었다. 그 에너지가 모여 강서장애인부모회는 좀 더 굳건하게 입지를 다졌고, 나도 우리도 같이 성장했다. 매순간 함께했던 모든 이에게 진심으로 고마운 마음을 전하고 싶다.

재준이와 나

유난히도 나랑 많이 닮은 아이. 누가 봐도 내 아들임을 한눈에 알 수 있는 아이. 우리 재준이.

마트에서 카트를 꺼내는 찰나에 없어진 너를 찾기 위해 허둥거리는 나를 보고 직원이 "고객님과 닮은 아이, 저쪽으로 갔습니다." 할 정도로 나와 닮은 너는 23년 전 아주 화창하고 맑은 4월, 나에게 왔어.

그때는 이 사랑스럽고 예쁜 아이에게 장애가 있을 거라고 누구도 상상하지 못했단다. 24개월 무렵 자폐성장애 진단을 받고는 신을 원망하고, 나를 탓하며 사람이 느낄 수 있는 오만가지 감정을 경험했지. 그때의 나는 오로지 네 행동 하나하나에 일희일비하는, 그런 나약하고 소심한 엄마였다.

27개월부터 시작된 치료, 그때부터 나와 너는 한 몸이 되었어. 너의 시간이 곧 나의 시간이 되어 움직였지. 무지했던 엄마는 어린 너를 데리고 요일별로 언어·인지·미술·특수체육·감각통합·조기교육 등등 각종 프로그램 시간에 맞춰 치료실과 복지관을 순회하고 차에서 간식을 먹이며 빈틈없는 시간을 보냈어. 이렇게 하면 너의 장애가 고쳐질 거라는 막연한 희망으로 하루하루를 정말 빡빡하게 살았다. 그때는 그게 최선인 줄 알았어. 언제쯤 이 시련을 끝내고 24시간을 온전히 내 의지대로 살 수 있을까 궁금했던 그런 시절이었어. 돌이켜 보면 그건 너를 위해서가 아니라 내 욕심을 위한 게 아니었나 싶어.

어릴 적 너는 표현 언어가 안 되다 보니 모든 의사를 행동으로 나타냈지. 예를 들어 외출하고 들어왔을 때 집에 있는 스위치는 꼭 본인이 켜야만 해서, 간혹 다른 사람이 켰을 때는 다시 1층에 내려왔다 올라가야 할 정도로 집착과 강박이 심한 아이였단다. 또 화가 나면 옆 사람을 물어 버리는 바람에 난감한 적이 한두 번이 아니었어. 너의 속마음을 들여다볼 여유 없이 매일을 긴장 속에서 살았어.

몸과 마음이 지칠 대로 지쳐 삶의 의미를 잃어 가고 있을 때 성당에서 우연히 장례 미사를 드리게 되었어. 누군지도 모르는 교우의 장례 미사에서 하염없이 흐르는 눈물과 콧물을 닦아 내고 나왔더니 이상하게 마음이 편안해지는 거야. 그때부터 엄마는 마음이 지치고 힘들 때면 장례 미사에 참석해. 삶과 죽음의 경계에 서서 줄다리기하는 나를 돌아보며 다시 살아 내야 할 이유를 찾고 왔어.

아마도 그것은 내게 주어진 유일한 숨 쉴 공간이었으며 위로와 치유의 시간이었던 것 같구나. 많은 것들을 겪으며 조금씩 현실을 받아들이는 힘이 길러졌고 재준이 너를 있는 그대로 마주할 수 있었다. 언제까지 징징거리고 있을 수는 없지 않겠니. 내가 강해져야 할 이유가 너무나 많았지. 형을 위해서도, 둘째인 너를 위해서도, 우리 가정을 위해서도, 세상의 눈치를 볼 게 아니라 적극적으로 목소리를 내야 한다는 걸 서서히 알게 되었어.

너는 (지금의 서진학교이며 이전의 폐교된) 공진초등학교, 공진중학교를 거쳐 고등학교는 강서구에 있는 사립특수학교인 교남학교에 다녔는데, 너의 입학과 졸업은 곧 나의 입학과 졸업이었으며 너의 성장은 곧 나의 성장이었고 너의 학교생활은 나의 또 다른 학교생활이기도 했어.

그렇게 가까이에서 통합교육과 특수교육을 지켜보며 양쪽 모두를 경험해 보았지. 그래서 서진학교가 더 간절했는지도 모르겠다. 분명 너의 학교생활에서 아쉬운 부분은 있지만, 통합교육을 선택한 것을 후회하지는 않아. 너의 중학교 시절 에피소드가 하나 있어. 수학 시간에는 특수반에서 수업을 하는데, 넌 아마도 통합반 친구들이 좋았나 봐. 수학 A반에 들어간 너에게 선생님이 특수반으로 가라고 하니, 네가 특수반이 아닌 수학 B반에 들어가 앉아 있었대. 지금도 초등학교와 중학교 앨범을 보며 웃음 짓는 너를 볼 때면, 너에게 학교라는 기억이 나쁘지 않은 것 같아서 참 감사해.

어릴 적 해맑던 개구쟁이 미소가 커 가며 사라져 아쉽지만 고맙게도 너는 퇴행 없이 잘 성장해 주었구나. 타고난 신체 조건이 좋아 체력도 좋고 눈썰미도 좋은 것이 감각적으로 예체능 쪽에 끼가 있잖니. 사회성이 떨어지고 의사소통의 어려움이 있다 보

니 그 끼를 제대로 발휘하거나 확장하지 못하는 게 너무나 안타깝단다. 그래도 음악치료 시간엔 즐겁게 피아노를 치고 미술치료 시간엔 좋아하는 그림을 그리며 너만의 방식으로 무언가 표현해 내는 것이 기특하단다. 언젠가 꼭 지금의 그림들을 모아 전시회 한번 폼 나게 해 보자.

재준아, 너는 있는 모습 그대로 충분히 존엄하고 귀한 존재란다. 너를 키우며 배운 값진 경험들이 나약했던 엄마를 유연하지만 단단하게 성장시켰어. 그래서 너의 앞날을 걱정하기보다는 힘껏 응원할 거야. 수동적인 삶이 아닌 주체적인 삶을 살아갈 수 있도록 말이지. 아직까지는 이 사회에서 네가 온전한 의지로 살아가는 것이 쉽지 않을 걸 알지만, 너의 행복과 안녕을 위해 그리고 너와 같은 친구들을 위해 오늘도 한 걸음 나아가 볼게. 네가 가는 길에 등불이 되어 주고 싶은 간절함으로 말이야.

3장

바라보는 마음

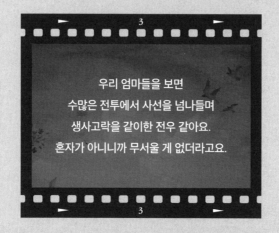

우리 엄마들을 보면
수많은 전투에서 사선을 넘나들며
생사고락을 같이한 전우 같아요.
혼자가 아니니까 무서울 게 없더라고요.

9   서서히, 가까이

강서구를 향해 본격적인 출퇴근을 시작했다. 주로 지하철을 탔고 더러는 내 차를 이용하기도 했다. 어떻게 가든 편도 한 시간이 훌쩍 넘었으니 서울 서쪽 끝으로 가는 길은 그만큼 멀었다. 촬영을 마치고 돌아오면 매번 그로기 상태를 면치 못했다. 그래도 정기적으로 갈 곳이 생겼다는 점은 정규직으로 취업한 것마냥 안정감을 줬다. 모처럼 규칙적인 생활을 할 수 있게 된 것이라, 언제가 될지 모르지만 무사히 퇴사(?)하는 그날까지 착실하게 개근하리라 다짐해 보았다.

당분간은 어머니들과 서로 알아 가는 시간이 필요할 터였다. 카메라를 잠시 내려놓고 있는 듯 곁에서 없는 듯 머무르기로 했다. 먼저 적당한 거리감을 유지하는 게 중요했다. 너무 멀리 서면 신뢰를 쌓기 어렵고 지나치게 가까우면 객관성을 유지하기 힘들기에 불가근불가원(不可近不可遠)의 지혜가 필요한 시점이었다. 인위적으로 무엇을 하려고 애쓰기보다 자연스러운 흐름에 맞춰가는 게 중요하다 싶었다.

2017년 9월 하순이 되어서도 어머니들은 분주했다. 도처에서 인터뷰 요청이 끊이지 않았다. 어느 날은 지상파, 또 어느 날은 케이블, 이어서 일간지와 주간지. 한날 두세 개 매체와 연달아 약속이 잡힌 적도 많았고, 시사교양 프로그램에서 종교방송까지 성격도 각양각색이었다. 한꺼번에 소화하기 어려울 때는 조를 나눠 대응하기도 했다.

며칠간 지켜보니 매체별로 인터뷰어만 달랐을 뿐 비슷한 질문이 일정한 범주 안에서 반복되었다. 이쯤 되면 답변하는 입장에서 물릴 법도 할 텐데 어머니들은 횟수를 더할수록 오히려 활력이 넘쳤다. 얼굴에는 화색이 맴돌았고, 입담은 청산유수 그 자체라 듣는 재미가 있었다.

인터뷰에 임하는 한 분 한 분의 진지한 표정을 스케치하는 것으로 서서히 촬영을 시작했다. 발언 내용보다는 인물의 정서와 분위기를 담는 데 주력했다. 어머니들은 한번 이야기를 풀었다 하면 질문에만 국한되지 않고 종횡무진 다양한 분야를 휘젓고 다녔다. 그중에서도 사회·문화비평과 정치평론, 국제정세, 인생역정, 자식자랑 그리고 '사랑하는' 남편 홍보기(?) 등이 주를 이뤘다.

듣다 보면 참으로 신기한 것이, 질문의 의도를 벗어나 한참 이 야기하다가도 명확한 지점을 짚어 본론으로 되돌아온다는 점이 었다. 여러 이야기 중에서도 오래도록 기억에 남는 건 "학교만 지을 수 있다면 무릎 꿇는 것보다 더한 일도 얼마든지 할 수 있 다."라는 대목이었다.

한 치의 흐트러짐 없이 단언하는 모습을 곁에서 지켜보며 더 속이 상했다. 이분들은 대체 어떤 삶을 살아왔기에 무릎 꿇는 것 이상의 일도 마다하지 않는 것일까? 대체 우리 사회는 무엇을 지 향하기에 이런 상황이 벌어지는 것일까? 이는 〈학교 가는 길〉 안 에서 끈질기게 붙들어야 할 화두였다.

촬영 초기에는 웬만한 일정을 주로 부모회 사무실에서 끝냈지 만 어머니들을 찾는 곳이 많아지면서 덩달아 활동반경이 넓어졌 다. 방송사, 국회, 관공서, 복지관 할 것 없이 그들이 가는 곳이라 면 그림자처럼 따라다녔다. 말이 좋아 촬영이지 이러는 내가 귀 찮고 성가셨을 법도 하건만, 어머니들은 항상 너그러이 받아 주 셨다. 자주 같이 밥을 먹고 차도 마셨다. 그러는 중에 여러 에피 소드도 생겼다. 하루는 청원서를 전달하러 교육청에 갔는데 촬 영을 마치고 이은자, 김남연, 정순경 어머니와 육개장을 먹었다. 그날 내가 입은 밝은색 상의에 뻘건 국물이 튀어서 괜스레 어머 니들 앞에서 민망했던 기억이 오래 남았다. 옷에 묻은 붉은 국물

　　　　　　　　　　　　　바라보는 마음

처럼 내 존재가 아직 어머니들께 이질적인 건 아닐까 싶은, 그런 민망한 기분이었다.

이때는 일거수일투족을 빠짐없이 기록하려는 의도보다는 하루빨리 그분들의 시야에서 익숙한 풍경처럼 스며들려는 마음이 컸다. 그래야만 더욱 감쪽같이 어머니들의 일상으로 들어가 진솔한 이야기를 포착할 수 있을 것만 같았다. 나의 이런 전략이 얼마나 성공적이었는지 여전히 가늠하기 어렵다. 다만 어머니들과 내가 함께하는 시간이 쌓일수록 차츰 어머니들을 자연스레 파악할 수 있었고 발달장애에 대해서도 많이 배워 나갔다. 무엇보다 그분들의 삶을 조금 더 깊이 이해해 갔다.

10 일터

어느 날, 장민희 어머니께서 구립강서구직업재활센터에 가 보지 않겠느냐고 내게 제안했다. 성인기 발달장애인의 삶을 파악하는 데 도움이 될 거라고 했다. 그러고 보니 정규 교육과정을 마치고 어른이 된 발달장애인들은 어떻게 살아가고 있는지, 제대로 알지 못했다. 어디에선가 무언가를 하며 시간을 보내고 있으리라는 막연한 지레짐작이 전부였다.

한 사람의 일생을 놓고 보면 학창시절이 차지하는 물리적인 비중이 절대적으로 크지는 않다. 특히 요즘처럼 100세시대를 장담하는 사회 분위기에서는 더욱 그렇다. 장애인 비장애인 할 것 없이 학교 졸업 이후 펼쳐질 훨씬 긴 시간이 생 앞에 놓여 있다. 학령기에서 멀어진 발달장애인들의 하루가 궁금했던 나는 기꺼운 마음으로 발걸음을 옮겼다.

강서구직업재활센터는 2차 토론회가 열렸던 탑산초등학교 바로 옆에 위치했다. 허준공원 입구와도 가까이 맞닿아 있었고, 한산하고 쾌적해 보였다. 2010년 문을 연 이곳은 장애인들에게 직업훈련의 기회와 복지 프로그램을 동시에 제공하는 역할을 하고 있었다. 약속한 시간에 맞춰 장민희 어머니와 로비에서 만났다.

마침 이날은 CBS 노컷뉴스에서도 촬영을 나왔다. 김세준 기자가 이끄는 팀은 '2017년, 장애인 교육의 길을 묻다'라는 시리즈를 기획해 발달장애 관련 심층 취재를 하고 있었다. 한 가지 주제를 깊이 있게 파고들어 배울 점이 많았다. 홀로 용쓰는 내가 안쓰러워 보였는지 그는 초면에도 친절하게 말을 건넸고 이후 정말 많은 도움을 줬다. (지금까지도 계속 관계를 이어 오고 있는데, 학교 가는 길 위에서 만난 또 하나의 특별한 인연이 아닐 수 없다.)

직업재활센터 2층에 있는 작업장 문을 열고 들어가니 스무 명 남짓한 사람들이 일사불란하게 움직이는 중이었다. 각자의 자리에서 대일밴드를 소분하거나 박스를 접거나 포장이 끝난 제품을 차곡차곡 정리하고 있었다. 단순반복 작업이지만, 그래서 더욱 꼼꼼하고 세밀한 손길이 요구되는 업무였다.

숙련된 실력을 보아하니 하루 이틀 해 본 솜씨가 아니었다. 외부인들의 출현도 아랑곳하지 않을 만큼 다들 집중력이 대단했고 그만큼 일처리 속도가 빨랐다. 이 분야의 전문가들이 여기 다 모여 있는 듯했다. 그중에는 반가운 얼굴도 보였다. 조부용 어머니

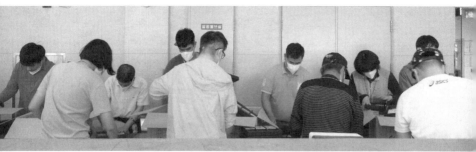

의 딸 현정이와 장민희 어머니의 딸 혜련이도 든든히 한몫하는
중이었다.

카메라를 들고 작업장 구석구석을 누볐다. 일하는 데 방해되지
않기 위해 조심하면서도 최대한 밀착해서 촬영했다. 성인 발달
장애인들이 일하는 모습을 전에 본 적이 없었기에 생소한 만큼
신선하고 놀라웠다. 뒤통수가 조금 얼얼한 느낌도 들었다. 그동
안은 발달장애인도 이처럼 열심히 일할 수 있다는 엄연한 '사실'
을 생각조차 못 했다. 생각할수록 부끄러운 일이었다.

사실 누군가를 '장애'라는 편견을 가진 채 바라보면 그 사람의

바라보는 마음

정체성은 오롯이 장애 안에 고정되고 만다. 외모나 성격, 성품과 재능이 어떻든 그는 결국 장애인으로만 존재할 뿐이다. 무능하고 무기력해서 타인의 도움이 필요한 존재라는 틀에 가둬 두고, 프로크루스테스의 침대처럼 생각을 재단해 버리는 것이다.

참으로 가소로운, 알량한 우월의식이었다. 나 또한 두 가지 관점에서 반성을 많이 했다. 먼저, 나 스스로를 '완벽한 비장애인'이라고 자부할 수 있는지 돌아보았다. 나의 신체는, 정신은, 아무런 장애가 없다고 확신할 수 있는가? 또한 앞으로 그 어떤 장애도 얻지 않을 거라고 장담할 수 있는가? 선뜻 입이 떨어지지 않았다.

다음으로 장애인을 향한 평소 나의 태도를 떠올렸다. 물론 일각의 주장처럼 장애를 아무 일도 아닌 것마냥 받아들일 수는 없다. 때로 지나치게 이상적인 접근은 가식과 위선의 다른 이름에 불과하다고 생각해서다. 그렇지만 '장애를 그 사람의 전부로 볼 것인가, 아니면 일부로 볼 것인가?'라는 질문은 굉장히 중요하다. 어느 쪽으로 답하는지에 따라 결과는 크게 달라질 수 있다. 장애를 앞세우는 순간 그 사람의 전인격은 시야에서 사라지지만 반대의 경우에는 또 다른 우주를 발견하기에 충분하다. 나는 현정이와 혜련이, 지현이와 재준이를 만나면서 이를 깊이 깨우쳤고, 그 후로는 의식적으로 많은 연습을 했다.

솔직히 지금도 이 아이들을 아주 잘 안다고 자신할 수 없다. 그래도 예전보다는 훨씬 나아졌다. 호기심이 많아 독서와 질문을 좋아하는 현정이, 무엇이든 적극적으로 도전하는 것을 즐기는 혜련이, 매사에 일관되고 솔직한 지현이, 남다른 색감을 탁월하게 구사하며 수영도 잘하는 재준이.

장애인으로만 섣불리 결론 냈다면 절대 알아챌 수 없었던 이들의 진면목을 하나둘 파악해 갔다. 일터에서 땀 흘리는 발달장애인들을 만난 이날을 기점으로 나는 협소한 시야를 조금씩 교정할 수 있었다.

다른 작업장을 둘러보니 학교를 마치고 온 지현이가 있었다. 향초를 만들다가 조금 싫증이 난 눈치였다. 책받침을 부채처럼 흔드는 상동행동을 잠시 하더니 다시 책상에 앉았다. 방과후 프로그램에 참여하는 지현이는 매월 식대로 7만 원을 내고 임금 4만 원을 받는다. 어찌 보면 돈을 내면서 일하는 격이다. 성인들도 상황은 크게 다르지 않다. 한 달 내 임가공을 꾸준히 해도 월급은 보통 몇만 원 수준이라고 한다. 능력에 따라 최대 30만원가량을 받는 경우도 있지만 최저임금에 턱없이 모자라기는 마찬가지다.

장애인은 최저임금 적용 대상이 아니라는 사실도 그때 처음 알았다. 이건 누군가의 잘못이라기보다 한국 사회 전반의 구조적인 문제였다. 이래서는 자립은커녕 기본적인 삶을 영위하기조차 쉽지 않았다. 이러한 현실임에도 직업재활센터에 입소하기 위한 경쟁률은 매우 치열했다. 이곳에서 일한다는 것만으로도 큰 특권이라고 했다. 자녀가 돈은 못 벌어도 좋으니 이렇게라도 시간을 보내고 사회생활을 할 수만 있다면 무엇이든 감수하겠다는 것이 장애인 부모들의 마음이었다.

직업활동의 중요성은 아무리 강조해도 지나치지 않다. 우리는 일하면서 자아를 실현하고 생활을 영위한다. 그런 점에서 '가장 좋은 복지는 일자리'라는 말은 참으로 명쾌하다. 하지만 제아무리 발달장애인의 생애주기 중 만만한 시절이 없다고 해도, 학교 졸업 이후에는 너무 커다란 기회의 공백과 세상과의 단절이 자리했다. 이 단절과 공백이 의미하는 바가 얼마나 중차대하고 심각한 문제인지를 알게 되기까지는 오랜 시간이 필요치 않았다.

11   전우애

"하나, 둘, 셋, 넷, 천천히, 끝까지……!"

부모회 사무실 맞은편 태권도장 창밖으로 우렁찬 구호가 울려 퍼졌다. 매주 수요일 오전 10시, 운동으로 거듭나는 '맘스뉴바디(Mom's New Body)' 프로그램 시간. 어머니들이 함께 모여 구슬땀을 흘렸다. 지유경 어머니가 맨 앞에 서서 능숙하게 시범을 보였다. 일부 참가자에게서 몸과 마음이 따로 노는 인지부조화(?)가 발생했지만 다들 열정만큼은 최고조였다. 서로를 '몸치'라고 놀리면서 깔깔대며 웃다가 어려운 동작도 포기 않고 이를 악물며 따라 했다.

피트니스 강사 지유경 어머니도 장애인부모회 회원으로 활동한 지 오래되었다. 지적·뇌병변·시각 장애를 가진 아들 권섭이와 지적·뇌병변 장애를 가진 딸 지연이를 키우고 있다. 두 아이 모두 유전성 운동실조증이라는 희귀질환을 앓고 있는데 퇴행을 수반하는 특성 때문에 평생 재활치료가 필요했다. 그래서 지유경 어머니는 자녀를 위해 직접 운동을 배웠고 늦은 나이에 국가공인자격증도 땄다.

돌아보면 그 시절을 어떻게 견뎠는지 까마득하기만 했다. 세상 사람들은 틈만 나면 뒤에서 수군거렸고 어딜 가나 은근히 눈치를 줬다. 그래도 포기하지 않고, 쓰러지지 않고, 여기까지 왔다. 지유경 어머니는 자신의 재능을 살려 생활체육 접근성이 떨어지는 발달장애인과 장애인 부모를 위해 운동 전도사로 활약하고 있었다. 대다수 장애인 부모들과 마찬가지로 아이 때문에, 아니, 아이 덕분에 생각지도 못하게 인생의 경로가 바뀌었고 고마운 게 더 많다고 했다. 앞으로 호호백발이 되어서도 권섭이와 지연이 그리고 더 많은 장애인 가족들과 즐겁게 운동하고 싶은 게 꿈이다.

지유경 강사는 후반부로 갈수록 더욱 숨 가쁘게 어머니들을 몰아붙였다. 자세의 난도는 올라갔고 쉴 틈을 주지 않았다. 여기저기에서 곡소리가 났다. 그래도 웃고 떠들며 유쾌한 분위기가 이어졌다.

아이를 챙기느라 정작 자신의 건강은 돌보지 못하는 장애인

부모들이 태반이다. 만사를 제쳐 두고 치료실을 전전하기 일쑤, 강행군에 몸과 마음이 서서히 무너진다. 우울증을 앓는 경우도 적지 않아, 부모회 차원에서 마련한 이런 자리는 귀하다. 유치분과에서 성인분과까지 다양한 연령대의 회원들이 한데 모여 운동을 하고 격의 없이 한바탕 어우러지고 나면 스트레스가 풀리고, 안으로 움츠러들지 않고 기운이 난다. 장애 자녀를 키우는 마음은 가까운 친구도, 피를 나눈 형제나 부모도 이해할 수 없다고 한다. 그러니 동병상련의 정이 또 다른 하루를 버티게 한다. 같은 처지를 확인하는 것만으로도 희한하게 힘을 주고받곤 하니까.

물론 여기도 사람 사는 곳인지라 언제나 화목하지만은 않다. 부모님들 사이에서도 의견이 충돌하고, 관계가 소원해지기도 한다. 다시는 안 볼 사람처럼 얼굴을 붉힌 경우도 있다. 그래도 대의 앞에서는 한마음으로 뭉쳤고 누가 먼저랄 것도 없이 앞장섰다. 강서장애인부모회가 생긴 이래 변함없는 전통이다.

2013년, 당시 중학생이 된 지현이가 정원 부족을 이유로 특수학교 입학이 좌절되자 이은자 어머니는 비슷한 상황에 놓인 부모들과 힘을 모았다. 지현이와 친구들은 끝내 일반 중학교에 진학할 수밖에 없었지만 부모들의 노력으로 만들어진 특수반에서 좋은 교육을 받았다. 그리고 이 일이 기폭제가 되어 부모회가 정식으로 출범할 수 있었다. 이후 강서장애인부모회 초대회장 이은자를 거쳐 2대 회장 정난모로 이어지면서 현안도, 역할도 더욱 늘었다. 그중에서도 단연 강서 특수학교 설립 이슈가 가장 중요했다. 당연하리라 믿었던 특수학교 설립은 자꾸만 지체되었다. 주민들의 반대 목소리도 점점 커졌다. 이러다가 학교 설립 자체가 무산되는 것은 아닌지, 위기감이 엄습했다.

서울시 내에서 마지막으로 특수학교가 개교한 지도 10년이 훌쩍 넘어가는 시기였다. 가장 기본적인 교육 문제만 해도 이러한데 주거, 일자리, 돌봄, 의료지원 등은 말할 것도 없었다. 벼랑 끝에 선 자들에게 남겨진 선택지는 단 하나였다. 교육을 비롯, 전 생애주기와 맞물린 발달장애인종합대책을 마련하고자 부모들은 교육청으로, 교육부로, 국토부로, 복지부로, 국회로, 시청과 시의회로, 청와대 앞으로, 필요하면 어디든 달려가서 온몸을 던졌다.

장애 자녀의 부모들은 삭발도 하고 단식도 하고 삼보일배도 했다. 이렇게 몇 년을 보내는 사이 평범한 엄마들과 아빠들은 거리의 투사가 되어 있었다. 투쟁이라는 단어는 여전히 입에 낯설지만 마음만은 더욱 단단해진 채로.

'아이들의 희망, 부모의 힘으로.' 장애인 부모들은 점점 이 슬로건이 부담스러워지곤 한다. 시간은 속절없이 흐르고 나이는 먹어 가는데 언제까지 아이들을 위해 나설 수 있을지 초조함이 밀려온다. 그래서 당신과 나, 곁에 있는 동료의 존재는 더욱 소중하다. 언젠가 이은자 어머니는 인터뷰에서 자신의 마음을 간결

하게 정의한 바 있다.

"우리 엄마들을 보면 수많은 전투에서 사선을 넘나들며 생사
고락을 같이한 전우 같아요. 함께 울고 웃고 했던 수많은 일을 겪
었어요. 혼자가 아니니까 무서울 게 없더라고요."

어머니들은 뜻밖의 전우애로 똘똘 뭉쳐 있었다. 사는 게 전쟁
이라고 표현했지만 단 한 걸음도 후퇴하지 않는 이유였다. 그들
은 그렇게 서로를 보듬고 지탱하며, 하나가 됐다.

바라보는 마음

12   울분

2017년 추석을 일주일 남짓 앞두고 강서구청 주변이 무척 소란스러웠다. 한 무리의 의경들이 오와 열을 갖춰 등장했고 사복경찰로 보이는 사람들은 급하게 무전을 주고받았다. 구청 관계자들 역시 초조한 표정으로 청사 앞을 지켰다.

잠시 후, 45인승 관광버스 한 대가 서더니 피켓을 든 사람들이 줄지어 내렸다. 결의에 찬 모습으로 나타난 이들은 특수학교 설립반대 비대위 소속 주민들이었다. 특수학교 설립 과정에서 구청 측이 보인 미온적 태도에 항의하고, 무엇보다 구청장의 사퇴를 촉구하기 위해 집회를 개최한 것이었다.

주민들은 자리를 잡자마자 일사불란하게 움직였다. 현수막을 펼쳐 든 사람, 피켓을 앞세운 사람, 유인물 나눠 주는 사람, 쟁과리 치는 사람, 집회를 총지휘하는 사람 등 미리 손발을 맞춘 듯 역할 분담이 명확했다. 게다가 가양동 지역의 장애인복지시설이 총망라된 지도를 사람들이 오가는 길목에 설치해 놓았는데, 제작에 엄청 공을 들인 흔적이 역력했다. 앞서 교육청을 상대로 수차례 항의 집회를 해 본 경험이 있는지라 여러모로 노하우가 쌓인 듯했다.

주민들 옆을 서성이던 나도 얼떨결에 유인물을 받아 들었다. 한눈에 봐도 일목요연하고 깔끔했다. 첫 페이지에는 오늘 집회를 위한 안내사항이 상세하게 적혀 있었다. 일시, 장소와 같은 기본적인 내용과 함께 준비물—모자, 장갑, 선글라스 그리고 '강서구를 사랑하는 뜨거운 마음'—이 쓰여 있었다. 뒷면에는 주민들의 구체적인 요구사항이 담겼다. '우리는 억울하다. 지역현실 알아 달라!'는 큰 제목 아래 열두 개의 세부 항목이 빼곡 달렸다. 한기 서린 빨간 글씨와 검은 글씨가 번갈아 가면서 그들의 분노를 대변하는 중이었다.

주민들의 마음을 헤아려 보고자 구체적인 주장이 무엇인지 하나하나 찬찬히 읽어 보았다. 그들은 형평성에 어긋난 현실을 가장 못 견뎌 하는 것 같았다. 지난 토론회에서도 줄기차게 주장했던 것처럼 서울시 내 특수학교가 한 곳도 없는 자치구가 여덟 군데나 된다. 정작 이런 곳에는 짓지도 못하면서 왜 또 강서구인지, 그것도 이미 다수의 장애인복지시설이 넘쳐 나는 가양동이어야만 하는지, 도저히 납득할 수 없다는 주장이었다.

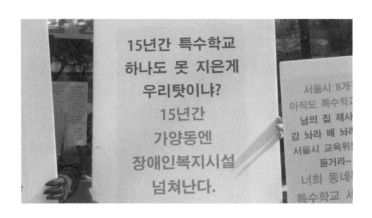

바로 인접한 양천구는 특수학교가 전혀 없는 상황에서도 설립을 반대하는데, 언론의 주목과 비난의 화살은 오직 강서구 주민에게만 쏠렸다. 하루아침에 지역이기주의의 화신으로 찍혀서 온 나라의 손가락질을 받는 처지가 되고 말았다. 사정을 들어보니 충분히 공감할 수 있는 지점이 있었다.

오후 2시, 예고한 집회 시각이 다가올수록 취재 나온 언론사도 점점 늘었다. 반가운 얼굴, CBS 김세준 기자도 어느새 카메라를 들고 종횡무진 현장을 누비고 있었다. 그리고 이날 하늘이 도왔는지 또 한 명의 '귀인'을 만났다.

SK브로드밴드 뉴스의 김대우 기자는 특수학교 설립 초기 단계부터 해당 이슈를 다뤄 왔다. 몇 년 동안 꾸준히 취재를 해 온 터라 전체적인 흐름을 꿰뚫고 있었고 지역 사정에도 밝았다. 사전 조사를 하면서 이분의 리포팅을 보며 공부했는데, 직접 안면을 트게 되니 더욱 반갑고 신기했다. (이후 김대우 기자도 다큐멘터리를 제작하는 내내 물심양면으로 큰 도움을 주었다.)

대열이 갖춰지고 본격적인 집회가 시작되었다. 일단은 전경을 다 보여 주는 이미지가 필요하다 싶었다. 재빨리 횡단보도를 건너 길 반대편에서 풀샷(Full Shot)을 촬영했는데 사회자의 우렁찬 목소리가 휴대용 스피커를 타고 울려 퍼졌다.

"특수학교를 반대하는 것이 절대 아닙니다. 하지만 가양동에는 너무 많은 장애인 시설이 있습니다. 우리는 차별을 받아 왔습니다. 그 차별이 싫어서 외치는 것입니다."

"주민의견 묵살하는 구청장은 사퇴하라! 특수학교 수수방관, 구청장은 사퇴하라!!"

"사퇴하라, 사퇴하라!"

"강서구 똥통으로 만든 구청장은 물러나라!"

"물러나라, 물러나라!"

사회자가 선창하면 주민들이 따라 외쳤다. 다들 응어리가 많았는지 격한 말로 외치고 또 외쳤다. 요란한 꽹과리와 북소리도 분위기를 한층 고조시켰다. 하늘을 찌를 듯한 주민들의 울분이 정작 구청장 귀에는 닿았는지 문득 궁금했다. 어찌 됐든 굉장히 난감한 입장에 처한 것만은 사실이었을 테니.

사실 강서구의 노현송 구청장은 강서장애인부모회 창립식에 참석할 정도로 발달장애인의 권익 향상에 관심이 많았다. 이후로도 구청 차원에서 관심과 지원을 아끼지 않았다. 물론 학교 설립의 주체는 교육청이라 구청이 관여할 여지는 많지 않지만, 그럼에도 공사와 관련된 각종 인허가권을 쥐고 있기에 자치단체장의 역할은 결코 무시할 수 없었다. 시장 또는 구청장이 반대 주민들의 눈치를 보느라 특수학교 설립에 애를 먹는 곳이 종종 있었기 때문이다.

집회에 참여한 주민들은 차례로 돌아가며 구청장을 꾸짖었다. 주민과 지역의 이익에 무관심한 그는 더 이상 '우리'의 대표가 아니라며 한시라도 빨리 자리에서 물러날 것을 촉구했다. 비대위 임원들도 나와서 비슷한 취지로 발언을 이어 갔다.

그러면서 한 가지 더, 이구동성으로 말한 게 있었다. 바로 언론을 향한 극심한 불신이었다. 편파적이고, 감정에 치우친 언론의 보도 때문에 사안의 본질은 온데간데없고 무릎 꿇은 부모들의 모습만 부각되었다며 분통을 터뜨렸다. "언론이 주민들을 쓰레기로 만들었다."는 한마디에서 그들이 가진 노여움의 깊이를 엿보았다.

그렇다면 이제부터는 주민들 마음의 근원을 적극적으로 탐구해 볼 필요가 있었다. '특수학교를 반대하지 않지만 가양동만큼은 절대 안 된다.'는 생각의 심연, 그 바탕에 깔린 이유는 과연 무엇이었을까?

지역에서
장애 아이를 키운다는 것 최보영

시간이 지나도
아물지 않은 상처

2017년 서울 강서구 특수학교 설립에 대한 반대가 극심했을 때, 내가 사는 동해시에서도 엇비슷한 일이 벌어졌다. 그동안에는 특수학교 설립 예정지가 신흥에서 부곡동으로 이전된다는 소문만 무성했다. 그러던 중 드디어 그해 5월, 설명회가 열렸다. 시간을 내 참석했는데, 그곳에서 마주한 현실은 실로 충격 그 자체였다. 어느 정도 예상은 했지만 상상 그 이상이었다.

주민들 대부분은 단상에 올라가 설명회 시작을 원천 봉쇄했다. 아예 단상 위에 대자로 누워 버린 사람도 있고, 마이크를 잡고 크게 노래를 부르거나, 동네 주민이 아니면 다 나가라고 고래 고래 소리를 치는 사람들도 있었다. 특수학교 설립을 위한 설명회 개최는 꿈도 꿀 수 없었다. 그렇게 허무하게, 시작도 제대로 못 한 채 설명회가 무산되었다.

이후 9월과 10월, 다시 두 차례 설명회가 열렸다. 지난번보다 더욱 극렬한 반대가 앞을 가로막았다. 거친 몸싸움이 이어졌고, 우리 발달장애인 부모들과 아이들을 향한 온갖 저주와 욕설이 공간을 휘감았다. 몇 년이 흘렀어도 상처는 여전히 깊다.

"오기만 해 봐라! 니들도 똑같이 장애인 만들어 줄 거다!"
"니들 동네 가서 지어라."
"우리가 내는 세금으로 학교 만들고 우리가 내는 세금으로 니들 먹여 살린다. 그러니 여긴 우리 것이다."
"동네를 장애인촌 만들지 마라. 안 그래도 무시당하는 동네인데 왜 더 무시당하게 하냐! 니들 집 앞에 병신 학교 만들 거냐! 니들 동네로 꺼져!"

장애가 있다는 이유로, 장애 아이를 키운다는 이유로 쏟아진 말 폭탄에 숨이 턱 막혔다. 그저 아이들을 위한 학교를 짓겠다는 것뿐인데……. 영혼이 바짝바짝 말라 가는 느낌이었다. 발달장애인과 가족들은 늘 숨죽여 사는 수밖에 없었다. 학교 설립을 반대하는 주민들의 핏발 선 표정과 몸짓은 아주 오래된 악몽처럼 끊임없이 나를 괴롭혔다.

동해에는 서울처럼 탄탄한 장애인 부모회 조직이 없다. 아이들이 마음 놓고 치료받을 수 있는 기관도 없고, 아이들이 편히 이용할 수 있는 복지시설도 마땅치 않다. 수도권에 비해 상대적으로 언론이나 여론의 관심이 미비한 점도 안타깝다.

13년 전, 기쁨이를 둘러업고 다니며 부모회를 만들겠다고 안간힘을 썼다. 하지만 다른 분들과 뜻이 같지 않다는 이유로 끝까지 함께하지 못했고 결국 부모회 설립은 없던 일이 되었다.

돌이켜 보면 아이들에게 무척 미안하다는 생각뿐이었다. 그때 포기하지 않았더라면 특수학교는 진즉에 개교했을는지도 몰랐다. 그래서 다시 한번 용기를 냈다. 우리 부모들은 긴 공백을 깨고 2017년 5월 설명회 현장에서 '동해시 장애인학부모회'를 결성했다. 지난날의 실수와 후회를 반복하지 않기 위한 다짐이었고, 우리 아이들을 위해 단 하나의 주춧돌이라도 반드시 놓겠다는 절박한 결심의 표현이었다.

부모들은 최전방에서 산전수전을 겪었다. 동해시에 복지관을 만들어 달라고 요청했더니 복지회관을 준비하고 있다며 자랑스럽게 말하는 정치인이 있었다. 그 둘은 다르다고 아무리 설명해도 그는 앵무새처럼 같은 답변만을 반복했다. 얘기 끝에 겨우 설득했지만 그 뒤로는 아예 감감무소식이었다. 답답한 마음에 다른 이를 찾아 호소해도 반응은 크게 다르지 않았다. "알아보는 중이다, 예산이 없어서 곤란하다."는 말만 허공에 메아리쳤다. 애초에 그들은 표가 되지 않은 일에는 심드렁하고 관심 갖지 않는다는 걸 뒤늦게 깨달았다. 한마디로, 소수자의 권익에는 초지일관 무관심했다.

몇 해 전 가까운 언니 하나가 이곳에서는 더 이상 장애 아이를 키울 수 없다며 동해를 떠났다. 그 마음을 너무나 이해하지만, 그래도 우리 부모회는 좌절하지 않기로 했다. 제아무리 사소할지라도, 당장 할 수 있는 일부터 찾아 나섰다.

노력은 조금씩 결실을 보았다. 박주현 시의원의 적극적인 도움 덕분에 2019년 2월, 동해에서 처음으로 작업치료실이 문을 열었다. 드디어 우리 아이들에게도 갈 곳이 생겼다는 생각에, 개소식 당일 눈물을 주체하지 못했던 기억이 난다. 작은 성취를 바탕으로 특수학교 설립을 향한 꿈과 의지를 더욱 단단하게 다질 수 있었다.

물론 여전히 현실은 만만치 않았다. 학교 부지의 지질조사를 위해 장비가 들어오던 날을 떠올리면 지금도 아찔하다. 쌍심지를 켜고 막아서는 주민들을 버텨 내며, 우리 부모들은 트럭에서 장비를 내리려고 안간힘을 썼다. 그 사이에서 교육청 직원들까지 한데 엉켜 그날은 말 그대로 아수라장이었다. 차분하고 이성적인 대화가 낄 자리는 없었다. 이래서 학교가 무사히 개교할 수 있을지, 너무나 큰 두려움이 밀려왔다.

장애를 안고 태어나고 싶은 사람이 누가 있단 말인가. 장애 아이를 낳고 싶은 부모가 누가 있단 말인가. 목적 없는 원망과 화를 품어 봤자 허탈할 뿐이었다. 발달장애인은 정녕 세상 속에 함께 어울려 살 수 없는 것일까. 흑암이 깊을수록 더욱 이를 꽉 물고 앞으로 나아가는 수밖에 없었다. 더는 잃을 게 없다는 사실에 차라리 마음이 홀가분했다. 동해의 장애인 부모들은 아이들의 더 나은 미래를 위해 모든 삶을 걸고 덤볐다.

2022년 3월, 드디어 동해 특수학교 '해솔학교'가 문을 열었다. 푸르고 드넓은 동해 바다와 지척인 곳에 들어선 예쁜 학교다. 상처와 아픔이 가득했던 이곳에 장애 학생들의 웃음소리가 울려 퍼진다. 그 어떤 말로 이 기분을 표현할 수 있을까.

특수학교 설립을 향한 기나긴 여정이 끝났지만 또 다른 시작이 기다리고 있음을 잘 알고 있다. 개교만 하면 될 줄 알았는데, 학교가 온전히 자리 잡기까지 해야 할 일이 산더미처럼 쌓여 있다. 아무래도 뭐든 처음이다 보니 예상치 못했던 상황이 벌어질 수밖에 없다. 무엇보다 졸업 이후의 삶이 보이지 않는 건 가장 큰 문제다. 발달장애인이 일할 만한 곳이 턱없이 부족하다. 수도권에서도 취업은 어렵다는데 하물며 지역은 오죽하랴······.

당장 뾰족한 수가 있는 것은 아니지만 섣불리 비관에 빠지기보다 기대를 최대치로 끌어모은다. 여태껏 그랬던 것처럼, 개척자의 마음으로 새로운 길을 찾아 나설 것이다. 굳건하게, 우리는 포기하지 않고 서로를 다독이며 한 걸음씩 내딛는 중이다.

기쁨이와 나

기쁨아, 벌써 몇 해 전이네. 동해 특수학교 일로 쉼 없이 쏘다닐 적에, 많은 분들이 내게 한 말이 있어. 도대체 왜, 뭐 때문에 그렇게 욕먹으면서 다니느냐고……. 당신 딸은 특수학교 가지 않아도 되는데 왜 그러느냐고……. 혹시 다른 목적 때문이냐고.

기쁨이는 뇌병변 1급의 진단을 받았지만, 얼핏 타인들 눈에는 장애 아이처럼 보이지 않지. 그래서 그런 말을 많이 들었고, 때로는 수군거림의 대상이 되기도 했어.

기쁨이는 엄마 배 속에서도, 태어나서도, 아무런 이상이 없었어. 생후 3개월이 지나고 4개월이 지날 무렵 머리가 다른 아이들보다 컸는데, "머리가 큰 아이들이 있다. 머리가 큰 아이들이 똑똑하다."라는 말을 들으며 대수롭지 않게 여겼어. 미련하고도 또 미련하게 정말 그런 줄만 알고……. 우리 기쁨이가 빨리 목이라도 가누면 좋겠다고 생각하며 그 세월을 보내고 있었어. 하지만 네가 생후 6개월이 되어서도 목을 가누지 못하고 뒤집기를 못하는 거야. 그제야 부랴부랴 원주기독교병원을 찾았어. 그때 담당 의사 선생님의 말이 지금도 잊히지 않아.

"세상 이렇게 무식한 엄마가 있습니까!"
"아이가 목을 못 가누고 뒤집기를 못 하면 가던 병원이 아니라 다른 곳을 다녀야지요!"

"눈이 안 보일 수도 있고, 뇌신경이 많이 눌려서 정상적으로 못 자랄 수도 있으니 각오해야 해요!"

　그 후에도 뭐라뭐라 많은 말을 하셨는데 당시 내 귀에는 수술 얘기부터는 아무 소리도 들어오지 않고 그저 눈물만 계속 흐를 뿐이었어. 이제 겨우 생후 6개월인데…… 어른도 견디기 힘든 뇌수술을…… 내가 정말 엄마가 맞는 건가, 라는 자책과 원망에 하염없이 울기만 했어.

　그렇게 기쁨이는 뇌수두증이라는 진단을 받고 큰 수술을 받게 되었어. 이후에는 말도 잘하고 노래도 잘하고 세 살 무렵 일찍이 한글까지 깨치면서 건강하게 잘 자라 주었지.

　하지만 세 살 되는 해의 어느 날, 뇌수술에 의한 후유증이라고 해야 하나……. 걷지 못한다는 이유로, 기쁨이는 뇌병변 장애 1급 진단을 받게 되었어.

　말도 잘하고 공부도 잘하는 아이가 왜 뇌병변 1급이냐는 말을 참 많이 들었지. 다 큰 아이를 안고 다닐 때는 왜 걷도록 내버려 두지 않느냐는 말을 수천 번은 들었고, "이 아인 못 걷는 거 빼곤 다 괜찮네요."라는 말까지 들으니, 엄마 마음에 생채기도 여러 번 났단다.

　근데 그건 나만의 생각이었어. 기쁨이 네가 받고 있는 상처에 대해서는 너무나 늦게 알아 차렸지 뭐야.

　손잡이 없이는 계단을 혼자 걸어 내려오지 못하고, 균형감각이 없어 혹시나 누가 밀치면 바로 나가떨어지는 너의 걸음걸이가 친구들에게 놀림거리가 되리라고는 미처 헤아리지 못했어. 또래의 비웃음이 기쁨이 네게 감당하기 힘든 우울과 불안을 안길 거라고 생각하지 못한 미련한 엄마였어. 늘 내 앞에서 해맑게 웃고 잘 놀기에, 밝게 잘 자라는구나, 라고만 생각했어.

그 기나긴 세월 동안 네가 겪은 아픔과 고통을 제대로 알아주지 못했던 것에, 뭐라 할 말이 없구나.

재활치료를 다닐 때도 얼마나 힘들었니. 지방 소도시에서는 변변한 치료시설이 없기에 여기저기 기웃거렸지. 아이의 재활치료를 원한다고 말한 것만 수백 번. 그럴 때마다 "우리 병원에 소아 치료는 없다"는 답을 들었고, 동네 하나뿐인 공공 수영장도 "장애 아이는 출입이 불가하다."는 답변뿐이었어. 거절의 이유는 간단했어. 장애 아이는 똥오줌을 못 가린다, 사람들이 싫어한다, 그러므로 장애 아이는 수영장에 들어갈 수가 없다…….

기쁨이가 여섯 살을 넘어가던 해까지 우여곡절을 겪으며 운동하다가 유일하게 기쁨이를 받아 주었던 곳이 있지. 바로, 동해산재병원에서 재활치료를 하게 되었어. 몇 년간의 재활치료를 해나가며 엄마의 운동도 갈수록 독해졌고 말이야. 자전거 페달을 돌리지 못한다고 페달에 기쁨이 발을 묶은 채 제대로 페달을 돌려 보라고 혼냈던 무식한 엄마였지. 산에 올라가는 것은 어떻게든 해내는데, 내려올 때는 중심을 잡을 수 없어 "엄마, 엄마!" 무서워하는데도 들은 척도 안 했던 나였어. 넘어져도 스스로 걸어서 내려와야 한다고 꽥꽥 소리 지르면서……

그렇게 모질고 고집 센 엄마인데도, 기쁨이 너는 옆에 있는 내가 행여 없어지면 어쩌나 불안해하고 두려워하는 거야.

기쁨아, 그날 기억하니? 병원에서 뇌파검사 결과를 들었던 날. 기쁨이에게는 불안함, 우울함, 두려움이 친구처럼 따라다닌다고 했잖아. 그 말을 들은 기쁨이가 "아, 그래서 내가 이렇게 불안했구나. 그래서 내 마음이 늘 슬펐구나."

그러고는 내게 말했지.

"엄마! 나 그냥 애들하고 친구 할 때, 슬픔이 말고 진짜 기쁨이로 친구 할래! 나 괜찮아!"

눈물 많고 아픔 많은 내 아이, 기쁨이. 속 깊고 다정한 너에게 엄마가 뭐라 말을 보낼 수 있을까.

큰 아픔이 있어도 밝고 건강하게 잘 자라 준 너를 보면서, 엄마는 마음먹게 되었어. 내 아이가 자라 온 방식대로 다른 아이들이 자라면 그 아이들과 부모들이 너무 아플 테니, 조금이라도 보탬이 되자고 말이야. 누구보다 나와 네가 그 아픔을 너무 잘 아니까…… 우리가 힘이 되어 주자고.

기쁨아, 우리 기쁨이가 벌써 고3이 되었네.

대학을 준비하면서 앞으로 새로운 사회에 나갈 생각에 걱정이

태산인 너. 엄마와 떨어져 살아야 하는 현실 앞에 공황장애까지 왔지만 "엄마, 난 할 수 있겠지? 해 볼게!" 다짐하며 하루하루를 지내고 있구나.

그래, 기쁨아. 넌 뭐든 할 수 있어. 너에게 있는 무한한 감정을 숨기지 말고 행복하고 기쁘게 그리고 당당하게! 네 인생을 살아가기를, 엄마가 힘차게 응원할게.

4장

사라져 간 걸음

아이들도 떠도는 풍문으로 학교의 미래를,
자신들의 앞날을 예견했을 것이다.
마지막 재학생으로 남는다는 건
어떤 기분일까?

13   근원

때는 1990년 8월 29일, 무더웠던 여름의 끝자락으로 거슬러 올라간다. 지금은 아파트 숲으로 빼곡한 강서구 가양동이지만 그때 모습은 많이 달랐다. 대부분 농사를 짓던 벌판이었고 인구 밀도는 서울의 다른 지역보다 낮았다. 김포가도 북쪽으로만 차량들이 간간이 오갈 뿐이었다.

홉사 한적한 시골 마을 같던 이곳에 어느 날부터 육중한 중장비가 드나들기 시작했다. 곧 굉음이 지축을 흔들었다. 굴삭기, 불도저, 덤프트럭 등이 쉴 새 없이 땅을 파고 밀며 흙을 실어 날랐다. 이미 수용한 토지에 더해 한강 변 습지를 매립해서 부지를 최대한 확장하기도 했다. 이렇게 해서 새로 조성된 택지가 약 29만 6000평, 축구장 145개와 맞먹는 넓이였다.

그날 가양지구 주택건설사업 기공식은 성대하게 열렸다. 웅장한 임시 기념문이 설치됐고 가지런히 줄지은 중장비들 위로 오색찬란한 풍선과 폭죽이 날아올랐다. 동화 속 한 장면과도 같은 순간이었다. 그 자리에 함께한 어느 누구도 희망찬 내일을 의심하지 않았다. 눈앞에 미래가 아른거리고 금방이라도 손에 닿을 듯했으니까.

첫 삽 뜨기 행사에 참여한 고건 서울시장은 이 사업의 의미를 잘 알고 있었을 것이다. 공사 관계자들을 격려하는 자리에서도 마음을 놓지 못했다. 조감도 앞에 인산인해를 이룬 일반인들의 눈빛만 봐도 내 집 마련의 꿈은 그때나 지금이나 가장 원초적 욕망일 터, 반드시 성공시켜야만 했다.

1988년에 취임한 고(故) 노태우 대통령은 주택 200만 호 건설을 핵심 공약으로 내세웠다. 경제규모가 커지고 이른바 3저(저달러·저금리·저유가) 호황이 지속되면서 시중자금의 유동성이 급격히 증가하던 시기였다. 넘쳐 나는 돈은 또 다른 돈 냄새를 기막히게 잘 맡았고 이는 지체 없이 영원불변의 안전자산, 부동산 시장으로 쏟아졌다.

그 뒤의 결과는 다들 잘 알고 있는 그대로다. 수도권 아파트 가격이 '하늘 높은 줄 모르고' 폭등하고 만 것이다. 이로 인해 발생한 사회적 비용은 어마어마했다. 무주택자들의 원성과 불만이 하늘을 찔렀고 정권의 존립이 위태로울 지경이었다. 다급해진 정부는 분당과 일산에 신도시 조성, 서울시 내 신규 택지개발지구 지정 등 대규모 주택공급 정책을 서둘러 추진했다. 가양지구 개발도 그 연장선에서 이루어진 것이었다.

빈 땅은 빠르게 채워졌다. 한국 특유의 속도전이 총력을 펼쳐 2년 만에 9개 단지, 총 1만 6291세대가 들어섰다. 좀 더 구체적으로는 근로자 아파트 4000여 가구, 저소득층 공급용 아파트 8400여 가구, 일반 분양 아파트 3600여 가구였다. 서울주택도시공사(SH)에서 전달받은 사진을 보면 1992년 하반기, 첫 입주가 시작되면서 지역에 활력이 넘쳤다. 입주민을 환영하는 현수막이 도처에 걸린 가운데 아파트마다 이삿짐을 잔뜩 실은 트럭들이 줄지어 섰다. 새로운 보금자리를 향한 기대와 설렘이 모두

사라져 간 걸음

에게 가득했을 시절이었다.

부동산 대란의 진정한 승자는 따로 있었다. 서민들에게 양질의 주거환경을 제공한 공로를 인정받은 국가는 조용히 웃었다. 말 그대로 공급 폭탄이 쏟아지면서 주택시장은 안정세를 회복했고 세수 또한 늘어났다. 그 뒤 10년간 강남 집값이 잠잠했다고 하니 효과만큼은 확실한 듯 보였다. 하지만, 예상치 못한 곳에서 복병이 나타났다.

위에서 언급했듯이 가양지구 주택건설사업을 통해 저소득층을 위한 임대아파트 8400여 가구가 공급되었다. 임대와 분양이 혼재된 단지도 있었지만 임대로만 구성된 단지가 훨씬 컸다. 이로써 가양동은 전국 최대 규모의 영구임대아파트를 보유(?)한 지역이 되었다. 이 말인즉슨, 대한민국에서 기초생활수급자, 장애인, 독거노인, 새터민 등 사회적 취약계층 거주 비율이 가장 높은 동네라는 뜻이었다.

돈 없고 힘없고 빽 없는 사람들을 집단수용 하듯이 한곳에 몰아넣은 대가는 결코 작지 않았다. 거주민들의 말을 종합해 보면, 아파트마다 바람 잘 날이 없었다. 앰뷸런스와 경찰차가 수시로 단지를 오갔다. 아무리 임대아파트라고 하지만 10평도 안 되는 좁은 면적에서 한 가족의 인간다운 삶은 더욱 요원했으리라.

조금이라도 여력이 된다면 하루 속히 이곳을 떠날 채비를 했고 더는 물러날 곳 없는 이들만 남아 간신히 숨을 쉬었다. 도심 속

거대한 외딴섬이 존재한다면 여기서 멀지 않을 터였다. 임대아파트 주민들은 주민들대로, 그 주변에 사는 이들은 또 그들 나름대로, 쌓인 것도 할 말도 많았지만 꾹 참고 사는 수밖에 없었다. 그쪽이나 저쪽이나, 같은 가양동 주민이 되는 데 필요한 자질은 인내와 이해라기보다는 자포자기와 냉소 그리고 무관심이었다.

그렇게 십수 년이 흘렀다. 임대아파트 주민들에게는 고립에서 벗어날 명분이 간절했다. 분양아파트 주민들에게는 '가양동은 낙후 지역'이라는 오명을 탈피할 실리가 필요했다. 그 접점에서 국립한방병원이 됐든 뭐가 됐든, 오직 지역 발전을 견인할 그럴싸한 무언가가 등장하기를 한목소리로 원했던 것 같다.

임대아파트에 대해 언급하는 것은 다큐에서든 책에서든 가장 조심스러운 부분이었다. 워낙 예민하고 휘발성 강한 내용이라 괜한 낙인 효과를 부르진 않을지, 누군가의 상처를 헤집는 것은 아닐지, 지금도 자신이 없다. 그래서 더욱 철저하게 취재했고 교차검증을 했다. 직접 임대아파트 단지에 가서 관찰하며 확인한 시간도 길었다. 그럼에도 부담이 되어 차라리 모르는 척, 외면하는 편이 낫겠다는 생각도 했다. 나의 모자람이, 오류가 분명하다면 따끔하게 꾸짖어 주시라. 그렇지만 가양동의 임대아파트를 직시하지 않고서는 〈학교 가는 길〉은 단 한 걸음도 나아갈 수 없었다. 이번에도 제대로 성찰하지 않는다면 똑같은 사건은 언제, 어디서든 반복될 가능성이 컸다.

'내가 만일 가양동 주민이라면 나는 어느 편에 섰을 것인가?'

'토론회장 어느 자리에 앉았을 것인가?'

시도 때도 없이 나를 괴롭힌 질문이었고, 솔직히 아직도 모르겠다. 장애인 부모님들의 절절한 심경에 깊이 공감하는 것과는 별개로, 여전히 모르겠다. 어릴 때부터 줄곧 세상을 편견 없이 바라봐야 한다고 배웠지만 그게 말처럼 쉬운 일이 아님을 한 해 한 해 살면서 본능적으로 직감했다. 현실은 냉정하고, 나는 이상주의자가 아니었다. 그렇지만 명백한 실책 하나, 국가의 성급한 주거정책은 너무 쉽고도 뚜렷하게 계급을 갈라놓았다. 헤아리기 어려울 정도의 아픔과 상처가 사람들을 짓눌렀다.

제도와 구조적 차원에서 자행된 비극의 후폭풍을 개인의 윤리에만 맡기는 것은 가혹하다고 본다. 그 누가 나는 다르다고, 아니라고 확신할 수 있겠는가? 이제 더 이상 같은 방식이어서는 곤란하다. 요즘에는 소셜믹스(Social Mix: 한 아파트 단지 내에 분양세대와 임대세대가 합하여 입주하는 것을 말한다.)와 같은 제도를 도입했다고는 하나 그렇다고 차별이나 편견이 그리 쉽게 사라지진 않는다. 공동체의 복원을 향해 더욱 치열하게, 공세적으로 고민해야 할 것이다.

14 공진초, 공진중 아이들 I

가양동에 와서 가장 먼저 그리고 가장 자주 들렀던 곳. 공진초등 학교 이야기다. 2017년 9월, 공진초등학교는 폐교 2년 차에 접 어들었다. 나란히 자리한 공진중학교도 폐교 절차를 밟는 중이 었다. 학교 주변 인도는 갈 때마다 늘 한가했다. 이따금 중학교 교복을 입은 학생들이 재잘거리며 지나다녔지만, 왠지 모르게 분위기가 가라앉아 있는 듯 느껴진 건, 내 기분 탓이었을까?

아이들도 떠도는 풍문으로 학교의 미래를, 자신들의 앞날을 예견했을 것이다. 마지막 재학생으로 남는다는 건 어떤 기분일 까? 생각해 볼 겨를이나 있었을까? 시간은 그 어떤 사연도 기다 려 주지 않은 채 2020년 3월을 끝으로 공진중학교마저 문을 닫 았다. '공진'이라는 두 글자가 가양동에서 영원히 지워지고 만 순 간이었다.

두 학교의 흥망성쇠는 동네의 운명을 그대로 따랐다. 아니, 어찌 보면 가장 아픈 상처만, 가장 슬픈 사연만 빼곡히 쌓아 두었는지도 모르겠다. 사전조사를 하면서도 속이 쓰렸고 당사자들을 만나 이야기를 듣고 나니 더욱 마음이 헛헛했다. 대한민국 건국 이래 수많은 학교들이 사라졌어도 이런 이유는 흔치 않았다. 오랜 시간이 흐른 탓에 그때 일을 근심하는 사람도 극소수만 남았다. 그래서 더욱 기를 쓰고 '공진'을 기억해야 한다. (조금 더 자세한 내막이 궁금하다면, 한겨레 이문영 기자의 기사, 〈특수학교로 돌아온 가난한 폐교 "왜 내 아이를 싫어할까"〉를 강력 추천한다.)

한편, 전혀 예상치 못한 곳에서 다시 한번 도움의 손길을 만났다. 대학원 후배이자 〈학교 가는 길〉의 촬영 스태프로도 활약했던 이준용 감독의 아버지께서 공진초등학교 교장을 역임하셨던 것이다. 이봉학 교장은 2012년 3월 제8대 공진초 교장으로 부임했을 때부터 마지막 졸업식에 이르기까지, 학교의 지나온 생애를 담담하게 말씀해 주셨다.

1992년 말, 아파트가 완공되고 본격적인 입주가 시작되면서 가양동은 사람들로 북적거렸다. 성인들도 상당했지만 그들에게 딸린 식구, 아이들은 더 많았다. 지역의 유일한 초등학교와 중학교로서 공진초, 공진중의 위상은 금세 우뚝 섰다. 공진초등학교의 경우를 보자면, 개교 첫해에 10학급, 입학생 183명으로 시작해서 이듬해에 바로 46학급으로 증설되었다. 1년 만에 어마어마한 수의 전학생이 유입되었고, 2부제 수업을 해야 넘쳐 나는 수요를 간신히 감당할 수 있었다. 가양동 주변은 물론이거니와 강서구 전체를 놓고 보더라도 손에 꼽을 만큼 큰 규모였다. 그때는 임대아파트에 살던 아이들과 분양아파트에 살던 아이들이 모두 공진초등학교에 다니던 시절이었다.

양측의 동거는 오래가지 않았다. 1994년, 길모퉁이를 바로 돌아 탑산초등학교가 들어서면서 공진초등학교 학생 일부가 떨어져 나갔다. 그러고도 37학급이 남았기에 전보다 훨씬 쾌적한 교육환경이 만들어질 것이라는 기대도 일었다. 과밀 상태에 시달리던 공진초와 이제 막 신설된 탑산초 모두에게 '윈윈이 되는 묘수'라 여겼다.

그러나 현실은 정책결정권자들의 예상과는 정반대로 흘러갔다. 공진초에 묶인 분양아파트 주민들은 교육지원청을 상대로 민원을 제기했다. 임대아파트와 학군을 분리해 달라고 집요하게 요구했다. 결국 그 요청이 받아들여지면서 분양아파트 거주 학생들은 대거 탑산초로 전학을 갔다. 오히려 통학거리가 멀어지는데도 지체 없이 떠났고 공진초에는 임대아파트 거주 학생들만 남았다.

학교는 빠르게 쪼그라들었다. 이제 외부에서는 굳이 공진을 찾지 않는다. 젊은 세대가 오지 않는 임대아파트는 아이들의 웃음소리가 끊긴 지 오래되었다. 일부 조손가정, 장애인과 한부모 가정에서 자란 학생들이 있었지만 학교를 유지하기에는 그 수가

사라져 간 걸음

턱없이 적었다. 임대아파트 거주 학생들 가운데 위장전입을 해서 탑산초로 전학 간 경우도 종종 있었다. 이봉학 교장은 허탈하게 웃으며 말씀하셨다.

"어느 날 학교 주변을 돌아보고 있던 중에 탑산초로 옮긴 학생과 마주쳤어요. 임대아파트에 사는 거 뻔히 아는데 편법을 쓴 거죠. 하지만 그걸 뭐라고 할 수 있나요? 그 아이도 저도 난감했던 순간이었습니다."

그가 교장으로 발령받았을 때 이미 대세는 기울어 있었다. 폐교는 기정사실이었고 마땅한 시점만 저울질하던 상황이었다. 교육당국이 신임교장에게 기대했던 역할도 학교 부활의 동력을 마련하는 것이 아니라, 원만히 수습해서 출구를 찾는 구원투수에 방점이 찍혔다. 그래서 공진초에서 보낸 날들이 더욱 쉽지 않았다고 그는 회고한다.

일단은 학부모들을 달래야 했다. 공진초 학부모들은 국가로부터 처절하게 버림받았다는 박탈감과 이웃에게서 외면당했다는 서운함이 복합적으로 작용해 깊은 실의에 빠져 있었다. 뾰족한 수가 없는데도 폐교를 반대하고 나섰던 학부모들의 결정을 이봉학 교장은 충분히 이해했다.

그리고 무엇보다, 학생들의 마음을 더는 다치지 않게 해야 했다. 아이들은 어렸지만 알 만한 것은 다 알았다. 한때는 발 디딜 틈 없이 붐비던 학교가 왜 이제 텅텅 비었는지, 어른들이 말해 주지 않아도 진즉에 눈치챘다. 그러고 보니 멸시와 천대를 가장 먼저 겪은 것도 아이들일 터였다. 교문 밖 세상은 그야말로 사방이 정글이었다. 공진에 다닌다고 하면 어른들의 시선이 바뀌었다. 면전에서 저 친구와 놀지 말라는 말도 예사로 들었다. 하지만 가장 참기 힘들었던 건 또래 아이들의 반응이었다.

어른들의 세계에 물든 동심은 때론 상상 이상으로 잔인했다. 허준공원에서 종종 탑산초 무리와 시비가 붙었는데 그때마다 "거지새끼들" "임대아파트에 사는 것들이……"라는 말을 귀에 못이 박히도록 들었다. 또래들이 유독 모질게 굴었다. 더 가슴 아픈 사실은, 그렇게 조롱을 받으면서도 공진초 아이들은 별다른 반박도 못 했다는 것이었다.

공진초 전 교직원은 끝까지 학생들을 위해 헌신했다. 불행 중 다행인지, 마지막 학기에는 전교생이 100명을 겨우 넘어서 오히려 더욱 다양한 시도를 할 수 있었다. 얼마 남지 않은 시간에라도 행복한 추억을 쌓기를 바라며, 학교는 교과목 외에 최대한 많은 체험 기회를 제공하고자 애썼다.

"공진초 아이들 대부분 수줍음이 많고, 그만큼 또 무척 순수해요. 오랜 교직 생활 중 단연 기억에 남는 학생들이었어요. 그 아이들을 생각하면 대견하고 한편으로는 참 가슴 아프고……. 어

른으로서 미안하죠."

　말끝을 흐린 교장은 사진 몇 장을 건네주셨다. 그중 한 장의 사진에 유독 눈길이 머물렀다. 공진초 운동장 끄트머리, 아름드리 나무들 앞으로 구름사다리와 늑목, 정글짐 등이 있고, 그 위로 전교생이 조르르 질서 있게 서거나 앉았다. 한 명씩 세어 보니 모두 106명이다. (이 아이들의 90%가 복지대상자라는 공공연한 비밀도 이 순간만큼은 묻어 두기로 하자.) 2014년 가을의 한복판을 지나던 어느 날, 106개의 맑디맑은 꿈들이 정들었던 교정에서 마지막 단체사진을 촬영했다.

　"하나, 둘, 셋, 김치~!"

15   공진초, 공진중 아이들 II

한때 잠시나마 희망의 기운이 맴돌던 시절도 있었다. 공진초와 공진중 바로 앞으로 790세대 규모의 제법 큰 아파트가 들어선다는 계획이 발표되었다. 학부모들은 내심 쾌재를 부르며 반겼다. 누가 봐도 대반전의 계기를 만들기에 충분한 호재였다. 아파트가 완공되면 당연히 학생 수가 늘어날 테고, 그렇게 되면 학교를 살릴 수 있을 것이었다.

그러나 순진한 생각이었다. 이미 오래전에 시행사와 교육당국이 협의해 모든 절차를 손봐 놓은 뒤였다. 결론은 100% 탑산초배정. 단 한 명의 학생도 공진으로 오지 않았다.

공진초 학부모가 곧 공진중 학부모이기도 했다. 자녀들의 학교를 이렇게 모두 잃는 건 도무지 믿기 힘든 초현실이었다. 무엇보다 아이들 볼 낯이 없었다. 부모들 중에는 거동이 불편한 사람,

아침 일찍 일을 나가 저녁 늦게 들어오는 사람이 많았고 학생들 중에는 할머니 할아버지 손에서 크는 아이들이 적지 않았다. 학부모회의 결속력을 기대하기 어려웠지만 소수의 인원으로도 끝까지 싸웠다.

이들 역시 거리에서 선전전을 펼치고 지지 서명도 받았다. 동네 집집마다 초인종을 누르며 서명운동에 동참해 줄 것을 부탁했다. 아이들도 어른들과 함께 어디든 간절한 진심을 알아 줄 이들을 찾아 뛰었다. 그들에게 공진은 단순한 학교 이상의 의미가 있었다. 절대 포기할 수 없는, 자신들의 존재 그 자체였다.

어렵사리 모은 탄원서가 수북했지만 효력은 없었다. 책임 있는 자들은 부모들의 심경을 충분히 이해한다면서도 학생 정원이 모자라니 폐교가 어쩔 수 없지 않느냐는 답변만 되풀이했다. 학생이 올 수 없는 구조를 만든 건 당신들인데, 학생이 없어 문을 닫는다는 논리를 어떻게 이해해야 하는지 부모들은 막막했다. 이후에도 조금이라도 관련 있는 곳이면 어디든 찾아가서 간곡히 애원하고, 때로는 원통한 마음에 화도 내 봤지만 세상은 끝내 무심했다. 오히려 자격지심 아니냐고 역으로 공격을 받기도 했다.

완벽한 패배였다. 그때를 기점으로 공진초와 공진중 학부모들의 가슴에는 진한 멍울이 졌다. 결국 이게 다 내 능력이 부족해서, 임대아파트에 살아서 생긴 일이라고 자책하며 쓰디쓴 속을 달랬다. 당시 공진초 학부모들이 작성했던 탄원서의 일부를 각색해 소개하고자 한다.

저희는 가양동에 위치한 공진초등학교 학부모입니다.
우리 학교는 교육당국이 힘 있는 자와 없는 자의 기준으로
구역을 갈라놓는 바람에 임대아파트 거주 학생만 다닐 수
있도록 되어 있습니다. 때문에 지역 특성상 조손가정, 결
식아동, 장애아동이 집중되어 있어 길 건너 지역에서조차
겉만 보고 '거지들의 집단' '오염균이 득실거리는 집합체'
로 낙인찍은 지 오래입니다.

인근 민간아파트를 중심으로 '빈곤한 임대아파트 거주 학
생집단'이라고 공진초를 외면하자 전임 교육지원청 담당
자가 '공동학군선택지역'으로 지정해서 있는 자들의 손만
들어 주었습니다. 또한 학교 정문 바로 앞, 새로 건축하고
있는 아파트 단지마저 학군을 이유로 공진초 배정을 거부
했습니다. 그 결과 지금 우리 학교는 마치 소록도나 낙도
처럼 취급되어 같은 지역임에도 완전히 고립되고 말았습
니다.

그럼에도 굴하지 않고 훌륭하신 선생님들과 학생, 학부모
가 단합해서 여러 성과를 내는 등, 공진초는 그간 아름답

고 내실 있는 교육공동체로 발전해 왔습니다.

하지만 교육청은 지난해 학생 수 미달을 이유로 학교 문을 닫겠다고 일방적으로 통보했습니다. 사전 공청회나 의견수렴 한 번 없이 폐교 결정을 내려놓고 지역주민들과 학부모, 학생들의 반발이 거세지니 이제 와서 공청회를 여는 작태는 또 무엇입니까?

임대아파트가 존재하는 한 '공진초등학교'는 반드시 존재해야 하며, 거지 취급하고 손가락질할 것이 아니라 오히려 손가락질하는 그들에게 더불어 세상을 사는 방법을 알게 해야 한다고 생각합니다.

제아무리 '유전무죄 무전유죄'라지만 교육 문제까지도 교육적으로 풀지 않고 정치와 경제논리로 해석하며, 힘 있는 자들의 주장에만 귀 기울이고 가난한 자들의 아우성에는 귀를 막는 당국의 무책임한 태도를 언제까지 참아야만 합니까? 부디 힘없는 자들의 소리에도 귀 기울일 줄 아는 교육 현장이 조성되기를 간곡히 청원드리는 바입니다.

공진초 학부모 일동

그 뒤 공진이라는 이름은 강서구 마곡 지구로 갔다. 출산율이 낮아진 탓에 신규 학교 설립이 어려워지자 새로운 도시 개발에 차출된 것이었다. 가양동의 공진초와 마곡동의 공진초는 학교 이름만 같을 뿐, 모든 게 달랐다. 말이 좋아 이전이지 사실상 폐교나 다름없는 조치였다.

마곡동으로 옮긴 학교를 몇 차례 방문해 살필 기회가 있었다. 화려하게 조성된 동네 한복판, 공진이라는 두 글자가 유난히 어색하게 느껴졌던 건 순전히 내 편견 때문이리라. 학교는 1990년대 초의 위풍당당했던 모습을 되찾았다. 더는 학생이 모자라 폐교될까 전전긍긍하지 않는다. 100명을 간신히 넘기던 전교생은 1749명으로 훌쩍 늘었다. 기피하는 곳, 혐오의 대상이 아니라 누구나 가고 싶어 하는 배움터가 되어 있었다. 주위에 낡은 임대 아파트 대신 10억이 넘는 고가의 아파트들이 즐비한 것도 눈에 띄는 변화였다. 이제 그 누구도 다시는 공진을 얕보지 못할 것이다. 나는 안도했으나 동시에 한없이 착잡한 슬픔도 느꼈다.

공진초등학교가 문을 닫고 남겨진 아이들은 탑산초로 재배치되었다. 하루아침에 다른 환경에 처한 아이들은 언제나 그랬듯 자기만의 방법을 찾았다. 어른들이 보기에도 대체로 잘 적응하는 듯했다. 하지만…… 눈에 보이는 게 전부는 아니었다. 당시 학교를 옮겨야 했던 한 학생의 증언을 그대로 옮겨 본다.

"탑산초 등교 첫날 교가를 부르는데 입이 떨어지지 않는 거예요. 내가 왜 공진초가 아닌 다른 학교 교가를 불러야 하는지……. 입을 다물고 있다고 선생님한테 혼나기도 했어요. 너무 억울하고 서러웠죠. 그날 집에 와서 정말 펑펑 울었던 것 같아요."

"수업 시간에 학교에서 제공하는 여러 교보재가 있잖아요. 망가지고 오래된 것은 무조건 공진초에서 건너간 아이들 차지였어요. 아무도 대놓고 말한 적은 없지만 학생들 사이에서 암묵적인 규칙으로 굳어졌죠."

"같은 반 친구들이 임대아파트 냄새가 난다고 하는 거예요. 놀라서 옷에 대고 냄새를 맡아 봤는데 전혀 아니었어요. 그런데도 계속 냄새가 난다고 놀림을 받았죠. 엄마한테 빨래 좀 똑바로 하라고 괜히 화를 냈던 기억이 있어요."

"어느 날부터 친구들이 저를 '어이, ○○동~' 이렇게 부르더라고요. 제가 사는 아파트 동이 별명이 되었어요. 처음엔 저를 향한 친근감의 표시인 줄 알았는데 알고 보니 임대아파트 산다고 은근히 비꼰 거였죠."

"급식과 관련된 일도 많았어요. 조금 특별한 메뉴가 나올 때마다 '너는 이거 안 먹어 봤지?' '평소에 먹기 힘들 텐데 여기서라도 많이 먹어.' 이런 식의 말을 꼭 들었어요. 그리고 이건 다른 친구가 겪었던 상황인데요, 급식을 다 먹고 나면 잔반을 한곳에 모아 버리잖아요. 그럼 애들이 꼭 그 아이한데 '이거 다 먹으면 얼마 주겠다.' '집에 싸 가라.' 놀리면서 자기들끼리 낄낄댔어요."

"장애인 특수학교가 세워진다고 했을 때 전혀 반갑지 않았어요. 우리 학교(공진초)를 밀어내고 들어서는 거잖아요. 그런데 한 편으로는 장애인 학생들이 부럽더라고요. 우리에게도 대신 싸워 줄 부모님들이 계셨다면 학교를 지킬 수 있지 않았을까요?"

이야기를 듣는 내내 얼굴이 화끈거렸다. 나는 가양동에 살지 않고, 학교나 군대에서 기합받을 때도 연대책임이란 말을 무척 싫어했는데 이번만큼은 어쩔 도리가 없었다. 더욱 마음이 쓰였던 것은, 임대아파트에 사는 아이들 스스로 자신의 '계급'을 깨닫고는 아무 저항 없이 체념하며 지냈다는 점이다. 혹시 뿌리 깊은 패배의식이나 무력감이 아이들마저 억누르고 있었던 건 아니었는지⋯⋯. 부끄럽고 미안했다.

모든 아이는 귀하다. 그러나 개중 어떤 아이들은 '유달리' 귀하다는 게 어쩔 수 없는 이 사회의 현실이라면, 가식일지언정 매너 있게 행동하는 법부터 가르쳐야 하지 않을까. 흔히들 어린이는 어른의 거울이라고 한다. 그렇다면 이제 한 번쯤은 냉정하게 따져 볼 때가 된 듯싶었다. 어른들이 만든 세상에서 우리 아이들은

잘 자라고 있는 것일까? 대한민국이 꿈꾼 욕망의 맨얼굴은 과연 어떤 표정이었을까? 공진초와 공진중의 폐교 과정을 곱씹어 볼수록 질문이 꼬리에 꼬리를 물었다. 좀처럼 답을 찾기 어려운, 혹은 답이 있을까 싶은, 그런 문제였다.

한강 변에 있는 동네 지명을 살펴보면 '진'으로 끝나는 곳이 적지 않다. 노량진, 한강진, 양화진, 송파진, 광진 등등. 잘 알다시피이는 나루터가 있던 곳, 한자 '나루 진(津)'에서 유래한다. 한강 지근거리에 세워진 공진에도 동일한 의미가 녹아 있다. 드넓은 세계로 나아가 한껏 꿈을 펼치기를 바라는 염원을 담아, 학생들이 충분히 배우고 성장할 수 있는 나루터 역할을 하겠다는 의지의 표현이었다. 교표에 그려진 돛단배가 상징하는 의미이기도 했다.

첫 번째 나루인 가양동 공진은 허망하게 막을 내렸다. 이 모든 역사를 알아 가는 동안 나는 또 하나의 결정적 질문과 마주했다.

'내가 만일 가양동 주민이라면 자녀를 공진초에 보낼 수 있는가?'

말문이 턱 막힌 것으로 답변을 대신하련다. 자신할 수 없으니 하나 마나 한 평계를 늘어놓고 싶은 생각은 없다. 지금 와서 누구의 잘잘못을 따지는 것 또한 너무 늦었다. 그리하여 안 그래도 하루하루 살기 바쁜데 그깟 폐교된 학교 하나가 뭐 그리 대수냐고 묻는다면, 내가 먼저 슬며시 맞장구를 칠 것이다. 그렇지만 다시는 등 돌려 수수방관하고 자포자기하는 일만은 없었으면 좋겠다. 대수롭지 않게 제2, 제3의 공진을 용납하기 시작한다면, 그때는 우리 모두가 패배한 셈임을 모르지 않기에…….

16 목격자들

그럼에도
살아가는 나날

〈학교 가는 길〉 개봉 이후 홍보 과정에서 가장 자주 접한 반응 중 하나는 "아직 안 봤지만 왠지 다 본 것만 같다."였다. 예비 관객들을 애타게 기다리는 입장에서는 최악의 기대평이나 마찬가지였다. 물론 어떤 연유에서 비롯되었는지 충분히 짐작할 수 있다. 당시 워낙 많은 이들의 뇌리에 각인됐던 사건인지라 이미 잘 안다고, 예측할 법했다. 학교 설립을 위한 장애인 부모들의 분투가 다큐멘터리의 주를 이룬 것은 맞다.

그러나 반만 맞고 반은 틀렸다. 감독으로서 이런 말을 직접 하는 게 낯간지럽긴 하지만 이 영화는 단편적인 이야기로 끝나지

않는다. 〈학교 가는 길〉을 통해 서진학교 설립 과정 이상의 메시지를 전하고자 노력했고 실제로 관람한 많은 관객도 그 지점에 공감해 주었다. 어떤 의미에서건, 전혀 예상치 못했다는 평이 꽤 됐다. 내 역량이 부족해서 더 잘하지 못했을 수는 있지만 〈학교 가는 길〉을 더 넓고 깊게 채우고 싶은 마음만은 진심이었다. 그리고 그 중심에서 공진초와 가양동의 사연이 단연 큰 역할을 했다. 자신이 보고 듣고 경험한 바를 진솔하게 증언해 준 분들의 결단이 있었기에 가능한 일이었다. 그래서 이번 장에서는 그분들과의 소중한 만남을 차분히 돌아보고자 한다.

어떤 상처는 아무리 오랜 시간이 흘러도 생생한 아픔으로 소환된다. 작품 속에서 '전(前) 공진초 학부모'로 등장한 강은영 어머니의 경우가 그랬다. (앞서 소개했던 한겨레 이문영 기자가 다리를 놓아 주셨고, 촬영 당시에는 신분 노출을 원치 않으셨으나 이제는 흔쾌히 괜찮다 하신다.)

2002년 월드컵이 열리던 해, 젊은 부부는 네 살 된 첫째 딸과 두 살 된 둘째 딸을 데리고 가양동 임대아파트로 이사 왔다. 처음엔 아주 잠시만 머물 생각이어서 기반만 마련되면 금방 떠나겠다고 다짐했다. 그런데 상황이 묘하게 흘렀다. 하루 24시간이 모자라도록 열심히 사는데도 형편은 좀처럼 나아지지 않았다. 팍팍한 현실 앞에서 한숨이 절로 나왔다. 발버둥을 칠수록 더 깊은 수렁으로 빠지는 듯한 느낌도 들었다. 칠흑 같은 어둠이 내린 어느 날은 아파트 복도에 서서 몹쓸 생각까지 했다.

'잠시 눈 감으면 모든 게 끝나 있을까……?'

그래도 삶은 질겼다. 하루가 다르게 아이들은 쑥쑥 자랐고 부모의 기쁨이 되었다. 한창 애교가 는 두 딸은 고된 일상의 시름을 잊게 했다.

'그래, 너희들이 희망이구나. 엄마는 수백 번 넘어져도 다시 일어나겠다.'

그 뒤로 마음을 다잡고 오직 앞만 보며 달렸다. 일터에서든 어디서든, 단 한순간도 허투루 보내지 않았다. 넉넉하지 않은 살림에도 사랑과 정성으로 아이들을 키우는 데 온 힘을 쏟았다. 부모로서 마땅히 짊어져야 할 책임자 역할이었지만 그게 다는 아니었다. 딸들만큼은 자신과 다른 인생을 개척해 나가길 바라는 소망이 더 컸다.

'솔직히 말해 엄마는 가양동을 벗어나기엔 너무 늦었다. 나는 어쩔 수 없지만 너희는 반드시 이곳을 떠나 광활한 세상으로 가거라.'

그러자면 신뢰할 수 있는 수단이 필요했다. 예나 지금이나, 선택지가 빈약한 자들에게 교육은 마지막 남은 한 줄기 빛이었다. 엄마는 자연스레 자녀 교육에 부쩍 신경을 썼다. 그럼에도 우선순위를 잊지 않았다. 남부럽지 않은 입시 성적을 거두는 것도 좋지만 아이들 스스로 적성을 발견하고 가꾸며 자신과 주변을 아끼고 존중할 줄 아는 인격체로 성장하기를 기도했다. 두 딸 역시 엄마의 그런 속내를 알았는지 티격태격하면서도 둘도 없는 단짝처럼 사이좋게 잘 자랐다.

아이들은 두 살 터울로 공진초에 입학했다. 학교를 향한 세간의 평은 익히 알고 있었으나 크게 신경 쓰지 않았다. 잘 모르는 사람들이 뭐라 쑥덕거리건 정작 공진초 울타리 안에 있는 구성원들은 행복했다. 교직원들은 가르치고자 하는 열의와 사명감으로 충만했고, 학생들 대부분은 친형제 친자매처럼 가깝게 어울렸다.

교육복지우선지원사업 대상 학교로 선정되면서 외국어와 예체능을 다채롭게 배울 수 있는 기회도 늘었다. 학부모들 또한 대소사를 함께 챙기며 급할 때는 서로 아이를 맡길 정도로 막역하게 지냈다. (정난모 어머니가 재준이를 공진초에 보내기로 결정한 것도 따뜻한 학교 분위기가 좋아서였다고 하니 의심의 여지가 없다.)

그렇다고 학습에 소홀한 것도 아니었다. 학력신장, 교육과정 우수학교에 뽑혀 서울시 교육감상을 여러 차례 받았다. 도심 속 작은 학교도 여러모로 경쟁력 있음을 보여 주는 증거가 되기에 충분했다.

차별에도
등급을 매기는 세상

그런데 어느 날부터 이상한 말이 들려왔다. 학교가 곧 없어질 것이라고들 했다. 공진초는 멀쩡하게 잘 있는데 갑자기 폐교라니, 학부모들은 말도 안 된다며 코웃음 쳤다. 하지만 불길한 예감은 왜 한 번도 틀리지 않는 것일까? 소문은 가라앉기는커녕 더욱 구체적인 뼈와 살을 붙여 동네 구석구석을 돌고 돌았다.

강은영 어머니는 황급히 사건의 진위를 찾아 헤맸다. 결국 모든 게 사실임을 알았을 때는 뒤통수를 세게 한 대 얻어맞은 것처럼 정신이 멍해졌다. 곧이어 눈물이 핑 돌았다. 임대아파트라고 선 긋고 따돌리는 것은 어찌어찌 참았다. 우리끼리라도 잘해 보려고 그렇게나 부단히 애썼는데 이제는 기어이 학교 문을 닫겠다니. 이 나라가, 사회가 공진초등학교를 두 번 죽였다.

학생들 중에는 어릴 때부터 가장 노릇 하는 아이, 친부모와 헤어져 조부모 손에 자라는 아이, 아파서 조퇴해도 빈집에서 홀로 끙끙대는 아이, 알코올중독에 빠진 한부모 밑에서 자라는 아이, 머리에 이가 생긴 아이, 한겨울에 양말도 안 신고 등교하는 아이, 옷소매가 새까매지도록 단벌 외투로 버티는 아이, 로션 하나 못 발라서 손발이 부르튼 아이, 생리혈 뒤처리를 독학으로 배운 아이, 학교에서나 겨우 제대로 된 한 끼를 먹는 아이 등 형편이 어려운 아이들이 많았다. 이 아이들에게 공진초는 숨 쉴 수 있는 유일한 피난처였다. 때문에 공진초 학부모회장 강은영 어머니는 혼신의 힘을 다해 학교를 지켜 내려고 했지만 끝내 폐교를 막지 못했다.

'우리가 강남 아파트에 살았어도 이런 취급을 당했을까?'

만만한 게 임대아파트 주민들이라 우습게 보고 언제든 자기들 멋대로 한다고, 그는 생각했다. 아이들 한 명 한 명이 눈에 밟혔다. 소외된 자들의 아픔마저 등급을 매겨 차별하는 세상에서 공진초 아이들은 이쪽에서 치이고 저쪽에서 치였다.

공진초 아이들은 그토록 매몰차게 내버리더니 이제 힘겨운 장애 학생들의 손을 잡아 주자고 한다. 더불어 사는 사회를 만들기 위해 특수학교를 짓겠다는 말의 의미를 그는 도저히 이해할 수 없었다. 그나마 지역 아이들이 한데 모여 교류할 수 있는 커뮤니티 시설이 들어오면 모를까, 장애인 특수학교는 고립과 배제와 멸시의 경계선을 더욱 공고히 할 것이었다. 그런 생각이 엄습하자 강은영 어머니는 잔뜩 겁에 질렸다. 그래서 당시 공진초 학부모들의 정확한 입장은 '서진학교 설립반대 그 자체라기보다 찬성의 명분을 발견하지 못한 것'에 가까웠다.

　인생사 한 치 앞을 모른다더니 참말이었다. 특수학교 설립반대 비대위 출범 후 세력 확장을 도모하고자 공들인 섭외 1순위가 바로 강은영 어머니였다. 학교 주변 분양아파트 주민들이 주축이 된 비대위는 자신들이 외면했던 공진초 학부모 대표에게 불쑥 손을 내밀었다. 특수학교 설립을 막아설 강력한 원군이 필요했을 것이었다.

　그러나 그는 본분을 잊지 않았다. 이번에도 명분을 고심했다. 특수학교를 원치 않는 것은 같을지언정 출발점 자체가 달랐다. 국립한방병원을 짓자고 이러는 게 아니었다. 엄밀히 말해 이 모든 사달의 원죄가 어디에 있는지 생각했다. 그들이, 그때 공진초를 외면하지 않았더라면 애당초 벌어질 일이 아니었다. 공진초 아이들과 학부모들에게 평생 잊지 못할 생채기를 내고서 지금 다시 지역불균형을 외치다니, 아무리 생각해도 앞뒤가 맞지 않았다. 장애 학생 부모들 편에 서는 것도 내키지 않지만 비대위에 합류하고 싶은 마음은 더더욱 없었다.

　강은영 어머니는 "쓰레기차 피하려다 똥차에 치인 거 아니냐!"며 처음으로 속 시원히 쏘아붙였다. 공진초 학부모들은 비대위의 제안을 뿌리치고 독자노선을 걸었다. 그 어디에도 속하지 않아 외로울 때도 있었지만 지난 십수 년간 익숙해진 감정이었다. 홀로서기만이, 마지막 남은 자존심을 지키는 유일한 길이라고 믿었다.

강은영 어머니와 공진초 학부모들은 두 차례 토론회를 모두 방청했다. 2차 토론회 때는 단상을 내려가는 조희연 교육감을 붙잡고 격하게 항의도 했다. 사력을 다해, 제발 공진중만은 지켜 달라고, 우리를 살려 달라고 절규했다.

그때 공진초는 문을 닫은 지 오래였고 공진중은 폐교 수순을 밟고 있었다. 초등학교를 정리할 때 교육당국은 분명히 약속한 바 있다. 중학교는 존치하겠다고. 그런데 무엇 하나 제대로 지켜지지 않았다. 이번에도 학생이 없지 않느냐란 레퍼토리를 들고 나와 담당자가 바뀌었다고 말하는 식이었다. 자녀의 초·중학교가 모두 이리되다니, 그가 느꼈을 슬픔과 설움의 깊이를 감히 누가 헤아릴 수 있을까?

만성이 되어 버린
혐오의 시선

다음으로는 가양4단지아파트의 초기 입주자로 들어온 고재훈 님을 소개하고자 한다. 그는 열세 살, 6학년 때 이사를 왔다. 학

년 말 수업일수가 아슬아슬하게 맞지 않아 공진초로 전학 오진
못하고 대신 공진중학교 1기 입학생이 되었다. 동생과 동생 친
구들은 죄다 공진초에 다녀서 그쪽 사정에도 밝았다. 성인이 될
때까지 이쪽에 쭉 살았으니 가히 '가양동 키즈'라 불려도 손색없
었다.

　낙천적인 성격의 고재훈에게도 뜨끔한 경험은 잦았다. 분양아
파트 단지마다 외부인 출입금지라는 팻말이 길을 막았다. 말이
좋아 '외부인'이지, 그 단어가 겨누는 대상을 단박에 알아챘다.
모든 외부인이 자유롭게 드나드는데 왜 우리만 한강 변을 갈 때
도 멀리 돌아가야 하는지 묻고 싶었지만 대화가 통하지 않았다.
그곳 경비아저씨들은 임대아파트 아이들이 역병을 옮기는 숙주
라도 되는 듯 눈을 부라리고 쫓아내기 바빴다.

　하루 이틀 익숙해지다 보니 도망치는 것마저 색다른 놀이로
승화시킬 줄 아는 패기가 있었다. 그렇다고 마냥 즐겁지는 않았
다. 한껏 달려 숨이 턱밑까지 차오를 때면 괜스레 부아가 치밀기
도 했다. 이뿐만이 아니었다. 편의점에서 아르바이트를 하려 해
도 사람들은 사는 곳으로 시비를 걸어 댔다. 어느 날 한 손님이
고재훈에게 집이 어디냐고 물었다. 있는 그대로 말하니, 임대아
파트에 사니까 이런 데서 일한다고 한마디 툭 내뱉고 갔다. 순식
간의 일이라 당황할 겨를도 없었지만 심장이 몹시 뛰었다. 주변
또래 친구들 중에 이런 에피소드 하나쯤 겪지 않은 이가 없었다.
동네 아이들은 일상적으로, 만성적으로, 그런 대접이 으레 당연

한 듯 여기며 자랐다.

다큐 흐름을 구성하다 보니 가양동에서 학창시절을 보낸 사람의 인터뷰가 필수적이었다. 여러 경로를 통해 수소문했으나 적임자를 만나기 어려웠다. 소개를 받고도 막상 연락해 보면 임대 아파트에 살았던 과거를 노출하고 싶지 않아 거절하는 경우가 많았다.

아무런 진척 없이 옴짝달싹 묶인 시간이 길어졌다. 지푸라기라도 잡는 심정으로 인터넷을 검색하다가 고재훈의 블로그를 발견했다. 2011년 공진초 폐교가 급물살을 타던 시기, 자신의 소회를 적은 글이었다. 저간의 속사정을 잘 알았고 통찰력이 번뜩

사라져 간 걸음

였다. 내가 찾던 바로 '그 사람'이었다. 지체하지 않고 메일을 보냈고 이내 답이 왔다. 명쾌한 오케이 사인과 함께.

고재훈은 육지를 떠나 제주도에 정착한 지 오래되었지만 여전히 가양동을 향한 관심을 거두지 않았다. 어머님이 여전히 살고 계셔서 더 그런지도 모르겠다. 공진초와 공진중 개교 때부터 특수학교 설립을 둘러싼 최근의 논란에 이르기까지, 변천사를 꿰고 있었다. 아이들을 상대로 해서는 안 될 일을 저지른 책임자들의 행태, 사회구조를 비판하는 대목에서는 특히 언성을 높이기도 했다.

그러나 그가 화만 내는 것으로 끝났다면 이야기는 덜 특별했을 것이다. 가양동 낯선 공간을 조심스레 누비던 소년은 어느새 훌쩍 커서 '좋은 어른'으로 성장했다. 복지관에서 컴퓨터를 처음 접한 뒤로 프로그래머의 꿈을 품은 그는 그 길을 꾸준히 걸어왔다. 그러면서도 어딘가에 살고 있을 또 다른 고재훈들을 잊지 않겠다고 다짐했다.

고재훈은 약속을 지켰다. 현재 그는 제주 시골마을 아이들의 컴퓨터 선생님, 든든한 멘토가 되어 자신의 재능을 아낌없이 사회에 돌려주는 중이다. 인터뷰 말미에 그가 한 말을 옮긴다.

"저는 공진초 자리에 꼭 특수학교가 생겼으면 좋겠어요. 아픈 상처로 가득한 곳이잖아요. 차별로 없어졌던 공간에서 장애인

학생들이 배울 수 있다면 새로운 희망의 공간으로 변하지 않을
까요?"

'이런 사람도 있다'를
보여 주고 싶었다

끝으로, 가양동 주민의 입장에서 말씀해 주신 임천수 님을 언급
하고 싶다. 사실 임천수 님을 섭외할 때 적잖이 고민했다. 평소 교
육 문제에 관심이 많았던 그는 지역에서 활동하는 관련 시민단
체 대표였다. 더불어 열렬한 특수학교 설립 찬성론자이기도 했
다. 누가 봐도 일방에 치우친 견해를 대변한다고 생각할 수 있었
기에 인터뷰 내용을 실제로 사용하기는 쉽지 않겠다고 예상했다.

그럼에도 이분을 주목했던 까닭은, 특수학교 설립반대 비대위
의 본산 격이던 모 아파트의 동대표를 지낸 경력이 있어서였다.
비대위 주민들의 진짜 속마음이 궁금했다. 모든 경과를 가까이
에서 지켜본 그는 내부에서 오간 이야기를 자세히 들려주었다.

평소 아파트 주민들은 "명품 아파트 거주민답게 품격 있는 행
동을 하자."라는 말을 자주 했다. 객관적인 지표를 봐도 가양동
에서는 자부심을 느낄 만했다. 그러나 특수학교 설립 소식이 들
려오자 주민 대다수가 인내심에 한계를 드러냈다. 특수학교 이

슈는 입주자 대표회의에서 주요 안건으로 상정되었고 반대 의견
이 압도적으로 많았다.

일사천리로 비대위가 출범했다. 실탄도 꼼꼼히 챙겼다. 투쟁
기금은 관리비에서 자동 차감되는 방식으로 마련했다. 각 세대
별 스피커에서는 집회 참가나 반대 서명에 동참할 것을 촉구하
는 안내 방송이 수시로 들렸다. 입주민 중에는 장애인 부모도 있
었는데 그때마다 가슴이 미어졌다는 말을 전해 듣기도 했다. 비
대위는 단일대오를 갖춰 본격적으로 활동했다. 주변 아파트 단
지에서도 속속 합류 의사를 전하면서 규모는 더욱 커졌다. 다들
사기충천하여 대세를 자신했다. 교육청을 상대로 압박했고 지역
구 국회의원을 단체로 찾아가 우군 만들기에 힘썼다. 거센 바람
이 가양동에 휘몰아쳤다.

임천수는 입주자 대표들이 모인 자리에서 '삐딱하게' 굴었다.
단호한 어조로 "특수학교 설립반대에 반대한다."고 분명히 밝혔
다. 어떡하든 주민들을 설득해 보려 애썼지만 고성과 야유가 빗
발쳤다. 결국 강제로 회의장 밖으로 끌려나왔다.

그 후 아파트 게시판은 온갖 좋지 않은 말로 도배가 됐다. '배
신자, 집값 떨어뜨리려는 수작, 우리 아파트에 하등 도움이 안 되
는 X' 등등……. 벼르고 있다거나 다닐 때 뒤통수 조심하라는 말
까지 심심찮게 돌았으니, 소수의견이 설 자리는 더욱 좁아졌다.

우리 아파트에도 이런 사람 하나쯤은 있다고 보여 주고 싶었
다는 그. 타고난 반골 기질 때문인지 정의감 때문인지 알 수 없으

나, 아닌 건 아니라고 해야 직성이 풀렸다. 그래도 임천수는 주민들 탓만은 하지 않았다. 오히려 그들을 충분히 이해하고 옹호한 측면이 더 컸다. 만남 전 나의 우려와는 달리, 더할 나위 없이 균형 잡힌 시선으로 근본 원인을 진단했다.

한때 가양동 외부에서 특수학교 대체 부지를 물색하려는 움직임이 있었다. 당시 주변 지인들이 보인 반응은 정말 뜻밖이었다. 특수학교 설립을 지지하며 아파트 주민들을 비난하던 사람들인데, 막상 자기 동네가 후보지로 거론되자 이런저런 핑계를 들며 난색을 보였다.

"다 좋은데 왜 굳이 여기에……"

"나는 괜찮은데 우리 애들이…… 반대하는 건 아닌데 지금은 좀 아닌 듯…….'

문장은 깔끔하게 종결되지 않았다. 멋쩍은 듯 이들 또한 말끝을 흐렸다. 그랬다. 사람이란 본디 이런 존재인데, 익히 잘 알면서 자주 망각하는지도 몰랐다. 그래서 다시 기대를 품고 또다시 실망한다. 판에 박힌 악순환을 반복할 바에야 한계를 깔끔하게 인정하는 편이 낫겠다 싶었다. 허무하지만, 비대위의 어떤 행실을 봐도 끝내는 그러려니 했다. 다들 각자의 이해관계 앞에서는 악착같이, 최선을 다하고 있지 않은가? 사람으로 태어나서 사람으로 살아가니, 우리 모두가 안쓰러울 뿐이라는 생각에 젖기도 했다.

누군가는 부동산 가격을, 누군가는 주변 환경을, 누군가는 장애인의 활보 자체를 제각기 염려했다. 개별적 의사(意思)로는 타당할지 몰라도 공론의 장에서는 또 다른 얘기였다.

이처럼 판이한 의지와 의지가 충돌할 때 국가의 개입은 필수적인데, 이 나라 당국자들은 도무지 존재감이 없었다. 문제가 생기면 당신들끼리 알아서 해결하라는 투로 뒷짐을 졌다. 가양동이 처음 개발될 때부터 줄곧 이랬다.

주민 갈등 요소가 지뢰밭처럼 깔린 이 지역에 좀 더 세심하고 촘촘한 정책적 배려가 있었다면 어땠을까, 라며 임천수는 연신 답답함을 표했다. 그의 깊은 한숨 소리에서 지역을 향한 애정과 개인적인 회한이 읽혔다. 지난 과거는 까마득히 멀어졌다. 사람들은 그때 일을 쉬쉬하고 애써 기억에서 지웠다. 상흔 위로 새살이 돋는 이치가 그러하다면 미련 없이 훌훌 털어 버리는 게 옳았을까. 그럼에도 단 하나, 비대위의 결정에 이의를 제기했던 한 사람의 용기가 있었다는 사실만은 결코 변함없을 것이다.

P. S. 제작하는 동안 특수학교 설립반대 비대위 임원진에도 여러 차례 인터뷰 요청을 하였으나 아쉽게도 촬영 허락을 받지 못했다.

17 허준 선생의 생각

가을빛이 완연하게 무르익었다. 허준공원 곳곳의 나무들도 노
랗게, 붉게, 저마다의 색으로 이 계절을 즐기는 듯 보였다.

촬영을 하다 종종 허준공원에 들러 시간을 보냈다. 적당한 규
모에 아늑하고 평온한 느낌이 스며서 좋았다. 연못가 근처 정자
에 앉아 멍하니 있는 것만으로도 재충전이 됐다. 가만히 귀를 기
울이면 분수에서 떨어지는 물방울 소리, 새 소리, 풀벌레 소리,
바람 소리, 낙엽 바스락대는 소리가 들렸다. 몇 년에 걸쳐 가양동
을 오가는 동안 이 장소가 없었더라면 훨씬 힘들 뻔했다. 허준공
원의 사계를 경험할 수 있었던 것은 예상치 못한 소득이었다. 나
에게는 아주 덥거나 추운 날이 아니면 언제 와도 편히 쉴 수 있
는, 아지트 같은 공간이었다.

가양동 1471번지에 자리한 이곳은 구암 허준 선생의 탄생을

기리기 위해 조성되었다. 바로 앞에는 대한한의사협회 건물과 허준박물관이 들어서 있고 뒤로는 한강 변이 지척이다. 풍수에는 문외한이지만, 동네 사람들이 부담 없이 오가기에 최적지라는 인상을 받았다.

공원에는 이런저런 시설이 있지만 누가 뭐래도 하이라이트는 허준 선생 동상이다. 가장 조망하기 좋고 볕 잘 드는 곳에 선생이 계셨다. 물론 드높은 자리 앉았다고 천직에 소홀할 분이 아니기에, 몸져누워 있는 어느 여인의 이마와 맥을 양손으로 짚으며 진료에 열중하는 모습이었다.

그러고 보니 가양동에는 허준 선생의 동상이 하나 더 있다. 공진초 담벼락 맞닿은 길목에 가면 또 다른 허준 선생과 만날 수 있다. 공원의 동상이 앉아 있는 모습이라면 그 자리에 있는 허준 선생은 사모관대를 제대로 갖추고 근엄하게 우뚝 서 있다. 왼손

으로는『동의보감』을 끼고 있으며, 다른 한 손은 다른 이에게 손
내미는 듯한, 마치 손을 잡아 주려는 모습이었다.

처음 동상들을 발견했을 때는 반드시 한두 컷 정도 써야겠다
싶었다. 사정이 되는 대로 공원과 공진초 앞을 두루 다니며 다양
한 이미지로 촬영했다. 대낮이나 해 질 녘은 물론, 비가 오는 날
이나 한파가 몰아칠 때도 일부러 찾아가 선생의 동상을 유심히
살피고 카메라에 담았다. 두 동상 모두 평생을 애민(愛民)의 자세
로 산 허준 선생의 진면목을 잘 담아낸 것 같았다.

대한민국 사람치고 허준 선생의 업적을 모르는 이는 없을 것
이다. 전설적인 시청률을 기록한 드라마만큼이나 그는 사후
400여 년이 지난 지금까지 여전히 많은 한국인의 사랑을 받고
있다. 저승에서 편히 쉬고 계실 선생도 이번 일로 어리둥절하지

않을까? 한쪽에서는 허준 선생의 뜻을 받들자고 국립한방병원을 내세웠고 다른 한쪽에서는 그 뜻을 제대로 받들려면 특수학교가 제격이라 주장한다.

똑같은 선생의 뜻일 텐데 후세 사람들의 해석은 놀랄 만큼 척을 졌다. 양쪽 모두 선생의 유지와 무관하다 할 수 없으니 가능하면 둘 다 하는 게 좋겠지만, 그러기도 쉽지 않은 상황이었다. 사안의 시급성과 우선순위를 고려해 선택해야만 했다.

수차례 각기 다른 각도에서 동상을 촬영했기 때문에 잘 안다. 공교롭게도 두 동상 모두, 허준 선생의 시야에서 보자면 특수학교 설립반대 비대위 쪽 아파트가 훤히 보이는 곳에 자리 잡고 있다. 당대의 명의로서 왕의 총애를 받았지만 일반 백성들의 고통과 신음에도 지대한 관심을 가졌던 그였다. 가난하고 굶주린 백성들이 약 한 번 제대로 못 써 보고 역병에 쓰러지는 상황을 그냥 지나치지 않았다. 『동의보감』 편찬을 주도하며 절박하게 매달렸고, 결국 유네스코 세계기록유산으로 길이 빛날 위대한 업적을 남겼다. 이러한 생애로 미루어 짐작해 보면, 답은 의외로 간단하지 않을까?

편집할 때 오래 고민하지 않았다. 허준 선생 동상이 들어갈 자리는 일찌감치 정했다. 2차 토론회가 끝난 뒤 어머니들이 소회를 말씀하시는 신(Scene) 도입부를 점찍어 뒀다. 동상 부분 부분을 잘게 나눠 배치했는데, '내미는 손' 클로즈업에 가장 힘을 실었다. 이 손은 장애인 부모들을 향해 내미는 것이지만 동시에 비대위 주민들에게도 내미는 손길을 의미했다. 허준 선생이 맞잡은 두 손을 포개 주면 아주 조금이나마 서로를 이해하는 계기가 될 수도 있겠다는, 실낱같은 희망이었다.

끝으로, 허준박물관 벽면에 적힌 『동의보감』 내용 일부를 같이 나누고자 한다. (위정자들이 특히 귀담아 들으면 좋겠다.)

옛날 뛰어난 의원은 사람의 마음을 잘 다스려서 미리 병이 나지 않도록 하였는데 지금 의원은 사람의 병만 다스리고 사람의 마음은 다스릴 줄 모른다.

이것은 근본을 버리고 끝을 좇으며 원천을 캐지 않고 지류만 찾는 것이니 병 낫기를 구하는 것이 어리석지 않은가.

평생교육이
필요한 이유

조부용

왜

평생교육이 중요한가

일반적으로 우리는 초중고 또는 대학 교육을 마치고 살아가는 동안 변화하는 시대와 함께 알아야 할 것도 또 배워야 할 것도 너무나 많다는 사실을 깨닫게 됩니다. 학교 교육뿐 아니라 가정 및 사회에서의 교육도 끊임없이 필요하며 전 생애에 걸친 평생 교육의 중요성은 아무리 강조해도 지나치지 않다고 할 수 있습니다.

교육 기본법 3조에는 "모든 국민은 평생에 걸쳐 학습하고, 능력과 적성에 따라 교육받을 권리를 가진다."라고 되어 있으며 4조에는 "모든 국민은 성별, 종교, 신념, 인종, 사회적 신분, 경제적 지위, 혹은 신체적 조건 등을 이유로 교육에서 차별을 받지 아니한다."라고 명시되어 있기도 합니다.

서두에 법적 근거를 장황하게 늘어놓은 이유는 '왜 평생교육이 중요한가?'라는 질문의 당위성을 뒷받침하기 위해서입니다. 1999년 평생교육법 제정으로 학령기 이후 성인들을 위한 다양한 교육 형태가 이루어졌습니다. 20세기가 학교교육 중심의 시대였다면, 21세기는 성인들을 위한 평생교육의 중요성을 인식하고 다양한 학습욕구를 충족하기 위해 노력하는 시대라고 할 수 있습니다.

국가 정책에 발맞춰 교육부는 국가평생교육진흥원을 설립했고, 2015년에 시·도 평생교육진흥원 사업계획과 운영에 대해 협의하고 공동사업을 위한 협의회가 이루어진 이래 각 시·도에서도 평생교육 활성화를 위해 노력하고 있습니다.

그런데 2017년에 진행된 평생교육정책포럼에서 기조강연을 한 김신일 전 교육부 장관의 말을 빌리면, 평생교육의 중요성에 대해 말로는 많이 하고 있지만 실제로는 교육부 예산의 0.8% 정도라고 합니다. 이는 OECD 국가 평생교육 예산의 100분의 1 수준으로, 평생교육을 위한 인프라 및 인적 자원 준비가 많이 미흡하다는 뜻이라고 합니다. 안타까운 현실이지만, 시대적 요구에 맞추어 향후 큰 발전과 변화가 있지 않을까 은근히 기대해 봅니다.

이 시대의 중요한 화두 중 하나가 평생교육인 만큼 이쯤에서 장애인에 대한 평생교육 실정을 살펴보지 않을 수 없습니다. 2021년 통계에 따르면, 평생교육 이용자 중 비장애인 이용률이 36.8%이고 장애인 이용률은 0.2%밖에 되지 않습니다.

그 이유를 살펴보자면 아마도 장애인의 평생교육 접근성이 어려울 뿐 아니라 평생교육 프로그램 대다수가 비장애인 위주이기 때문일 것입니다. 앞서 언급했듯이 평생교육은 모든 국민의 권리입니다. 장애를 가졌다는 이유로 교육에서부터 차별을 받아서는 안 됩니다. 오히려 국가가 나서서 '장애가 있음에도' 그들이 다양한 교육시설에서 다양한 교육과 훈련을 받고 마침내 취업함으로써 경제활동을 통해 자립할 수 있도록 적극적으로 지원해야 할 것입니다.

저는 거창한 국가정책으로서의 평생교육 차원이 아니라 발달장애 성인 자녀를 둔 엄마로, 또 전직 영어교사 경력을 활용하여 발달장애인들에게 평생교육의 일환으로 영어수업을 한 경험을 나누고자 합니다. 보호 작업장에서 일하는 성인 발달장애인을 비롯한 다양한 장애 스펙트럼에 있는 이들을 대상으로 평생교육원 내에서 영어수업을 하면서 그들을 통해 매 시간 놀라운 경험을 하고 있습니다.

전혀 관심이 없는 듯 앉아 있지만 듣고 있었고, 못할 것 같지만 하려고 애쓰는 모습이 연령과 상관없이 참으로 사랑스럽고 대견

합니다. 기초 생활영어 수준의 수업이지만, 배고프면 식욕을 느끼는 게 당연하듯 배움에 대한 욕구 또한 모두가 가지고 있습니다. 그렇기에 이 수업을 통해 배우고 익힌다는 본능을 충족하면서 자존감을 키워 가는 것이 아닐까, 생각도 해 봅니다.

그러므로 발달장애인 자신의 적성 또는 능력에 걸맞은, 전 생애에 걸친 다양한 평생교육의 필요성은 두말할 나위 없이 중요합니다. 더 나아가 장애인 평생교육은 그들이 지역에서 살아가는 데 필요한 수단과 방법이 될 수 있습니다. 이것이야말로 그들의 평범한 일상을 가능하게 하기 때문에 이 시대에 알맞은 장애인 복지 패러다임을 구축하는 데 절대적으로 필요합니다.

지금 이 순간, 즐겁게 영어수업에 참여하는 성인 발달장애인들의 얼굴을 한 명 한 명 떠올리니 저도 모르게 흐뭇한 미소를 짓게 됩니다. 다양한 맞춤형 평생교육 프로그램을 통해 꾸준히 성장할 그들에게서 내일의 희망을 봅니다.

현정이와 나

현정아, 엄마는 해마다 4월이 되면 언제나 '4월은 잔인한 달'이라는 유명한 시구절이 생각난다. 겨우내 땅속에 있던 모든 생명체가 움트기 시작하는 계절은 마치 욕망과 추억으로 뒤엉킨 삶의 고뇌를 묘사한다고 들었던 기억과 함께.

그런데 이 구절은 장애인부모운동에 참여하면서 나에게 또 다른 의미로 다가오게 되었어. 자폐성 발달장애를 가진 자녀가 성인이 되어 가는 시점에 뒤늦게 시작한 부모운동을 하면서 알게 된 자폐인의 날(4월 2일)과 장애인의 날(4월 20일)이 내게 여전히 갈 길이 먼 장애인 복지정책을 상기하게 되었기 때문이야. 문득, 창밖에 피고 지는 봄꽃들을 바라보며 지나간 시간을 떠올려 본다.

어언 30년이 넘은 믿기지 않은 그 세월의 흔적이 장애를 가지고 태어난 현정이 너의 성장과 함께 기쁨의 씨실과 슬픔의 날실로 교차된 기억 속에 생생하게 남아 있으니 신기할 뿐이야. 돌이켜 보면 아쉽고 후회되는 순간도 많이 떠오르는데, 무엇보다도 너와의 첫 만남이 그렇단다.

너는 아빠의 미국 유학 중에 생긴 아이였어. 당시 엄마는 이미 위로 언니가 있으니 둘째인 너는 내심 아들이기를 바라고 있었단다. 그래서 어렵게 세상 밖으로 나온 네가 딸이라는 의사의 말을 듣고 단번에 '어떡해……'라는 탄식으로 너를 처음 맞이했지 뭐니! 엄마의 아쉬움과 미안함을 아는지 모르는지 너무나 순하게 먹고 자는 너를 보면서 지인들은 이 집은 무슨 복이 많아 아이들이 이렇게 순하고 착하냐며 부러워하곤 했어.

하지만 만 두 살이 지나도록 신체 및 언어발달이 언니와 다르다는 사실을 깨달으며 만 두 살 반부터 조기교육을 시작하게 되었단다. 만 세 살 반에 한국으로 귀국하게 되면서 서울대학병원에서 진료받은 결과 자폐 성향이 있다는 것을 알게 되었지만 네가 발달장애라는 것을 받아들이진 못했어.

학교에 진학할 나이가 되면 괜찮아지겠지, 하는 막연한 희망을 버리지 못한 시절도 있었지. 그러나 내 바람과 달리 너는 2년을 유예한 후 초등학교에 입학했어. 그때부터 네가 다른 아이들과 명백하게 다르다는 사실을 인정하지 않을 수 없었어.

반복 훈련과 연습을 통해 드디어 혼자 등하교가 가능해졌는데, 초등학교 2학년 어느 날 불미스러운 일이 일어났어. 하굣길에 남자 동급생이, 자기가 부르는데 현정이 네가 대답하지 않는다고 구석진 곳으로 끌고 갔지. 그 남자아이는 네 뺨에 시뻘건 손자국이 날 만큼 때렸고, 때리는 대로 맞던 너는 결국 겁에 질린 얼굴로 울면서 집으로 왔잖니. 세상에, 기가 막혀!

그때 얼마나 놀라고 두려웠는지, 너는 이후 혼자서 등하교를 하지 않으려 했어. 유난히 다른 사람의 고함이나 싸움 등에 불안해하고 예민한 너를 보면 혹시나 그때 그 일이 트라우마로 여전히 남아 있는 게 아닌지, 항상 염려스럽고 안타까웠던 나쁜 기억이란다.

혼자서는 아무것도 할 수 없다고 생각했는데, 중학생이 되면서 집 앞 분식집에서 네가 좋아하는 떡볶이를 사 오기도 하고, 아침신문을 가지고 들어와 뒤적거리기도 했지. 그런 너를 보며 아주 더디지만 조금씩 성장하는 모습에 대견해하던 기억도 새록새록 떠오르는구나. 아마 장애 자녀를 양육하는 부모들은 엄마처럼 이렇게 사소한 변화의 가능성을 보면서 큰 기쁨을 느끼고 또 새로운 기운을 차리게 되겠지.

사춘기 시기라는 것을 알지도 못한 채 어언 20대를 지나 현정이는 어느새 만 30세가 지났구나. 어릴 때부터 좋아한 〈곰 세 마리〉 노래가 너의 애창곡이고 아빠와 함께 들은 컨트리음악이나 비틀스 음악이 너에게 오랫동안 즐거움의 원천이 되기도 했지만, 어릴 때와 마찬가지로 책 읽기와 가족 여행을 좋아하고 미술관, 서점, 도서관 나들이를 좋아하는, 변함없는 우리 딸.

또래처럼 예쁘게 가꾸는 데도 관심을 가졌으면 좋겠는데, 그건 엄마의 희망사항일 뿐이겠지? 근로지원인의 도움으로 초등학교 청소 일을 하면서 4대보험 납부자로 월급도 받게 되었지만 여전히 돈에 대한 개념이 희박하고 그만큼 욕심도 없는 사람이 바로 너야.

가족이 아프면 어떠냐고 걱정스레 물어볼 줄 아는 정 많은 우리 현정이가 그냥 출퇴근이 좋아서 하루하루를 즐겁게 생활하고 있으니 그 또한 다행스럽단다. 요즘, 지나간 예능 프로그램 〈무한도전〉을 보며 깔깔거리는 모습을 옆에서 보면서 언제나 그렇게 맘껏 웃으며 살 수 있기를 간절한 마음으로 기원하게 되는구나.

　엄마는 네가 지금 이렇게 이만큼 잘 지내는 것에 충분히 감사하고 있어. 다만, 시간은 흐르고 세월 따라 우리 부모들은 쇠약해지지 않을 수 없기에 언젠가는 엄마 아빠 없는 삶을 살아야 할 너를 생각하며 다시 마음을 굳게 다잡게 된단다.

　손에 손을 잡고 발달장애 자녀를 둔 부모들이 연대하며 여전히 국가의 복지정책을 갈구하는 현실을 살아가고 있지. 이 모든 노력으로, 많은 어려움이 있었지만 그동안 가족들과 함께 기쁨과 즐거움을 나누며 행복하게 살아온 것처럼 앞으로도 그렇게 살아갈 수 있기를, 더 이상 4월이 잔인한 달이 아니기를, 오늘도 엄마는 간절히 기도해. 사랑한다, 우리 딸!

5장

부딪히는 마음

만 15세 이상 발달장애인 10명 중
3명만 취업을 한다.
그나마도 안정적인 일자리와는 거리가 멀다.

18   우리는 오늘도 배우며 성장합니다

찬 바람에 방심했는지 심한 몸살감기를 앓았다. 약 대신에 정신력(?)으로 이겨 내겠다고 연신 따듯한 물을 마시며 버텼다. 미련한 짓인 줄 알았지만 효과가 전혀 없지는 않았다. 더딜지라도 차츰 회복했다. 긍정적인 면도 있었다. 덕분에 며칠 촬영을 쉬면서 생각할 시간을 벌었다. 작품을 시작한 이후로 줄곧 정신없이 달려왔는데, 옳은 방향이었는지는 자신이 없다. 시행착오가 꽤 많았을 것이다. 불가피한 상황 때문인 경우도 분명 있었지만, 나의 미숙함 때문에 벌어진 실수가 더 잦았다.

실패를 통해 배운다는 게 말처럼 쉬운 일은 아니나 효과 좋은 예방주사 맞은 셈 치기로 했다. 그렇게라도 마음을 달래야 동력이 생겼다. 다큐멘터리 감독에게 조급증만큼 독이 되는 건 없으므로 나 자신에게, 아직 갈 길이 구만리나 남았으니 조금 천천히

부딪히는 마음

가도 괜찮다고 말해 주었다. 잔기침이 남았으나 생활하는 데 큰 문제는 없는 듯했다. 다시 현장으로 돌아갈 시기가 다가왔다. 마침 적당한 일정이 잡혀 지난번 다녀왔던 강서구직업재활센터를 찾았다.

발달장애인 근로여성 역량강화교육의 하나로 영어수업이 진행되는 날이었다. 이 자체로도 호기심이 일었지만 한 가지 특별한 점이 또 있었다. 고등학교 영어교사 출신 조부용 어머니가 강사로 나선다기에 뒤도 안 돌아보고 따라갔다.

교실은 5층 강당에 마련되어 있었다. 이름만 강당이지 꽤 아담한 공간이라 수업하기에는 오히려 더 좋아 보였다. 수업을 10분 정도 앞두고 학생들이 하나둘 들어왔다.

학생들은 기지개를 켜면서 하품하거나, 동료와 수다를 떨며 다른 사람들이 오기를 기다렸다. 뒤늦게 온 학생 중 일부는 조심스레 문을 열더니 빼꼼 고개만 내밀어 수업에 제대로 찾아왔는지 탐색하기도 했다. 조부용 어머니가 어서 오라고 손짓하자 그제야 살포시 웃으며 자리에 앉았다.

그날은 모두 열네 명이 출석을 완료했다. 작업장 촬영 때 만났던 분들이 많이 보였고 현정이와 혜련이도 있었다. 학생치고는 평균 연령이 조금 높았으나 아무렴 문제 될 건 없었다. 중요한 것은 배우고자 하는 의지니까.

구청의 지원으로 마련된 이 자리는 2017년 늦은 봄 처음 시작해서 연말까지 이어졌다. 그동안 학생들은 성교육, 메이크업 및 스타일링 교육, 자기주장 권리옹호 교육 등을 받았다. 일과 시간에는 열심히 작업을 하고 끝나면 수업을 들으러 왔다. 피곤할 법도 하건만 대부분 의욕적으로 참여했다. 이런 기회가 흔치 않다는 것쯤은 익히 알기 때문이었다.

"다들 지난 한 주 잘 보냈죠? 오늘 수업 시작하기 전에 소개할 분이 있어요. 여러분들 예쁜 모습 촬영해 주시려고 김정인 감독님이 왔습니다. 박수로 환영해 주세요."

조부용 어머니의 갑작스러운 제안으로 얼떨결에 환대를 받았다. 다들 환하게 웃으며 박수로 맞아 주었다. 간단한 자기소개를 부탁받았는데 머릿속이 하얘졌다. 목감기 기운을 핑계로 짧게 이야기했다.

"소문 듣고 왔습니다. 조부용 선생님과 영어를 배우며 즐거운 시간을 보낸다고 해서 따라왔어요. 이렇게 따뜻하게 환영해 주셔서 감사합니다. 잘 부탁드립니다."

또다시 힘찬 박수가 터졌다. 머쓱해진 나는 황급히 카메라 뒤로 얼굴을 숨겼다. 곧이어 수업이 시작되자 다들 수업에 진지하게 귀를 기울였다. 조부용 어머니는 시종일관 눈높이를 맞춰 율

부딪히는 마음

동을 섞어 가며 평소보다 더 천진하고 익살스러운 말투로 학생들을 가르쳤다.

대단한 수준의 수업 내용은 아니었다. 기본적인 영어 인사나 의사 표현이 주를 이뤘다. 그래도 학생들은 뭔가를 새롭게 배우고 익힌다는 것에 무척 신이 난 듯 보였다. 최대한 선생님을 따라 하려 애썼고 역할극을 할 때도 점잔을 빼지 않았다. 물론 시간이 지날수록 딴청 피우는 학생이 눈에 띄었지만 그 와중에도 계속 힐끔힐끔 선생님을 바라보는 모습을 보니 영포자(영어 포기자)가 되고 싶은 사람은 없는 듯했다.

발달장애인은 어린이 같다는 이야기를 부모들에게서 종종 들었다. 자주 만나다 보니 어떤 맥락에서 그렇게 얘기했는지 느낌적으로 알 것 같았다. 신체적으로는 성인이 됐어도 어린아이 같은, 특유의 구김살 없는 천진난만함이 표정에서 그대로 전해졌다. 그리고 이는, 세상 풍파에 찌든 내 모습과 극명한 대비를 이루었다. 학생들의 얼굴을 클로즈업으로 유심히 살피면서 다시금 생각했다. 더 많은 비장애인이 나처럼 발달장애인의 매력에 흠뻑 빠질 수 있는 '특권'을 얻으면 좋겠다고. 조금만 관심을 두고 주목한다면 누구든 충분히 경험할 수 있을 터였다.

그 자리에 함께할 수 있어서 즐거웠다. 나도 모르게 수업에 빠져들어서인지 어느새 촬영하고 있다는 생각을 잊을 정도였다. 특히 미진 씨가 거꾸로 든 요일 팻말이 옳다고 자영 씨가 맞장구

처 주었을 때는 웃음을 참느라 혼났다. (훗날 관객들도 이 대목에서 맘껏 웃으시니 괜스레 흐뭇했다.)

곰곰이 따져 보면 인간의 삶은 나면서부터 죽을 때까지 배움의 연속이다. 좋든 싫든, 원하든 원치 않든, 교실에서든 교실 밖에서든, 우리는 늘 학습하며 좀 더 성숙해지려고 노력한다. 특히나 요즘처럼 공부할 게 지천으로 널려 있고 접근성마저 편리한 시대에는 개인이 마음만 먹는다면, 의지만 있다면, 얼마든지 가능하다.

하지만 늘 그러하듯 사각지대가 있기 마련이고 그 한가운데 발달장애인들이 있다. 발달장애인에게 교육은 크게 두 가지 의미가 있는 것 같다. 먼저, 비장애인과 똑같이 새로운 지식이나 경험을 습득하는 것으로서의 교육. 다른 하나는 사회 안에서 사람

부딪히는 마음

들과 교류하고 자극받고 영향받으며 퇴행을 막거나 늦추는 역할로서의 교육. 이는 생존과 떼려야 뗄 수 없는 관계라고 볼 수 있다. 그나마 의무교육 동안에는 어찌어찌 해 본다고 하나 고등학교 졸업 이후에는 갑작스러운 공백이 생겨난다. 복지관이나 지원센터에서 제공하는 프로그램이 있기는 하지만 그것만으로는 어림없다. 더욱더 체계적이고 전문적인 제도 마련이 시급히 요구된다. 당장 이번 역량 강화교육만 봐도 일회성 사업이라 지속되지 못할 게 뻔하지 않은가. 그러므로 재차 강조하건대, 발달장애인에게 평생교육은 산소호흡기와 같다.

수업을 마친 학생들은 홀가분한 표정으로 교실 문을 나섰다. 간식으로 받은 초콜릿 과자 때문에 더 기분이 좋았던 것도 있었겠지만. 자리에서 일어날 때 영어 교실의 에이스, 하나 씨가 우렁차게 외친 문장이 기억에 오래 남았다.

"Get up, Stand up!"

19 산 넘어 산

**가만히 있을 수만은
없기에**

경기도 시흥으로 일을 보러 가는 길에 은자 어머니에게서 전화가 왔다. 지금 바로 서초구청으로 올 수 있는지 물어보셨다. 특수학교와 관련된 일이라고 했다. 보통 때라면 바로 차를 돌렸겠지만 그날은 개인적으로 중요한 선약이 있었다. 그렇다고 대신 보낼 촬영감독을 당장 섭외하기도 빠듯한 상황이었다.

어쩔 수 없었다. 처음부터 안 될 일을 억지로 하려다간 괜히 탈만 나기 십상이었다. 매사에 최선을 다하는 자세는 좋으나 때로는 물러설 줄 아는 것도 지혜임을, 다큐를 하며 깨우쳤다.

그러고 보니 참 아이러니하다. 정말 중요하다고 생각해서 기를 쓰고 촬영한 영상이 시간이 지나고 보면 사용하지 못하게 되거나, 혹은 안 하게 될 때가 있고 안중에도 없다가 혹시나 해서 촬영해 놓은 영상이 의외로 큰 역할을 하기도 한다. 이는 아무리 사소한 촬영본이라도 언젠간 쓸모 있을지 모르니 모두 소중히 여겨야 한다는 교훈을 주기도 하지만, 한편으로는 설령 간절히 원한 어떤 순간을 놓쳤다 할지라도 너무 속상해할 필요 없다는 말의 근거가 된다. 가던 길이 끊기면 우회로를 찾으면 되기에. 여하튼 그간의 경험에 의지해 오늘은 어렵다고 말씀드렸다. 늦게까지 예정된 일정이 있으니 대신 내일 아침 일찍 가기로 약속하고 통화를 마쳤다.

다음 날 이른 아침, 장비를 챙겨 서초구청으로 갔다. 구청장실 앞 휴게 공간에 어머니들이 삼삼오오 모여 계셨다. 서울장애인부모회를 이끄는 김남연 대표와 몇몇 분은 지난밤 구청 복도에서 주무셨다고 한다. 다들 부지런히 화장하며 부스스한 모습 재정비에 한창이었고, 김남연 대표의 애장품인 원터치 텐트 안에서는 아들 윤호가 아직 꿈나라를 여행하는 중이었다.

시간이 지나자 더 많은 부모가 합류했다. 아이들을 위한 일에 지역 구분은 무의미했다. 서초구뿐만 아니라 서울 내 다른 지역 부모들도 힘을 보탰다. 대부분 자녀를 학교에 보내고 그길로 곧장 달려온 터였다. 강서에서는 조부용, 이은자, 정난모, 장미라, 정종미 어머니가 참석했다. 어느 정도 성원이 갖춰지자 청사 정

문 앞 계단으로 이동해 줄지어 섰다. 노란 바탕 현수막에 쓰인 문구가 또렷이 눈에 띄었다.

'특수학교 설립 방해하는 서초구청은 각성하라!'

자초지종은 이러했다. 당시 서울시 교육청은 강서구의 서진학교를 비롯해 중랑구의 동진학교, 서초구의 나래학교 등 모두 세 곳의 특수학교 설립을 추진했다. 서초구 내 사립특수학교가 한 군데 있긴 했지만 강남, 송파를 포함한 서울 남부권을 통틀어 초·중등 지체장애 특수학교는 전무한 실정이었다. 그러는 동안 이 지역의 지체장애 학생들은 경기도 광주시까지 통학해야만 했다. 나래학교 설립이 한시가 급한 이유였다.

그러나 역시는 역시였다. 똑같은 일이 데자뷔처럼 반복되었다. 언남초등학교 폐교 부지에 들어서는 나래학교마저 시작부터

부딪히는 마음

반대에 부딪혔다. 주민들은 토지용도 변경과 관련된 종 상향을 요구하며 맞섰다. 더구나 갈등 해결을 위해 나서야 할 구청 측이 미온적인 태도를 보여 부모들의 애를 태웠다. 착공하려면 서울시도시계획관리위원회 심의통과가 필수인데 구청은 관련 서류 제출기한을 넘겼다. 학교 부지 일부가 구청 소유라는 점을 근거로 주민의견 수렴 기간을 좀 더 갖겠다고 했다.

지금까지는 별 무리 없이 넘어갔던 부분인데, 특수학교를 설립하려니 왜 이제야 문제가 되는지, 장애인 부모들은 이 공교로움을 쉬이 이해하지 못했다. 더 큰 문제는, 이번에 심의를 받지 못하면 내년까지 기다려야 한다는 것이었다. 나래학교 설립이 최소 1년 넘게 지연될 위기에 처한 것이어서 가만히 앉아 있을 수만은 없었다.

처음에는 조금 우왕좌왕했다. 휴대용 스피커를 두고 오는 바람에 여기저기 수소문하다 결국 '생목' 그대로 집회를 시작했다. 오랜 기간 지켜본 결과, 장애인 부모들의 투쟁에는 대개 크고 작은 구멍이 뒤따랐다. 아마도 아이를 위해 느닷없이 투사가 되어버린 이들의 태생적인 한계 때문일 것이었다. 전문적이고 능숙한 모양새와는 거리가 멀었지만 그게 본질이 아니었다. 진정성이 간절하게 담긴 호소는 언제나 마음을 움직인다. 이날도 마찬가지였다. 김남연 대표가 앞에 나와 목에 핏대가 서도록 열변을 토했다.

"장애 학생들은 말만 의무교육이지 제대로 된 교육을 받지 못하고 있습니다. 나라의 법과 제도가 거꾸로 가고 있는 게 현실입니다. 그런데 그 법과 제도를 개선하는 데 앞장서야 할 구청이 특수학교 설립을 방해하고 나섰습니다."

사회를 맡아 옆에서 지켜보던 이은자 어머니가 착잡한 표정을 지었다. 또다시 특수학교 설립이 난관에 부딪힌 현실 앞에, 오만 가지 생각이 머릿속을 복잡하게 헤집은 듯한 모습이었다.

신기루를 본 것이었을까? 섣부른 낙관은 금물이라더니, 나 또한 쓴웃음이 절로 났다. 각계각층으로부터 워낙 뜨거운 지지와 성원을 받아 잠시 착각했었나 보다. 근본적인 현실은 크게 달라지지 않았다. 한 고비 넘었다고 안도할 참이면 더 큰 고비와 맞닥뜨렸다.

며칠 후에는 서대문구청으로 달려갔다. 얼마 전 문을 연 구립문화체육회관 내 장애인 운동시설 규모가 원안보다 대폭 후퇴한 것이 발단이었다. 사전에 아무런 상의도 없었다고 했다. 구청 측의 약속만 철석같이 믿고 개관식에 갔으니 화들짝 놀랄 수밖에.

감시의 끈을 조금만 늦추면 가장 먼저 칼질당하는 게 장애인 관련 예산이었다. 이날도 부모들은 구청에서 하룻밤을 지새웠다. 어른들이야 그렇다 쳐도 텐트 앞에 놓인 작은 신발을 볼 때마다 마음이 편치 않았다. 엄마 아빠와 떨어져 있을 수 없으니 자녀들도 덩달아 좁고 불편한 곳에서 잠을 청했다. 별빛 쏟아지는 대

부딪히는 마음

자연 한복판이 아닌 구청 복도에서, 회의실 바닥에서 캠핑이라니……. 그래도 색다른 경험이라며 싫은 내색 하나 비치지 않던 아이들에게 한국 사회는 어떤 답변을 줄 수 있을까?

투쟁이
어둡지만은 않다

그렇다고 투쟁이 마냥 심각하고 처절한 것만은 아니었다. 채소죽, 김밥, 어묵탕, 각종 음료와 주전부리를 경쟁하듯 챙겨 와 함께 먹으며 허기를 달랬다. 대접하는 쪽에서도 대접받는 쪽에서도 큰 기쁨이 아닐 수 없었다. 음식을 앞에 두고 도란도란 모여 앉아 주로 자식 키우는 이야기를 나누었지만, 그 밖에도 온갖 시시콜콜한 소재가 화수분처럼 쏟아졌다.

그 과정에서 김남연, 이은자, 정순경 어머니께서 '한 치의 양보 없이' 웨이브 댄스 실력을 겨루는 장면을 촬영할 수 있었다. 언제 어디서든 유머와 발랄함을 잊지 않는 분들이었다. 간혹 그 대목이 진지한 투쟁 분위기와 어울리지 않는다는 평을 해 주신 관객도 있었다. 당연히 그렇게 볼 수도 있다. 하지만 어머니들의 그런 모습을 오히려 반가워한 관객도 많았다. 자칫 무겁게만 흐를 수 있는 상황에서 절묘하게 균형을 맞춰 주었다.

장애 자녀를 키운다는 점만 빼면 그들 역시 평범한 중년 여성이었다. 감추거나 더할 것 없이, 있는 그대로를 보여 주고 싶었다.

전 세계적으로도 장애인을 위한 법과 제도가 저절로, 알아서 만들어진 경우는 거의 없다. 우리나라에서는 특히 그렇다. 흙을 날라 산을 옮긴다는 자세로 헌신한 분들 덕분에 그나마 여기까지 왔다. 이름도 빛도 없이, 거리에서, 관공서에서, 밤낮을 가리지 않고 외치는 누군가가 없었더라면 절대 가능하지 않았을 일이다.

지치고 힘들지만 '내가 고생한 만큼 우리 아이의 삶이 달라진다.'는 신념으로 이제껏 버틸 수 있었다고 부모들은 말했다. 물론 가끔은 낙담할 때도 있었지만 금방 훌훌 털고 다시 일어났다고. 이은자 어머니께 어려운 상황이 끊임없이 반복되는 것에 대해 질문한 적이 있다.

"솔직히 한편으로는 절망스럽기도 했어요. 확 좀 바뀔 걸로 생각했거든요. 그런데 현실은 또 그렇지 않다 보니까…… 그래도 예전보다는 훨씬 덜 힘든 것 같아요. 문제를 바라보는 우리가 더 많이 성장하고 단단해졌기 때문에, '힘들긴 하겠지만 할 수 있어, 해 보자.' 이런 마음이에요. 일단은 혼자가 아니니까 무서울 게 없더라고요."

현실적으로 이들은 마지막 눈을 감는 순간까지도 투쟁의 길에

　　　　　　　　　　　　　　　　부딪히는 마음

서 떠나지 못할 것이다. 이번 생은 이렇게 살다 가겠다고 진작에 각오했다. 결기는 대단했으나 그래서 더욱더 비극적이었다. 가까이에서 지켜볼수록 먹먹했던 이유였다. 제삼자가 할 수 있는 일은 많지 않았기에, 다만 잠자코 곁에 머무를 뿐이었다.

하지만 어머니들은 그마저 좋다고 하셨다. 단 한 사람의 온기조차 소중하다고 했다. 그분들을 외롭게 두지 않는 것, 연대의 등불을 환하게 밝혀 놓는 것. 어쩌면 우리는 벌써 많은 답을 알고 있는지도 모르겠다는 생각이 들었다.

이후의 이야기도 몇 자 보탠다.

나래학교는 구청의 협조를 얻어 2019년 9월에 무사히 개교했다. '무릎사건'이 동력이 되어 오히려 서진학교보다 먼저 공사가 마무리됐다. 조은희 서초구청장은 서울시 교육청에서 감사패를 받기도 했다. 서대문 문화체육회관 이슈도 잘 해결되었다. 문석진 서대문구청장은 발달장애인 당사자와 가족들 삶의 질 향상을 위해 아낌없는 도움을 주셨다.

이처럼 전국의 모든 자치단체장께서 적극적으로 나서 주신다면 장애인 부모들에게 큰 보탬이 되리라 믿는다. 굳이 힘겹게 싸우지 않아도 꼭 필요한 사업은 우선순위에서 밀리지 않기를 바란다. 결국은 의지와 철학의 문제 아닐까? 예산과 인력 부족을 핑계로 내세우기엔 이미 너무 오랜 시간이 흘렀다.

20 동해에서 벌어진 일

다른 듯

너무나 닮은

〈학교 가는 길〉 제작을 시작하고 난 뒤로 하루도 빠뜨리지 않는 습관이 하나 생겼다. 마치 운동선수들의 루틴처럼 굳어졌는데, 바로 인터넷 검색창에 '특수학교' 네 글자를 넣어 뉴스를 찾아보는 일이었다.

다큐멘터리 감독의 오감(五感)은 언제나 세상을 향해 활짝 열려 있어야 한다는 나름의 소신(?) 때문이었다. 그렇다 한들 의미조차 생소했던 이 단어를 분신처럼 애지중지하게 될 줄은 몰랐다. 눈을 뜨면 가장 먼저, 일과 중에는 수시로, 잠들기 직전 마지막으로 한 번 더 확인해야 마음이 편했다. 기본적으로 언론이 주목하는 소재는 아니어서 새 소식이 자주 등장하지는 않았지만 이런저런 관련 동향을 파악하는 데 큰 도움이 되었다. 물론 대부분 긍정적이고 희망찬 내용과는 거리가 멀었다.

그날도 여느 때처럼 컴퓨터 앞에 앉아 뉴스를 검색하고 있었다. 그런데 평소와 뭔가 달랐다. 새로 올라온 기사가 부쩍 늘었다. 찬찬히 살펴보니 동일한 사건을 여러 언론사에서 보도한 것이었다.

'동해 특수학교 설명회 또 무산, 특수학교 반대 주민들 몸싸움도 불사, 아수라장이 된 특수학교 설명회 현장, 단상 점거에 시작도 못 한 특수학교 설명회, 동해 특수학교 꼭 세워 주세요……'

익숙한 느낌의 머리기사가 줄지어 눈길을 사로잡았다. 자세히 읽지 않아도 어떤 상황인지 충분히 알 법했다.

사건의 발단은 2014년으로 거슬러 올라간다.

그때까지도 강원도 남부권에 장애인 특수학교는 전무했다. 동해시나 삼척시 그리고 인근 지역에 사는 장애 학생들은 왕복 2시간 거리를 통학해서 강릉 오성학교에 다니거나, 아예 기숙사가 있는 태백 미래학교에서 공부했다. 미래학교에 재학 중인 학생들은 주중에는 가족과 떨어져 지낼 수밖에 없었다. 장애 학생과 학부모들의 고통과 불편이 극에 달한 상황이었다. 이에 강원도 교육청은 그해 봄부터 동해시에 특수학교 신설을 추진했다. 의욕적으로 나섰으나 '당연히' 순조롭게 진행될 리 없었다. 처음

부터 반대에 부딪혔다. 차선책으로 장소(옛 남호초 부지)를 옮겨 봤지만 기다리는 건 더욱 격렬한 저항뿐이었다.

이후 시간이 흘러 2017년 10월 24일, 동해 특수학교 설립을 위한 주민설명회가 열렸다. 앞서 두 차례의 토론회는 모두 파국으로 끝났다. 이번에는 어떡하든 주민들을 설득하려고 민병희 강원도 교육감까지 참석했다.

그러나 달라질 건 없었다. 이날 현장을 동해시 장애인학부모회에서 제공한 전체 영상으로도 보았는데, 지면 기사와는 또 달랐다. 아찔하고 위험천만한 순간이 정말 많았다. 장애인 부모들과 학교 설립을 반대하는 주민들은 설명회 시작 전부터 팽팽하게 맞서더니 금세 몸싸움으로까지 번졌다. 엉겨 붙은 양측을 떼어내고 가까스로 진정되는가 싶었는데, 교육감이 설명회장 안으로 들어서자 더 큰 난리가 났다. 순식간에 주민들이 우르르 달려들어 입구부터 틀어막았다. 대부분 연세 지긋한 어르신들이었는데 어디서 그런 괴력이 솟았는지 모르겠다. 교육청 관계자들과 마주 보고 대치한 상황에서 뒤에 있던 사람들이 구령까지 외쳐가며 힘차게 밀자 사방에서 비명이 들려왔다. 그때 누구 하나 넘어지지 않은 게 천만다행이었다. 자칫 끔찍한 참사로 이어질 뻔했다.

교육청 관계자들이 애원해 봤지만 분위기는 돌이킬 수 없었다. 성난 군중의 흥분은 브레이크 없는 기차처럼 폭주하고 있었다. 허탈한 표정으로 지켜보던 교육감은 결국 발걸음을 돌렸다. 망연자실한 장애인 부모들 사이에서 주민들은 만세를 부르며 승리를 자축했다. 그들의 환호성이 독한 이명처럼 귓가에 맴돌았다.

가슴에 박힌
아픈 말들

날카롭게 파고들던 주민들의 발언을 굳이 더 해석하지 않아도 되었다. 강서와 마찬가지로 안타깝고 심란했다. 반대는 얼마든지 할 수 있다고 생각했다. 서로 다른 입장에 서면 어쩔 수 없는 이유가 있다는 것도 알았다. 그러나, 이견을 표출하는 방식에는 절대 동의할 수 없었다. 어느 상황에서든 지켜야 할 최소한의 예의와 존중마저 실종되었다. 다른 한편에서는 당신들도 누군가의 사랑하는 가족이고 친절한 이웃일 텐데, 특수학교 이야기만 나오면 왜 그리 모질고 험한 말을 서슴없이 퍼붓고 마는지…….

한마디 한마디가 장애인 부모들의 가슴을 옥죄고 영혼을 말살하기에 충분했다. 장애 아이를 낳고 기르는 게 죄가 아닌데 대역죄인 대하듯 천 길 낭떠러지 밑으로 내모는 행태가 반복되었다.

어떤 말은 아무리 오랜 시간이 흘러도 가슴에 깊숙이 박혀 때때로 끙끙 앓게 만든다. 이 땅의 장애인 부모라면 그 어떤 통증보다 아픈 말 하나쯤 천형(天刑)처럼 간직하며 살아간다고 한다. 사람됨은 사람으로 태어났다고 해서 절로 주어지는 게 아닐 것이다. 사람다움을 지켜 내려면 때로는 부단한 절제와 각성이 필요하다. 쓰고 보니 나의 이런 표현도 그리 현명하진 않을 테지만, 또다시 심한 욕설을 듣고 나니 답답한 마음에 넋두리를 늘어놓았다.

부딪히는 마음

21   정치의 존재 이유

진실이
진실답게 존재한다면

정사 '정(政)'에 다스릴 '치(治)'. 나라를 다스린다는 뜻이 담긴 단 두 글자의 간결한 낱말은 겉보기와 달리 현실 세계에서 무궁무진한 영향력을 발휘한다. 그것은 마치 공기와 같아서, 형체는 알 수 없지만 지금 이 순간에도 우리 사회를 강력하게 구축하고 있다.

좋든 싫든 그 누구도 정치를 떠나서 살 수 없고 그래서 더 나은 한국 정치, 정치인을 향한 갈망은 언제나 유효하다. 〈학교 가는 길〉을 제작하면서 이 사실이 더욱 뼈아프게 다가왔다. 가양동 개발에서 서진학교 설립 과정에 이르기까지, 결정적인 장면에는 항상 정치가 있었다.

'정치적이다'라는 딱지는 우리 사회에서 여전히 당파적 시선으로 읽히기에 십상이다. 자칫 이 작품의 본질이 초장부터 왜곡될지 모른다는 조바심이 들었다. 관련 내용을 아예 들어낼까 고민도 해 봤지만 적절한 대안은 아니었다. 그럴 경우 모든 사건의 인과관계가 사라지면서 더 큰 문제가 불거졌다. 껍데기만 공허하게 남는 듯했다. 다시 생각을 고쳐먹었다. 다큐멘터리 감독이 너무 이것저것 재는 것도 바람직한 자세는 아닌 듯싶었다. 다른 것은 전부 잊고, 오직 진실만을 두려워하기로 했다.

가을의 끝자락, 가양레포츠센터에서 장애인 어울림 한마당 축제가 열렸다. 강서구장애인단체총연합회가 주최하는 지역의 가장 큰 연례행사 중 하나였다. 행사장은 이른 아침부터 붐비고 활기가 넘쳤다. 단체 또는 개인적으로 신청한 참가자들이 밀물처럼 몰려들었다. 아무래도 대규모 인원이 참석하다 보니 관내 유력 인사들까지 대거 눈도장을 찍으러 왔다. 서로 안부를 묻고 덕담을 나누느라 여념이 없어 보였다.

강서장애인부모회 회원들은 노란색 봉사자 조끼를 입고 곳곳에서 진행을 도왔다. 잠시 후 입구에서 술렁거리는 소리가 났다. 가까이 가서 보니 김성태 의원이 밝은 얼굴로 사람들과 인사를 나누고 있었다. 지역구 국회의원인 만큼 필히 챙겨야 하는 일정이었을 것이다. 이윽고 의원은 축사하기 위해 연단으로 올라갔다.

부딪히는 마음

"힘들고 어렵지만 늘 열심히 살아가시는 여러분, 존경하고 사랑합니다."

의원의 언어는 깔끔하고 온기가 넘쳤다. 국정감사로 바쁜 중에도 도리를 다하기 위해 한걸음에 달려왔다며 함께한 모든 장애인의 안녕과 행복을 기원해 주었다. 발언을 마친 의원은 내빈석에 앉은 사람들과 악수를 이어 갔다. 그중에는 이은자 어머니와 정난모 어머니도 있었다. 차례를 기다리던 이은자 어머니 표정에서 복잡한 감정이 읽혔다. 잠시 마음을 다잡으려는 듯 이은자 어머니가 심호흡을 했다. 일단은 넉살 좋게 인사를 나누었지만, 속내가 편할 리는 없었다.

2016년 제20대 총선을 앞두고 김성태 의원은 국립한방병원 설립을 주요 공약으로 내세웠다. 주민설명회를 개최한 뒤 보건복지부에서 국립한방병원 설립 타당성 조사까지 착수하자 상황은 걷잡을 수 없이 복잡해졌다. 특수학교 설립에 급제동이 걸리게 된 결정적인 계기였다. 물론 이전부터 반대 의견은 있었지만 어느 정도 절충 가능한 수준이었다. 이야기해 볼 수 있는 여지가 있었다. 그러나 유력 정치인의 한마디에 지역 민심이 요동쳤다. 이미 공진초 부지에 국립한방병원 설립이 기정사실로 굳어졌고, 오히려 특수학교가 굴러든 돌마냥 취급되었다.
　의원의 처지도 이해되기는 했다. 지역구 국회의원으로서 주민들의 열망을 받들어야 할 막중한 책임이 있었을 것이고 특히 가양동과 같이 특수한 사연을 품고 있는 경우라면 더욱 그럴 수 있었다. 다만 아쉬운 점을 감히 언급하지 않을 수 없다. 의원은 기회가 닿는 대로 국립한방병원도 설립하고 특수학교도 지을 수 있게끔 무던히 애를 썼다고 말했다. 틀린 말은 아니었다. 하지만 두 마리 토끼를 잡기 위한 비책은 다른 지역에 특수학교 대체 부지를 마련하는 것이었다.

특수학교를 반기는 곳은 어디에도 없었다. 불 보듯 빤한 결말이었다. 의원의 계획이 더욱 진정성을 띠려면 특수학교 대체 부지가 아니라 한방병원 대체 부지를 알아보는 편이 낫지 않았을까. 특수학교는 원안대로 공진초 부지에 짓고 한방병원을 다른 곳에 설립하는 방향이었다면 어땠을까. 이 역시, '정치'를 모르는 사람이 하는 얘기일 뿐일까.

상생과 공존의
근원을 생각하다

사회가 고도화하고 수평적 관계를 지향하는 흐름이 늘어 갈수록 갈등의 양상은 더욱 복잡하게, 다층적으로 나타난다. 어디든 사람 사는 데 이견이 없을 리 없기에, 이런 상황을 대비해 정치가 존재하는 것이라고 생각한다. 서로 다른 의견이 충돌할 때 중재에 나서 원만한 합의점을 찾아내는 일, 상생과 공존의 기틀을 마련하는 일. 정치의 본령은 여기에 있다고 믿는다.

그런 점에 비춰 볼 때 가양동에서의 정치는 명백하게 실패를 거듭했다. 1990년 이후로 줄곧 그랬다. 주민들 사이에 발생한 갈등을 해결하기는커녕 오히려 서로를 부추기고 갈라서게 만들었다. 그렇게 정치가 오작동하는 동안 피해는 고스란히 주민들 몫이 되고 말았다. 다시금 말하지만, 이것이야말로 〈학교 가는 길〉에서 발견한 비극 중의 비극이었다.

의원과 한 번쯤은 대화를 나눠 보고 싶었다. 이슈가 한창일 때는 일부러 시간을 기다렸다. 언론의 관심이 좀 사그라지고 나면 부담 없이, 허심탄회하게 의견을 전해 주리라 기대하고 여러 차례 의원실에 요청했지만 끝내 물거품이 되었다.

민주주의가 인류에게 선사한 이로움은 이루 말할 수 없다. 본격적인 문명의 진보가 그 토대 위에서 가능했다. 그러나 동시에 치명적인 결함이 도사리고 있음을 간과해서는 안 된다.

다수의 의견은 중요하고 대개는 지혜롭기 마련이다. 그것을 온전히 받드는 게 현실 정치의 최대 목표임을 부정하진 않겠다. 하지만 그 과정에서 소수자의 마땅한 권리가 짓밟히고 무시당하는 경우가 너무 빈번하다. 죽을힘 다해 몸부림쳐야 겨우 작은 관심을 얻는 정도이니, 장애인 부모들의 투쟁은 나날이 격화할 수밖에 없다. 다수결에 의해서만 결정된다면 과연 서진학교는 개교할 수 있었을까? 수많은 약자와 소외된 이들의 눈물은 누가, 무엇으로 닦아줄 것인가?

실제로 당시 여당이든 야당이든 강서구에서 정치 좀 한다는 사람치고 적극적으로 장애인 부모들 편에 선 정치인은 전혀 없었다. 부모님들이 바라는 정치인상(像)을 여쭤 본 적이 있는데, 이런 말씀을 들려주셨다.

"우리를 지지해 주는 것은 바라지도 않아요. 반대만 하지 않으셔도 정말 고맙죠. 물론 쉽지 않겠지만, 무조건 다수의 편이 아니라 소수의 의견도 충분히 살펴 주기를, 강자가 아니라 약자의 편에 기꺼이 서 주기를, 당장 손해가 나고 비난받더라도 정의의 길이라면 외면하지 않기를……. 이런 분들이 정치를 하시면 좋겠어요."

세상에 완벽한 제도는 없다. 정치 역시 마찬가지다. 허다한 무리의 머리 좋다는 사람들이 이렇게도 해 보고 저렇게도 해 봤지만 많은 것이 여전히 미완의 과업으로 남아 있다. 앞으로도 그럴 것 같다. 그래서 더욱 간절히 원한다. 정치로 엮인 현실과 이상 사이의 괴리를 채워 가는 일, 결국 사람만이 해낼 수 있다.

22 정기총회

다사다난했던 2017년 한 해가 저물어 가고 있었다. 새해 달력을 펼쳐 든 게 엊그제 같은데 벌써 마지막 장만 달랑 남았다. 연말 분위기를 즐길 새도 없이 당분간은 전력 질주에 나서야 했다. 힘들다기보다는 오히려 감사하는 마음이 더 컸다. 새해에는 또 어떤 일들이 기다리고 있을지, 설레는 마음으로 12월을 보냈다.

강서장애인부모회도 지난 1년을 마무리하고 다가올 새해를 준비하느라 바빴다. 2013년 창립한 이래 매년 빠짐없이 해 오는 중요 행사, 정기총회가 있었다. 겨울바람이 매섭게 불던 날, 570명의 회원과 함께 제6차 정기총회를 개최했다. 장소는 강서 농수산식품공사 대강당. 한 시간 정도 여유 있게 도착해서 이런 저런 준비 과정을 촬영했다.

이날은 특히 마음이 든든했다. 그간 혼자서만 작업하다가 첫

스태프를 영입했기 때문이다. 대학원 동기 유지원이 프로듀서 겸 촬영으로 합류했다. 워낙 다재다능한 친구인 데다 강서구에 오래 거주 중이라 제작 방향을 다져 가는 데 큰 도움이 되었다.

유지원 프로듀서와 촬영할 내용을 분담하고 각자 흩어졌다. 일단 나는 시작 전에 회의장으로 입장하는 회원들 모습을 밖에서 담기로 했다. 어머니들은 두세 명씩 짝을 지어 들어오셨다. 바깥 날씨가 추워서인지 다들 코끝이 발개져 있었다. 그래도 표정은 밝았다. 다 같이 모일 수 있는 자리는 1년 중 오늘뿐이라 반가운 얼굴들 만날 생각에 더욱 상기된 듯했다. 사회를 맡은 장민희 사무국장이 장내 정리를 위해 정숙을 요청했다. 실내를 가득 메운 이야기꽃은 몇 차례 경고에도 쉬이 사그라지지 않았다. 다들 아껴 둔 말이 산더미처럼 쌓였던 모양이다.

오전 10시 정각이 되자 정난모 회장이 간단한 인사말을 전하고 개회를 선언했다. 본격적인 정기총회의 막이 올랐다. 올해 활동과 사업보고, 회계보고가 이어졌다. 일자별로 정리된 자료를 보니 1년 동안 정말 많은 일이 있었다. 하루가 멀다 하고 각종 내외부 행사가 잇따랐다. 특수학교 이슈 말고도 이렇게 빽빽한 일정을 소화했다니, 부모님들의 에너지가 새삼 대단하게 느껴졌다. 외부 감사위원이 결산 내용을 총평하는 것까지 마친 뒤 공식 순서가 끝이 났다.

이제부터가 정기총회의 하이라이트였다. 강서장애인부모회

부딪히는 마음

2기 집행부의 2년 임기가 끝나 새로운 임원진을 선출해야 했다. 먼저 정난모 어머니가 마이크를 잡았다. 회장 취임부터 오늘에 이르기까지, 그간의 소회를 이야기했다.

"부모회를 이끌면서 본디 성격과 정반대인 캐릭터로 살았습니다. 앞에 나서 말하는 것을 좋아하지 않았던 제가 무척이나 낯설었던 '투쟁'이라는 단어를 외치고, 농성을 한다며 거리에서 밤을 지새우기도 하고, 삭발도 하고……. 난생처음 해 보는 일투성이였습니다. 지금껏 살면서 이렇게 치열하게 살았던 적이 없었던 것 같습니다. 혼자라면 불가능했을 텐데 여러분이 계셨기에 해낼 수 있었습니다. 이제 원래의 제 모습으로 돌아가려고 합니다. 부족한 저와 함께해 주신 여러분, 진심으로 감사드립니다. 덕분에 정말 행복했습니다."

지난 순간들이 주마등처럼 떠올라서였을까? 끝맺음을 하려던 그가 괜스레 눈물을 훔쳤다. 참석자 전원은 말을 잇지 못하는 회장에게 아낌없는 박수와 응원을 보내 주었다.

사실 제작진 입장에서 정난모 어머니에게는 늘 죄송하고 무거운 마음의 짐이 있었다. 임기 중 특수학교 설립을 위한 초석을 다져 놓았는데 작품 속에서 이를 충분히 조명하지 못했다. 취임 직후부터 서울시 교육청 점거농성을 시작으로 온갖 험난한 여정을 앞장서 돌파해 낸 그였다.

2기 집행부의 피나는 노력이 없었더라면 토론회조차 열리지 못했을 것이다. 그런데 빛나는 성취와 수고에 비해 최종적으로 상영본에 들어간 러닝타임 비중이 크지 않았다. 궁색하나마 변명하자면, 촬영을 개시한 시점에는 굵직한 사건이 이미 지나간 뒤였다. 적절한 자료 영상도 남아 있는 게 없었다. 내 역량으로 도저히 구현해 낼 방법을 찾지 못해서 적당히 타협하고 말았다. 이후 정난모 어머니에게 저간의 사정과 솔직한 심정을 말씀드리고 양해를 구했다. 그러자 흔쾌히 괜찮다고, 뭘 그런 것까지 신경 쓰냐고, 오히려 나를 안심시켰다.

정난모 어머니는 손재주가 특출해서 이런저런 수공예품을 만드는 취미가 있다. 나와 딸아이 마로에게 예쁘고 향 좋은 수제 비누를 여러 차례 선물해 주는 등 세심한 배려와 친절이 몸에 밴 분이다. 이 자리를 빌려 난모 어머니에게 다시 한번 죄송한 마음과 진심 어린 감사를 전한다.

　차기 강서장애인부모회 회장에는 조부용 어머니가 그야말로 '압도적인 지지율'로 당선되었다. 적수가 없는, 만장일치였다. 2기 집행부에서 부회장으로 헌신했는데 한 단계 승진해서 3년 더 봉사하기로 했다.

　부모회 회장직은 여느 감투와는 달라서 독이 든 성배나 다름 없다. 희생하고 포기할 것이 얼마나 많은 자리인가. 그래서 모두가 합심으로 조부용 어머니를 응원했다. 차분하지만 강단 있는 조부용 어머니는 회장 역할도 잘 해낼 것이다. 깊은 한숨과 함께 수락 연설을 시작한 그는 부모회 회원 한 분 한 분을 믿고 열심히 하겠다는 포부를 밝혔다.

　신임 회장에게도 기대와 격려가 담긴 우렁찬 박수가 쏟아졌다. 다가올 새해, 더욱더 희망찬 순간들을 기약하며 모든 회원이 크게 외쳤다.

　"투쟁!!"

23 지현이의 졸업

2018년, 무술년 새날이 밝았다. 사람들은 황금개띠의 해라 부르며 더욱 특별한 의미를 부여했다. 그동안 특수학교 설립은 되는 것도 아니고 안 되는 것도 아닌, 소강상태에 머물러 있었다.

어머니들도 긴 싸움을 앞두고 숨 고르기에 들어갔다. 덕분에 연말연시는 조금 한가하게 보낼 수 있었다. 지금까지 쌓아 둔 영상 소스를 정리하고 향후 작업 계획을 점검했다. 그렇다고 마냥 집에 앉아 있을 수만은 없어 틈틈이 촬영을 나갔다. 가양동의 겨울 풍경 위주로 담고자 했다. 공진초, 허준거리, 허준공원 등을 밤과 낮으로 나눠 기록했다.

2월 들어서부터 촬영이 필요한 상황이 늘어났다. 새해 첫 번째 이야기의 주인공은 안지현. 등교를 준비하는 모습으로 초반에 등장했던 지현이는 이제 만 스무 살이 되어 지난 3년간 정들었던 정진학교와 작별을 앞둔 참이었다. 고교 과정 졸업 후 직업 훈련에 특화된 전공과에 2년 더 재학할 수도 있었지만 다른 도전을 해 보기로 했다. 또다시 장거리를 통학할 엄두가 나지 않았고, 지현이에게 더욱 적합한 길이 어딘가 있을 거라는 믿음도 있었다. 성인이 되었으니 지역사회 내에서 어떻게든 살아 보겠다고, 버텨 보겠다고, 엄마와 딸은 단단히 마음먹은 터였다.

촬영도 촬영이지만 지현이가 힘들게 학교에 다녔던 만큼 진심으로 졸업을 축하해 주고 싶었다. 진작에 졸업식 날짜를 전해 듣고 꼭 참석하리라 다짐했건만, 아뿔싸……. 돌발 변수를 만났다. 하필 그날 피치 못할 사정이 생겨서 도저히 갈 수가 없었다.

부랴부랴 베테랑 이창민 감독님과 유지원 프로듀서에게 촬영을 부탁했다. (이후 촬영본을 넘겨받아 찬찬히 살펴보았는데, 오히려 내가 못 간 게 다행일 정도로 완성도 있는 결과물을 안겨 주었다.)

그날 정진학교 졸업식은 여느 학교 졸업식과 크게 다르지 않았다. 얼핏 보면 그랬다. 아침 일찍부터 교문 앞은 꽃다발을 파는 상인들로 붐볐다. 좋은 자리를 선점하려는 기싸움도 있었다. 예정된 시간이 가까워질수록 넓은 강당 안 빈자리가 빠르게 사라졌다. 졸업생들의 가족, 친척, 지인들로 복작복작했다.

인파 사이로 이은자 어머니가 등장했다. 지현이 아버지와 큰 딸 채림 씨도 함께였다. 이은자 어머니는 곧바로 가족들과 헤어져 식장 곳곳을 휘젓고 다녔다. 홍길동처럼 동에 번쩍 서에 번쩍,

여기에서도 사람들과 인사하느라 정신없었다.

국민의례와 애국가 제창을 시작으로 졸업식이 시작되었다. 이어 대통령, 시장, 교육감 등 유력 인사들이 보낸 영상 메시지가 자리를 더욱 뜻깊게 만들었다. TV에 자주 나오는 얼굴들이 졸업을 축하하고 밝은 내일을 응원하자 분위기는 더욱 고조되었다. 재학생들은 떠나는 선배를 위해 정성껏 준비한 축하 공연을 선보였다. 실력도 빼어났지만, 사뭇 진지한 표정에서 프로의 기세를 보았다. 김춘예 교장 선생님께서는 애정 어린 마음으로 졸업생들의 앞날을 축복해 주었다. 학생뿐 아니라 교직원, 학부모 모두 그동안 정말 수고 많았다고 위로를 건네는 대목에선 따스한 진심이 느껴졌다.

졸업장 수여 차례가 되었다. 3학년 4반이 호명되자 지현이를 비롯한 반 친구들이 줄지어 단상에 올랐다. 이은자 어머니는 최대한 가까이 다가가 지현이 모습을 카메라에 담았다. 의젓하게 차례를 기다리던 지현이는 졸업장을 받자마자 여지없이 잡고 흔드는 상동행동을 했다. 그런 딸을 지켜보는 엄마 얼굴에는 한껏 함박웃음이 일었지만, 왠지 모를 그늘도 간간이 비쳤다.

졸업은 성숙한 인생의 여정으로 향하는 필수 관문이다. 특히 성인기를 맞이하는 고등학교 졸업은 더욱 각별하다. 그런데 환희와 설렘으로 가득해야 할 이 예식을 온전히 즐기지 못하는 사람들이 있다. 무사히 학업을 마친 자녀가 더없이 자랑스럽지만,

교문을 나서는 순간 '지옥 같은 삶'이 기다리고 있다. 지옥 같다니, 과한 표현이 불편할 수도 있겠지만 현실이 그렇다. 조사에 따르면, 만 15세 이상 발달장애인 10명 중 3명만 취업을 한다. 그나마도 안정적인 일자리와는 거리가 멀다. 정말 예외적인 경우로 치부하고 싶지만, 고립된 곳에서 충격적 노동 현실에 피해를 입는 사건도 끊이지 않고 있다.

현재 대한민국에서 발달장애인은 제대로 된 교육을 받기도 어렵거니와 운 좋게 교육을 마친다 해도 대부분 '그다음'이 부재한 상황이다. 기약 없는 유폐와 단절에 당사자는 물론이요, 남은 가족들의 일상마저 궁지로 내몰린다. 실낱같은 희망조차 사치인 이들에게 남겨진 선택지는 무엇이란 말인가. 이러한 삶을 어찌 '대수롭지 않다' 말할 수 있겠는가?

오랜 기간 지현이, 현정이, 혜련이, 재준이를 만나다 보니 한

가지 확신이 들었다. 어떤 분야에 있어선 분명 나보다 훨씬 더 뛰어나고 능숙했다. 이런 강점을 잘 살릴 수만 있다면 더 넓은 사회에서 장애인, 비장애인 어울려 함께 일하는 세상이 가능하지 않을까. 물론 당연히 긴 시간이 필요할 테고 예산도 뒷받침돼야 한다. 예상치 못한 시행착오도 뒤따르겠지만 장애인도 얼마든지 취업 전선에 뛰어드는 사회구조가 정착된다면, 한결 살기 좋은 나라가 되지 않을까?

'오가는 길이 험난했지만 그래도 학교 다닐 때가 좋았다는 생각을 당장 내일부터 하게 되겠지.'

이은자 어머니는 지현이의 미래를 손쉽게 예측했다. 아니나 다를까, 다음 날 새벽에 습관처럼 일어나 학교 갈 준비를 하는 지현이를 말리느라 애를 먹었다고 했다. 왜 더 이상 학교에 갈 수 없는지 이해시키느라 또 한참 시간이 걸렸다고……. 앞으로 어떤 난관을 만나게 될지 두렵고 떨리지만, 지금껏 그랬던 것처럼 지현이와 이은자 어머니는 절대 포기하지 않을 것이다. 손 꼭 잡고 헤쳐 나가리라.

부딪히는 마음

장애인도 세금 내는
시민이 될 수 있기를   이은자

졸업,
그 이후의 삶이 부디 안녕하기를

처음 서진학교가 설립되고 영화 〈학교 가는 길〉이 상영되던 날
을 떠올려 본다. 커다란 스크린에 비춰진 우리의 모습이 낯설기
도 하고 젊은 날의 은자가 가엾기도 하면서, 한편으로 우리 사회
의 부끄러운 초상을 직면해 씁쓸하기도 했다.
　영화는 더 이상 훌륭할 수 없을 정도로 잘 만들어졌다고 생각
한다. 자신의 이익을 위해서라면 다른 사람의 사정이나 마음은
신경 쓰지 않는 현실에서 누구도 상처받지 않게 배려하려는 감
독의 고민과 마음이 느껴져서 참 고마운 영화라는 생각이 든다.
지난날 서진학교를 만들고자 애썼던 우리는 이제 각자의 자리에

서 또 최선을 다해 애쓰고 있다. 영화 속 엄마에게서 감자전을 사수하던 지현이는 어엿한 직장인이 되었고, 지현이 엄마인 나는 발달장애인 취업 지원을 위해 고군분투 중이다.

장애인 딸을 낳아 키우면서 가장 어려운 점이 무엇이냐고 묻는다면 주저 없이 장애인에 대한 차별과 몰이해라고 말할 수 있다. 장애가 있어서 삶이 힘든 것이 아니라 장애인을 바라보는 우리 사회의 편향된 인식이 장애를 가지고 있는 사람들을, 그들의 삶을 힘들게 하는 경우가 많다. 특히 부모 사후에 장애인 자녀의 안녕이 보장되지 않는 지금의 현실에서는 하루하루 시간의 흐름이 공포로 다가올 수밖에 없다.

이런 문제를 어떻게 해결할 수 있을까 수없이 고민하던 중, 학교에서도 직장에서도 지역사회에서도 계속해서 자연스럽게 발달장애인을 만난다면 어떨까 하는 생각이 들었다. 처음에는 낯선 존재일 수 있지만 시간이 지남에 따라 익숙해지고 친밀해지며, 마침내 우리의 평범한 이웃으로 받아들일 수 있지 않을까. 사람들이 우리 아이들을 위험하고 불편한 장애인이 아닌 이웃으로 인식해야 지역사회에서 평범한 삶을 살아갈 것이다.

장애인에게 필요한 법과 제도도 사람들의 인식 전환이 선행되지 않으면 실효성을 담보할 수 없다는 사실을 특수학교를 만드는 과정 중에 절실히 깨달았다. 그래서 인식 전환이 가장 필요한 영역이라고 여겨지는 곳에 직접 부딪혀 보기로 마음먹고

2019년 '강서퍼스트잡' 사업을 시작하게 되었다.

 강서퍼스트잡 사업은 직업생활의 의지가 있는 발달장애인을 기업 현장에서 훈련하여 채용에 이르도록 설계되었다. 현장 적응에 어려움이 있는 발달장애인은 같은 업무라도 주위 환경에 따라 능력이 다르게 발휘될 수 있기 때문에, 일하게 될 현장에서 훈련하고 사람들과 관계를 맺을 수 있도록 지원한다.

 지금은 '강서퍼스트잡지원센터'를 설립하여 발달장애인의 직업활동뿐 아니라 전 생애에 걸친 지원을 계획하고 있다. 학령기를 마친 성인 발달장애인들이 직업생활을 기반으로 의미 있는 일상을 설계하고, 그러한 하루하루가 모여 자립에 이르는 모델을 만들고자 한다.

 발달장애인에게 자립 또는 독립이란 다른 사람의 도움을 받지 않는 삶이 아니다. 발달장애인뿐 아니라 어느 누구도 온전히 혼자서 살 수 있는 사람은 없다고 생각한다. 누구나 의존적인 삶을 살지만 발달장애인은 다른 사람과 살아가는 방법, 의존하는 방법, 연대하는 방법을 오랜 시간 경험을 통해 학습하고 배워야 가능하다. 궁극적으로는 어떤 발달장애인이든 사람들과 어울리며 지역사회의 평범한 일원으로 살아가는 그림을 그려 본다.

 나는 발달장애를 가진 많은 이들이 강서퍼스트잡지원센터를 통해 직업을 찾고 지역의 다양한 인프라와 연계하여 단기부터 중장기까지의 미래를 계획하고 이를 실천할 수 있도록 지원하고

폰 소망을 가지고 있다. 장애 학생들의 '학교 가는 길'이 험난함의 여정이었지만 많은 사람의 노력에 힘입어 결국 이루어진 것처럼, 강서퍼스트잡지원센터를 통해 '출근하는 길'을, 더 나아가 '집으로 가는 길'을 만드는 데 작은 힘을 보태고 싶다.

아마도 건강이 허락되는 그날까지 나와 우리의 투쟁은 계속될 것이다. 때로는 격하게, 때로는 우아하게, 때로는 처절할 수도 있다. 그러나 나는 알고 있다. 우리의 투쟁이, 우리의 여정이 결코 헛되지만은 않을 것이다. 지금까지 늘 그랬던 것처럼…….

지현이와 나

코로나19가 우리의 모든 일상을 바꾸고 이제는 바이러스와의 동행이 시작된 요즘. 코로나 초기에 마스크 착용이 의무화했을 때 우리 가족의 큰 걱정은 '지현이의 마스크 착용'이었단다.

평소에 모자나 목도리 등 옷 외에 다른 것을 착용하는 데 부정적인 지현이 네가 마스크를 쓰고 외출할 수 있을까? 아마도 불가능에 가까우리라 판단했고, 코로나가 우리 곁에서 사라질 때까지는 아무 곳에도 갈 수 없을 것만 같아 심란했지. 그런데 웬걸, 가족의 걱정을 비웃기라도 하듯 별다른 저항(?) 없이 마스크를 쓰는 너의 모습을 보면서 놀라기도 하고 대견하기도 했어.

기록하는 목소리5

코로나가 한창 심각했을 때는 너도 어쩔 수 없이 코로나 검사를 받게 되었지. 처음 검사를 받으러 보건소에 갈 때는 코로나 검사에 대한 이해가 없어 여러 명의 지원자와 동행했잖아. 검사에 순순히 응하지 않을 거라 확신하고 힘으로 해결하기 위한 방안이었는데, 힘을 쓰기도 전에 능숙한 의료진의 재빠른 대처 덕분인지 큰 소란 없이 검사를 받을 수 있었어.

물론 스스로의 결정에 따라 코를 내준 것이 아니었던 너는 약간의 분함을 표현하긴 했지만, 주위 사람들의 엄청난 칭찬에 계속 화를 내기는 쑥스러웠는지 금세 진정되었지. 그 후 코로나 검사를 두 번 더 했는데 세 번째 검사 때는 무척 능숙하게 코를 내주고 얌전히 기다려서 동행한 언니에게 엄청난 칭찬을 받았고 말이야.

한 번도 생각해 보지 않았던 펜데믹 상황을 지현이 너에게 어떻게 설명해야 할지 한동안 고민이었단다. 그런데 엄마의 고민이 길어진 사이 너는 네 나름대로 무난하게 적응하고 있었구나.

지현이 네가 만 두 살이 지나면서부터 평범한 일상이 무너지는 것을 경험했어. 어떻게 해야 할지 알 수 없어서 당황했던 시절이 엊그제 같은데 어느새 너는 스물다섯 살의 청년으로 성장했어. 이제 너와 동네 슈퍼마켓을 소란스럽지 않게 다니고 식당에서 온 가족이 편안하게 식사를 하고 너와의 짧은 대화가 가능하게 되었지. 너 혼자서 할 수 있는 일들이 많아졌고 말이야.

집에서 너의 일상을 보고 있으면 참 고마울 때가 많아. 아빠가 퇴근하고 돌아오면 집에서 입을 옷을 꺼내다 주고, 아빠가 샤워를 마치고 나오면 얼굴에 바를 크림을 꺼내 놓고 기다리고, 아빠가 크림을 바르고 나면 제자리에 가져다 놓는 우리 딸 지현이. 연년생인 언니 심부름도 척척 해 주고, 가끔은 언니의 잔소리를 가볍게 무시하기도 하면서.

또 주방에서 요리하는 내게 필요한 물건을 찾아 주기도 하고 노안 탓에 잘 보이지 않는 나를 대신해 내 얼굴에 붙은 먼지를 떼어 주기도 하고 팔이 아파 옷 입기가 불편한 날에는 옷 입는 것을 도와주지. 전화벨이 울리면 전화기를 가져다주고 필요한 게 있으면 (주로 먹고 싶은 것이긴 하지?) 간단한 카톡을 남기기도 해.

그리고 너는 유튜브에서 좋아하는 노래를 직접 찾아 듣는 걸 좋아해서 처음에는 한 곡만 듣기 시작했는데, 요즘에는 선곡이 다양해졌더구나. 집 안에 물건이 어지럽게 놓여 있으면 제자리를 찾아 정리하고, 분리수거를 해야 하는 쓰레기는 반드시 분리수거 통에 넣곤 하지.

비장애인에게는 얘깃거리도 되지 않는 소소한 일상이지만, 알 수 없는 소리를 내고 책받침 같은 물건을 반복적으로 흔들며 화가 나면 문을 꽝 닫기도 하고 더 화가 날 때는 물건을 던지기도 하던 너에게는 놀라운 변화이고 성장이야.

올해 지현이는 어엿한 직장인이 되어 바쁜 나날을 보내고 있구나. 오전에는 가까운 동네에서 운동과 취미 활동을 하며 시간을 보내고, 오후에는 회사에 출근하여 네 시간 근무를 하니 엄마로서는 우리 지현이가 쉴 틈이 있으려나 싶기도 해. 지현이가 무슨 일을 하는지 궁금한 사람들에게 엄마가 대신 알려 줄까? 발달장애를 가진 동료 사원 두 명과 함께 간단히 제작할 수 있는 방향제 등을 만드는 일을 하고 있다고 말이야.

숫자에 약한 너는 바둑판처럼 생긴 종이판 위에 큐빅 모양의 편백나무 방향제를 하나씩 올려놓은 후, 바둑판이 다 채워지면 한곳에 모아 담는 방법으로 제작하지. 일요일 저녁에는 월요일에 출근하는지 반드시 체크하고, 월요일 아침이 되면 콧노래를 부르며 출근 준비를 해.

직업생활이 만족스러운지 정확하게 표현하지는 못하지만, 직장인이라면 누구나 공감한다는 '월요병'이 너에게 없는 걸 보면 아직까지는 괜찮아 보이는구나.

이렇게 지현이 네가 학교를 졸업하고 시설이 아닌 지역사회에서 평범한 하루를 살 수 있는 이유는 너와 연대하는 사람들이 있기 때문이야. 너의 권리를 대변해 주고, 취미나 직업생활을 함께 해 주는 사람들의 지원으로 너의 하루가 의미 있는 순간들로 채워져 가고 있어.

너를 지원하는 다양한 영역의 사람들은 그 일 자체가 직업이 되기도 하는데, 장애인에 대한 이해가 어려웠던 사람들이 함께

활동하면서 자연스럽게 이해가 생기고 인식이 변화하는 것을 경험한단다. 네가 만나는 사람들은 조력자, 옹호자, 친구, 이웃이며 이들을 통해 너는 다양한 사람들과 어울려 사는 법을 조금씩 익혀 나가는 거야.

세상에 혼자 살 수 있는 사람은 아무도 없을 거야. 장애가 있는 사람도 때로는 다른 사람을 배려할 수 있고, 장애가 없는 사람도 때에 따라 배려받으며 살아가는 세상이지.

부모 형제가 곁에 없을 때도 혼자가 아니라, 조력자들과 친구들과 이웃들과 함께 즐겁게 살기 위한 너와 나의 도전은 오늘도 힘차게 진행 중이다. 네가 가지고 있는 자폐적인 특성을 낯섦이 아닌 특별함으로 받아들이는 이웃들과 친구들이 많아지면 좋겠어. 우리 지현이와 발달장애인들이 존엄과 품위를 잃지 않고 각자의 차이가 편안히 드러나는 공동체 안에서 사회의 한 구성원으로 살아가기를 바란다.

끝으로, 글을 마무리하면서 엄마가 너에게 꼭 해 주고 싶은 말이 있어.

다른 엄마가 아닌 내게 와 준 우리 지현이…… 고맙고, 사랑한다.

6장

멀고 먼 걸음

특수학교는 '존재해서는 안 되는 학교'가 맞다.
특수학교가 마치 모난 돌마냥
특수하게 존재해서는 안 된다.

24   더 나은 통합교육을 꿈꾸며

뒤에 올 이들을
만나다

3월, 새 학기가 시작되었다. 아직 두꺼운 옷을 벗지 못했지만 남쪽부터 따뜻한 바람이 일렁였다. 봄은 봄이었다. 이맘때쯤 이 나라의 학생들은 가장 바쁘다. 작심삼일로 끝날지언정 이런저런 다짐도 해 보고, 낯선 환경에서 도태되지 않으려 안간힘을 쓰는 중이다. 덩달아 부모들에게도 온갖 염려가 휘몰아친다. 내 아이가 수업은 잘 따라갈 수 있을지, 좋은 친구와 선생님을 만났는지 등을 따지느라 신경이 곤두서 있다. 다들 당분간은 살얼음판을 걷는 심경으로 지낼 것이다.

비장애 자녀를 둔 학부모 마음이 이러한데 장애 자녀를 키우는 분들은 어떠할까? 챙기고 확인할 게 수십, 수백 배는 더 많다. 특히 이제 막 초등학교에 입학한 경우에는 불안과 초조가 이루 말할 수 없다.

부모회 이혜연 유치분과장이 '선배 엄마와의 대화' 시간을 마련해 주셨다. 젊은 부모들을 대상으로 앞선 이들의 지혜와 경험 그리고 시행착오를 공유하는 자리였다. 오늘의 초대 손님은 이은자 어머니였고, 초등학교에 갓 입학했거나 저학년에 재학 중인 자녀를 둔 어머니 여덟 분이 참석했다. 부모회 사무실 바닥에 상을 펴고 오붓하게 만났다.

비슷한 또래 장애 아이를 키운다는 동질성은 이들을 단단하게, 하나로 묶었다. 더구나 지금은 학기 초 아닌가? 그러잖아도 이제 막 자녀를 학교에 보내고 오는 길, 저마다 할 말이 많았다.

"아이가 교문 안으로 들어갔는데도 저는 집에 못 가고 계속 학교 밖에서 기다려요. 혹시라도 무슨 일이 생겨서 연락이 오면 언제든 '긴급 출동' 해야 하니까 차라리 주변을 맴돌며 대기하는 편이 낫겠다 싶더라고요. 애가 하교할 때까지 긴장의 연속일 수밖에 없다니까요."

한 어머니의 말에 다들 맞장구를 쳤다. 단지 아이를 학교에 보냈을 뿐인데 종일 좌불안석이었다.

벌써 10년도 훨씬 더 된 일이지만 이은자 어머니도 그 시절을 절대 잊지 못한다. 입학통지서를 받던 날부터 각오는 했다. 온갖 생각에 파묻힌 끝에 잠시만 견디면 이 또한 지나갈 거라고 마음을 다잡았다. 그런데 지현이의 등교 첫날, 일말의 기대는 흔적도 없이 산산조각 났다. 아이들 무리에서 지현이만 도드라졌다. 이방인처럼 홀로 겉돌았다. 가뜩이나 앞이 캄캄해 미칠 지경인데 주위에서도 기름을 부었다. 어쩔 줄 몰라 하는 지현이를 보며 다른 학부모들이 더 유난을 떨었다. 자기네들끼리 귓속말을 한답시고 목소리를 낮췄는데 수군거리는 소리가 가슴을 깊이 후벼 팠다.

"저는 지현이가 장애인 걸 알았을 때보다 1학년 때가 더 싫었어요. 정말 너무 싫었던 것 같아요. 제 인생에서 가장 돌아가고

멀고 먼 걸음

싶지 않은 때가 그때예요."

이은자 어머니가 절레절레 고개를 흔들었다. 당시를 떠올리면
지금도 눈물이 났다. 일반학교에 장애 자녀를 보낸 부모라면 누
구도 예외 없이 똑같은 감정을 공유할 것이었다. 그만큼 첫 단추
부터 만만치 않았다. 부모들 상당수는 내 아이가 최소한 초등 과
정만이라도 비장애 학생들과 어울리며 통합교육 환경에서 배울
수 있기를 희망하지만, 막상 현실을 겪고 나면 일순간에 자신감
을 잃는다. 완고한 세상의 벽에 막혀 서서히 무기력을 절감하는
시기라고 했다.

공교롭게도 이 자리에 참석한 어머니들의 자녀 모두 일반학교
에 다녔다. 같은 경로를 먼저 걸었던 이은자 어머니는 성심껏 당
부를 전했다.

"이제부터 본격적인 고난의 행군이 시작될 테니 마음 단단히
먹어야 한다. 당장 나조차 쉽지 않지만 우리 아이들에게 '위험에
노출될 권리'를 주는 것은 굉장히 중요하다. 엄마 아빠가 언제까
지 곁에 있을 수만은 없으니 스스로 직접 부딪혀 가며 홀로 서는
연습을 해야만 한다. 그 출발점은 학교생활일 텐데, 물론 결코 쉽
지 않다. 아이가 학교에 다니다 보면 여러 가지 불만이 터져 나올
수밖에 없지만 슬기롭게 잘 풀어 가면 좋겠다. 우리 아이들이 학
교에 잘 다니는 것만큼 중요한 게 뭐가 있느냐? 먼저 학교 측을

이해하고 배려하려는 모습을 보여 주자. 그리고 좋든 싫든 우리 부모들이 발달장애인 홍보대사로 나서야 한다. 학교에서 난생처음으로 발달장애인과 그 부모를 만나게 되는 비장애 학생들이 태반이다. 그 아이들에게 좋은 인상을 심어 주는 것만으로도 엄청난 효과를 거둘 수 있다. 그러니 학교에서부터 자연스럽게 인식이 개선될 수 있도록 다 함께 노력하자. 여러분의 역할이 정말 크다."

후배 어머니들은 또렷한 눈망울로 선배의 말을 경청했다. 미소와 한숨 사이 어딘가에 그들의 표정이 머물렀다. 앞길을 뻔히 아는 이은자 어머니는 한 명 한 명 바라볼 때마다 애잔했다. 하루하루 어떤 심경으로 살아갈지 너무 잘 알기 때문이었다. 예전보다 통합교육 체계가 발전한 것은 틀림없지만, 후배들 또한 그들 나름대로 짊어져야 할 십자가가 버거울 것이었다.

죽을힘 다해 어느 정도 왔다 싶으면 한숨 돌릴 새도 없이 또다시 발걸음을 재촉하는 삶이 장애인 부모의 운명이었다. "지현이가 행복하고, 뒤따라오는 이들이 조금이나마 편할 수 있다면 얼마든지 새 길을 내고 넓혀 가겠다." 이은자 어머니는 거듭 전의를 다졌다.

멀고 먼 걸음

근본적인 고민은
계속된다

김남연 어머니가 다큐멘터리 속 인터뷰에서 밝힌 것처럼 특수학교는 '존재해서는 안 되는 학교'가 맞다. 특수학교가 마치 모난 돌마냥 특수하게 존재해서는 안 된다. 의도치 않게 사회 통합에 걸림돌이 될 뿐이기에. 그러나 현실에서는 어림없는 소리다. 이상적으로야 일반학교에서 장애 학생, 비장애 학생이 더불어 성장하는 게 가장 좋지만 이미 허다한 반례가 있다. 초등학교야 어찌어찌 넘긴다고 해도 중고등학교로 올라갈수록 감당이 되지 않는다. 학교가 정글처럼 변해 간다. 물론 해가 다르게 많은 부분이 개선되고 있지만, 대학 입시라는 치열한 경쟁 구도가 대한민국 교육을 움켜쥐고 있는 한 근본적인 해결은 요원해 보인다.

비장애 학생들이 마음의 여유를 갖기가 쉽지 않은 상황에서 장애 학생이 설 자리는 더욱 좁아질 수밖에 없다. 면학 분위기를 망치는 주범으로 찍히기 십상이고, 먹이사슬 가장 밑바닥에서 학교폭력의 희생양이 되는 경우도 빈번하다.

일반학교에 재학 중인 장애 아이가 집에 돌아오면 부모들은 가장 먼저 옷을 벗겨 온몸 구석구석을 살펴본다고 했다. 멍든 곳은 없는지, 연필이나 날카로운 물체로 찍힌 곳은 없는지 확인하는 것이다.

한두 가지 극단적인 예를 들어 일반화하는 것은 아닌지, 늘 경계하고자 했다. 그래서 기회가 닿는 대로 부모님들께 자주 여쭤보았다. 안타깝지만, 현재 우리의 통합교육 수준은 낙관하기에는 한참 이른 상황이었다. 장애 학생, 비장애 학생이 같은 교실에 앉아 있기만 할 뿐, 단순 물리적 통합에서 크게 벗어나지 못하고 있었다. 장애 학생은 투명 인간 취급을 받는 학교생활이 즐거울 리 없었고, 은밀한 곳에서 말 못 할 사건 사고가 끊이질 않았다.

매일 아침 도살장에 끌려가는 듯한 자녀 모습을 보고 뭔가 크게 잘못되었다는 것을 깨닫지만 당장 대안을 찾기도 어렵다는 사실이 장애 학생 부모들의 절망을 부추긴다. 일반적으로 특수학교에 갈 수 있는 확률은 극히 낮다. 특수학교 특성상 정원이 원래 얼마 안 되거니와 대부분 처음 입학했던 학생들이 그대로 승급한다. 중도 전학마저 '하늘의 별 따기'인 이유다. 아이의 학창 시절은 쏜살같이 흘러가는데 이러지도 저러지도 못하고 발만 동동 구르는 부모들이 정말 많다.

부모들의 요구는 간단했다. "다양한 선택지를 달라." 장애 정도와 형편에 따라 일반학교에서의 통합교육이 적합한 아이가 있는가 하면 특수학교에서 더욱 특화한 교육을 받는 게 효과적인 아이도 있다. 자녀가 성장하면서 필요할 때면 언제든 최적의 교육 환경이 제공될 수 있기를 바라지만 지금 처한 현실은 외통수 뿐이다.

최신 통계에 따르면, 현재 국내의 특수교육 대상자는 총 9만 8154명이며 이 중 2만 7027명이 특수학교에 재학하고 있다. 30%가 채 되지 않는다. 자의든 타의든 일단 일반학교에 진학하거나, 높은 경쟁률을 뚫고 특수학교에 들어가면 대부분 그렇게 끝까지 간다. 자유로운 이동은 애초 원천 봉쇄이고, 그 밑바탕에는 절대적으로 부족한 특수학교, 현 통합교육의 한계가 자리하고 있는 셈이다.

〈학교 가는 길〉은 결코 '특수학교 설립 확대만이 절대선'이라고 주장하는 영화가 아니다. 서진학교 설립 과정을 주요하게 다루며 궁극적으로 가닿는 방향은 장애인 특수교육의 미래는 통합에 달려 있다고, 나도 부모님들도 확신한다. 엔딩 첫 번째 자막으로 '통합교육의 내실화'가 그 무엇보다 중요하다고 말한 까닭도 그러하다.

나는 학창시절 단 한 번도 장애인 친구를 만난 적이 없다. 돌이켜 보면 그 시절 장애 학생들의 현실은 지금보다도 훨씬 열악했을 테다. 아예 세상 밖으로 나올 엄두조차 내지 못한 건 아니었을까. 관련해 아무런 생각이 없다가 지난 5년간 여러 발달장애인과 인연을 맺으면서 가끔 생각하곤 했다.

'조금 더 일찍 이 친구들을 알았더라면 내 삶은 어떻게 되었을까?'

확연히 달라질 건 없겠지만 지금보다는 성숙한 인간이 되지 않았을까? 그들로 인해 예전에 몰랐던 생의 의미에 눈뜨게 되었으니.

우리 아이를 좋아하지 않아도 괜찮으니 제발 싫어하지만 말아달라는 게 장애인 부모들의 바람이다. 그래서 이 글을 읽게 될 학생 여러분에게 부담 없이 권하고 싶다. 학교에서 장애인 친구와 함께할 수 있는 기회가 있다면 한 번쯤은 모든 감각을 총동원해 그 시간에 집중해 보기를······. 배움이 교과서 안에만 있지 않듯, 예전엔 몰랐던 새로운 세계와 마주하게 될는지도 모른다. 바로 내가 그랬던 것처럼.

멀고 먼 걸음

25   데자뷔

해가 넘어가면서 제작의 난도가 가파르게 우상향했다. 이래저래
신경 쓸 일이 계속 늘었다. 그래도 마냥 힘든 것만은 아니었다.
반가운 소식도 있었다. 〈학교 가는 길〉이 전주국제영화제의 제
작지원 대상작으로 선정되었다.

　이후에도 영화진흥위원회, DMZ국제다큐멘터리영화제, 서울
영상위원회, 한국방송통신전파진흥원, 리영희재단, SJM문화재
단, 한국예술종합학교 산학협력단 등에서 지원을 받을 수 있었
다. 큰 액수는 아니었지만 항상 빠듯하기 마련인 독립다큐멘터
리 제작 현장에 가뭄의 단비 같은 역할을 했다. 소소하나마 제작
진의 인건비를 챙겨 줄 수 있었고 가끔 출연진들과 함께 맛있는
음식도 먹었다. 작업하는 내내 큰 힘이 되었다.

조금 더 부연해 보자면, 어지간한 상업영화 현장이 아니고서는 극영화건 다큐멘터리건 가릴 것 없이 제작비의 압박이 숙명과도 같다. 한정된 예산 속에서 마른 수건을 쥐어짜는 것은 기본이요, 하다 하다 수건이 찢어져도 짠다.

그렇게 대한민국 영상 분야를 떠받친 분들이 있었기에 오늘날 우리 콘텐츠의 위상이 이만큼 올라섰다고 생각한다. 무엇이든 절로 되는 일은 없음을 다시금 절감한다. 다행히 이제는 정부든 민간이든, 사회 각계각층에서 그 가치와 중요성을 인정해 주기에 창작자들에게 훨씬 우호적인 환경이 마련됐다고 할 수 있다. 전 세계 어느 나라와 비교해도 크게 모자람 없는 수준의 제작지원 제도가 운영되고 있다. 다만 신진 감독들의 유입 또한 그만큼 증가했기에, 파이가 늘어났다고 해서 극적으로 체감되는 수준은 아니다.

한정된 기회가 아쉬운 건 그대로이지만 불평을 늘어놓기보다는 다른 말씀을 드리고 싶다. 영상 콘텐츠 제작지원에 나서 주신 모든 주체에게 감사하다. 특히 상당 부분이 세금으로 조성된 것이기에 국민 한 분 한 분에게 진심 어린 감사 인사를 전한다. 말 그대로, 여러분이 낸 '혈세'가 제 역할을 톡톡히 하고 있다. '한없이 높은 문화의 힘'을 만드는 원동력이 되고 있으니 앞으로도 많은 관심과 응원을 부탁드린다.

(이제 본론으로 들어간다.) 현실 세계에도 단비가 내렸다. 대지를

촉촉이 적시는 봄비였다. 카메라를 잡으면서 가까스로 우산을 드니 얼굴로 빗방울이 튀었지만 그 느낌마저 경쾌했다.

비 오는 봄날에 찾아간 촬영지는 서울시 동대문구에 있는 서울발달장애인훈련센터였다. 한 중학교 일부를 리모델링해서 만든 이곳은 발달장애인의 진로지도 및 직업훈련교육을 담당하고 있었다. 부모회 성인분과 회원들이 견학한다고 해서 동행하기로 했다. 집에서 그리 멀지 않아 여유롭게 도착할 수 있었다. 빗속에서 센터 외관 곳곳을 촬영하며 어머니들을 기다렸다.

잠시 후 회원들이 한두 분씩 도착했다. 모두들 밝은 표정이었다. 기대감을 숨기지 않았다. 그만큼 이곳은 중요한 장소였다. 입구로 들어서는 이은자 어머니의 감회는 남다를 수밖에 없었다. 훈련센터가 어떻게 설립되었는지, 전 과정을 그 누구보다 가까이에서 지켜봤기 때문이었다. 완공되고 나서는 처음 방문하는 터라 더욱 궁금했을 것이었다. 발걸음을 재촉해 건물 안으로 들어갔다.

이효성 센터장이 따뜻한 환영의 말을 전했다. 특별한 손님들이 와서 더욱 기쁘다고 하셨다. 훈련센터를 짓기까지 수많은 우여곡절이 있었다. 관련자들의 증언과 자료화면을 통해 당시 상황을 파악해 보았다. 지금은 아주 번듯하게 잘 조성된 공간이지만 이곳에도 참담한 과거, 가슴 아픈 뒷이야기가 있었다.

이미 여러 차례 언급했지만 발달장애인에게 직업생활은 더할 나위 없이 중요하다. 경제활동과 자아실현 그 이상의 결정적인 함의가 담겨 있다. 그렇지만 정규 교육과정 이수만으로는 한계가 명확하기에, 교육청은 고용노동부와 함께 발달장애인훈련센터를 설립하기로 계획했다.

하지만 첫 삽을 뜨기도 전에 역시나 극심한 반대에 부딪혔다. 중학교 별관을 후보지로 예정했는데 당장 학부모들과 지역주민들이 거세게 들고일어났다. 지역 정치인도 같은 태도를 취했다. 남녀공학 중학교에 발달장애인이 드나들기 시작하면 아이들이 위험해진다는 게 주된 이유였다. 동네 분위기에 대한 우려도 있었다. 그러면서도 발달장애인을 혐오하는 건 아니라고 강조했다. 설립 취지는 찬성하나 이곳은 안 된다고 했다. 여러 차례 대화를 시도해 보았지만 합의점을 찾기가 쉽지 않았다. 오히려 반대 측은 더욱 완강하게 돌아섰다. 횃불을 든 사람들이 운동장을 가득 메우기도 했고, 공사 차량 진입을 정문에서 막았다. 그러던 중에 그 사달이 났다.

2015년 11월 2일, 훈련센터 설립을 위한 6번째 주민설명회가 열렸다. 그간 되는 것도 없이 시간만 흘렀다. 올해가 지나면 예산이 대폭 줄어 사업이 아예 무산될 수도 있다. 장애인 부모들의 입술이 바짝 말랐다. 이번에는 기필코 결론을 내자고 마음먹었다. 반대하는 분들에게 간곡히 호소할 내용도 준비했다. 진심으로 다가간다면 똑같이 자식 키우는 부모 처지에서 통할 구석이 조금이라도 있지 않을까, 조심스레 기대했다. 희망을 품었다.

당시 투쟁을 주도했던 김남연 어머니에게 그 일을 여쭤보면 긴 한숨부터 내쉰다. 이명이 생긴 것도 그즈음이라고 김남연 어머니가 이야기했다. 지금이야 흘러간 세월에 다 묻혔지만 그때는 정말 대단했다. 사회자의 개회 선포가 끝나기도 전에 설명회는 난장판이 되었다. 오직 결사반대를 외치는 소리만이 강당 안에 쩌렁쩌렁 울렸다. 주최 측 관계자들이 엄포도 놓고 애원도 해봤지만 공허한 메아리로 흩어졌다. 그길로 설명회는 사실상 좋이 났다. 어떻게든 논의를 이어 가고 싶었던 장애인 부모들은 단상에 올라 무릎을 꿇었다. 누가 먼저랄 것도 없었다. 피를 토하는 심정으로 하소연했다. 하소연은 절규와 실신으로 이어졌다.

"우리는 자식에게 해 줄 수 있는 게 이것밖에 없어요, 이것밖에……. 우리 애들은 대학도 못 가고 장가도 못 가요. 나는 여기 와서 우는 것밖엔 해 줄 수 있는 게 없어요. 내 자식이 당신 자식에게 무슨 해코지를 했나요? 장애인들이 뭘 그렇게 잘못했나요? 도대체……."

처음 이 영상을 접했을 때도, 편집하는 동안에도, 뭐라 표현하기 힘든 감정에 휩싸이곤 했다. 어떤 의미로든 진풍경이었다. 두 번 다시 보고 싶지 않지만, 장애인 부모를 무릎 꿇리는 사회는 애석하게도 일회성이 아니었다. 강서에 앞서 동대문에서, 동대문

에 앞서 또 다른 어딘가에서 그리고 강서 이후로도 언제든 계속
되풀이될 씁쓸한 미래를 예감할 수 있었다. 발달장애인을 평범
한 이웃이 아닌 잠재적인 위험인물, 마치 '3등 계급'인 양 인식하
는 분위기가 사라지지 않는다면 당연한 수순 아니겠는가. 그래
서였을까, 질세라 똑같이 무릎 꿇고 구호를 제창하는 주민들의
모습에 오히려 화가 아닌, 슬픔이 일었다. 그 또한 우리 사회의
자화상인지라, 독한 고추냉이를 삼킨 듯 뒷골이 얼얼했다.

　서진학교 이슈가 한창 언론에 오르내릴 때, 훈련센터 설립반
대에 앞장섰던 한 주민이 김남연 어머니에게 연락을 해 왔다.
"내가 한번 가양동 주민들을 설득해 보면 어떨까? 같이 살아 보
니 왜 그렇게 기를 쓰고 반대했는지 모르겠어."라고. 그 말에 김

남연 어머니는 쉽사리 표현할 수 없는 여러 기분이 들어, 그저 웃고 말았다.

끝으로, 불변의 법칙을 하나 소개하고자 한다.

'지금껏 대한민국에서 장애인 시설이 반대 없이 들어선 예는 없다. 그러나 설립된 이후까지 반대가 지속되는 곳 또한 없다.'

아픈 과거는 희미한 추억으로 바스러졌다. 발달장애인 훈련센터도, 중학교도, 마을도, 무심한 듯 어울려서 잘 지내고 있었다. 지엽적인 이견이야 있을지 몰라도 전면에 내세웠던 우려가 현실이 되었다는 얘기는 듣지 못했다. 결국엔 아무것도 아닌 일인데, 왜 그리 열을 내고 상처를 줬던 것일까?

26 미궁

전국이 미세먼지 공습에 초토화됐다. 흙빛 자욱한 연무 사이로 모든 게 증발했다. 잃어버린 세계를 찾으려고 연신 두 눈을 크게 떠 봐도 시계(視界)는 제로에 머물렀다. 답답했다. 숨이 턱 막혔다. 어쩌면 지구의 인내심은 오래전 바닥을 드러냈는지도 모르겠다. 환경적 재앙은 이미 당면한 공포 그 자체였다.

맑은 하늘이 사라지면 그게 곧 종말이니 시간이 정말 얼마 남지 않았다. 이런 위기감마저 하나 마나 한 소리로 여겨질까 봐, 그 또한 겁이 난다. 책 주제와 거리가 있지만, 일어나자마자 마주친 희뿌연 세상이 속상해서, 누구도 피할 수 없는 워낙 중요한 문제인지라 잠시 적어 보았다. 우울한 미래를 떠올릴수록 의욕이 싹 달아났다. 이래저래 이불 밖은 위험한 날이 틀림없었다. 한참을 꾸물대다 집 나간 정신을 겨우 달래 강서구로 출발했다.

멀고 먼 걸음

한 시간쯤 지났을까? 가양대교를 건널 때쯤 시야가 조금 맑아
졌다. 멀리 여의도 빌딩 숲이 가까스로 형체를 드러냈다. 기분
도 서서히 풀려 가고 있었는데, 이대로 보통의 하루를 기대하자
니 뭔가 불안했다. 그러면 그렇지. 목적지에 도착하자마자 미세
먼지 가득한 풍경에 견줄 수 없는, 또 다른 차원의 착잡한 현실이
펼쳐졌다.

공진초등학교에서 특수학교 설립추진 설명회가 열린다고 했
다. 지금까지의 토론회와 달리 정보 전달이 주목적인, 앞으로의
청사진을 공유하는 자리였다. 교육청이 주관하는 공개적인 행사
로는 이번이 마침표가 될 것이었다.

어느 정도 예상은 했지만 비대위 주민들은 교문 앞부터 존재
감을 드러냈다. 냉랭한 기운이 팽팽했다. 아직도 반대 목소리를
굽히지 않았다. '주민의견 무시하는 일방적인 설명회는 즉각 철
회하라'라고 쓰인 현수막을 펼쳐 들고 서 있었다. 전에 비해 세력
은 분명 줄었지만, 그래서 더욱더 거세게 대응하기로 작정한 모
양이었다.

그러는 동안 장애인 부모님들도 속속 현장에 모였다. 취재 나
온 언론사도 꽤 많아서 여기저기 긴박한 상황이 전개되었다. 재
빨리 유지원 프로듀서와 역할을 분담했다. 그쪽이 일단 설명회
장 내부로 들어가 촬영을 시작하고, 나는 바깥에서 벌어지는 상
황을 맡기로 했다.

주민들은 결연하게 대오를 정비했다. 잠시 뒤 조희연 교육감이 공진초 앞에 나타나자 주민들이 우르르 달려가 길을 막았다. 설명회 입장조차 허락할 수 없다는 태도였다. 일순간 교육감을 지키려는 교육청 직원들과 주민들이 엉키면서 큰 혼란이 빚어졌다. 거친 말과 비명이 사방에서 쏟아져 내렸다.

"조희연 씨, 교육청에서 하시라고. 여기가 어디라고 와? 당신은 강서구에 오면 안 돼."

"선거 이후로 미루세요, 선거 이후로. 임기가 3개월밖에 안 남았는데."

"밀지 마, 이 XX야. 도둑놈처럼 도망가지 마, 이 XX야."

비대위 측에는 장애가 있는 주민도 있었는데, 그가 몸싸움 도

중 넘어지자 한 주민은 계속 그렇게 하라면서 일종의 '자해공갈
(?)'을 종용하기도 했다. 그런 모습을 지켜보며 촬영하는 마음은
정말 이루 말할 수 없이 참담했다.

　교육감이 설명회장 안으로 어렵사리 들어갔다. 짧은 복도를
통과하는 데도 몹시 애를 먹었다. 그러나 이게 끝이 아니었다. 장
내에서도 소란은 끊이질 않았다. 아니, 더 큰 소란이 벌어졌다.
설명회를 방해하려는 비대위의 집념은 대단했다. 누가 뭐라고
하든, 확성기 볼륨을 크게 틀고서 자기주장만을 일방적으로 늘
어놓았다. 개회가 계속 지연되었다.

　참다못한 부모들이 곳곳에서 들고일어났다. 삿대질하고 말 폭
탄을 주고받는 것으로까지 번졌다. 분위기가 심상치 않게 흘러
가자 '강서어벤져스'가 나섰다. 동요하면 저들의 전략에 말려드
는 것이라며 이은자 어머니를 필두로, 참석자들을 진정시키느라
안간힘을 다했다.

　가뜩이나 장소가 비좁은 데다 몰려든 사람들의 밀도마저 높아
촬영하기에 최악의 조건이었다. 제대로 움직이는 것조차 어려웠
다. 최대한 몸을 비틀어서 사람들 틈을 간신히 비집고 들어갔다.
아직 여름이 멀었는데도 땀방울이 송골송골 절로 맺힐 정도였다.

　개인적으로 좋은 촬영이란 안과 밖을 촘촘하게 담아내는 것이
라고 생각한다. 농구 경기를 예로 들면, 똑같은 면적의 코트에서
뛰는데 강팀일수록 골 밑과 외곽에서 유기적인 패스를 주고받으
면서 공간을 넓게 쓰는 경향을 보인다. 다큐멘터리 촬영도 마찬

가지다. 풀샷에서 클로즈업까지, 얼마나 다채롭게 장면을 구성할 수 있는지가 성패를 좌우한다고 본다. 불리한 여건 탓은 그만두고, 할 수 있는 만큼 부지런히 이쪽저쪽을 오가며 촬영을 계속했다.

교육감은 난감한 표정을 지으면서도 우직하게 설명회를 진행했다. 감정을 절제하고 또박또박 준비한 내용을 소개했다. 교육청에서는 나름 심혈을 기울인 것 같았다. 공동체 친화적인 면이 가장 마음에 들었다. 계획대로만 된다면 단순한 학교 이상의 학교가 될 가능성이 컸다. 이어 서진학교를 설계한 유종수 건축가가 조감도와 함께 여러 기능을 소개해 주었다. 완공 후를 기대하게 하는 발표였다.

주민들도 아주 잠시만 귀 기울여 주었으면 좋았을 텐데 그럴 조짐은 전혀 없었다. 옥신각신하면서 연신 훼방을 놓았다. 확성기에서 나는 사이렌 소리에 귀가 따가웠다. 교육감을 상대로 고성과 비난이 폭주했다.

모든 순서가 끝나고 객석으로 마이크를 넘겼다. 조부용 어머니는 또다시 이런 불상사가 벌어진 것에 강한 유감을 나타내며 교육청은 흔들림 없이 공사에 나서라고 당부했다. 비대위원장은 역시나 토론회 때와 똑같은 주장을 반복했다. 주민 동의 없는 특수학교 설립은 원천무효, 절대불가라는 얘기였다. 길어지는 발언에 사회자가 직권으로 폐회를 선언했다. 그렇게 설명회가 막을 내렸다. 부모님들은 허탈한 표정이 드러난 얼굴로, 주민들은 화를 감추지 않은 얼굴로, 하나둘 자리를 떠났다.

나오는 길에 이은자 어머니와 비대위원장이 설전을 이어 갔다. 왜 지현이를 가까운 강서구 교남학교가 아닌 구로구 정진학교로 보내느냐며 따져 물었다. 가양동은 주민들이 원하지 않으니 찬성하는 사람들 있는 곳에 지으라는 말까지 보탰다. 옆에서 지켜보던 장미라 어머니가 끝내 울먹이며 한마디 했다.

"진짜 이해가 안 되지 않아? 그냥 학교 다니겠다는 것뿐인데, 대체 왜……."

'주민과 교육공동체가 함께하는' 특수학교 설명회 현수막 뒤로 미세먼지가 더욱 짙게 깔렸다.

27 동해시 장애인학부모회를 찾아서

기다리는
나날들

동해로부터 기다리는 소식이 오래도록 들리지 않았다. 간간이 접한 관련 뉴스는 '지연, 난항, 반발, 진통, 고소, 연기, 우려, 공방전, 지지부진, 감감무소식' 등 온갖 부정적인 단어로만 도배되었다.

 사실이 그랬다. 장기간 교착상태를 면치 못하고 있었다. 공사의 전제조건인 지반조사나 측량조차 주민들의 물리력 행사 때문에 무산되는 상황에서 강원도 교육청이나 장애인 부모들이 내밀 수 있는 카드는 많지 않아 보였다.

 멀리서 관망하는 건 그만하기로 했다. 앞서 이야기했듯, 특수학교 설립반대는 비단 강서구에서만 벌어지는 '특수한' 사건이 아니었다. 그동안 줄곧 서진학교에만 고정돼 있던 시선을 서서히 저 너머로 확장해야 할 시기가 왔다는 생각이 들었다. 더 넓은 세상의 이야기를 향해, 떠나기로 했다. 즉흥적인 결정은 아니었지만 그렇다고 오래 고민하지도 않았다. 만나야 할 사람, 만날 수 있는 사람은 당연히 만나는 게 순리라고 생각했다. 그런 바람을 품고 동해에 계신 장애인 부모들을 '속히' 뵙고자 했다. 다만 현재로서는 어떤 연결고리도 없는 상황. 차근차근 단서 수집에 나섰다.

강서 어머니들을 찾아 나설 때도 그랬지만 다큐멘터리 제작의 8할은 결국 인연 맺기부터 시작한다. 사막에서 바늘 찾기 또는 맨땅에 헤딩할 일이 적지 않지만, 그래도 인터넷 덕분에 모든 과정이 무척 수월해졌다. 이제 어느 정도 경험치가 쌓였다. 대책 없이 여기저기 떠돌지 않고 지름길로 가는 법을 짐작했다.

지역 교육 당국과 장애인 부모들은 어떤 형태로든 관계성을 유지할 확률이 높았다. 동해교육지원청 홈페이지에 가서 특수교육 담당 직원 연락처를 알아냈다. 예전에는 성격상 일면식도 없는 분과 통화하는 게 너무나 고역이었는데 눈 딱 감고 하니 내성이 생겼다. 설사 원하는 바를 얻지 못하더라도 밑져야 본전, 아무렴 어떨까 싶었다. 또 대부분은 취지를 잘 말씀드리면 적극적으로 도와주려고 하셨다.

당시 동해시 특수교육 실무를 총괄하시던 분은 김건훈 장학사였다. 처음 연락할 때는 어느 정도 떨릴 수밖에 없는데 다행히 그가 따뜻하게 응대해 주었다. (물론 그 뒤로도 여러 도움을 받았다.) 자초지종을 설명하니 잠시만 기다리라고 하셨다. 먼저 장애인학부모회 측과 연락을 취해 보겠다고 했다. 전화를 끊고 초조하게 기다리는데 오래지 않아 답변이 왔다. 이렇게 해서 연결된 분이 동해시 장애인학부모회 이영수 사무국장이었다.

처음 통화를 나눌 때는 아무래도 어색했다. 그 어느 때보다 소상하고 신뢰감 있게 자기소개를 하고 다큐멘터리 〈학교 가는 길〉의 작품 취지를 말씀드렸다. 이후 약간 경계를 누그러뜨리셨는지, 동해 특수학교 진행 상황과 장애인학부모회의 활동을 설명해 주었다. 마침 요즘 한창 거리 캠페인 중이니 가능한 일정을 잡아 동해에서 보자고 하셨다. 조만간 찾아뵙기로 약속하고 통화를 마쳤다. 교육지원청 홈페이지에 처음 접속할 때까지만 해도 반신반의했는데 결과적으로 모든 게 다행스럽게 연결됐다. 두드리면 열리고 구하면 찾으리라는 격언을 다시 한번 깊이 새겼다.

최대한 서둘러 날을 정하고 동해로 갈 준비를 했다. 동서울터미널은 전국 각지로 향하는 사람들로 붐볐다. 노점에서 풍기는 군밤 냄새, 오징어 냄새가 코끝을 유혹했지만 담백한 두유 한 병 꿀꺽 마시고 동해행 버스에 올랐다.

가는 길은 멀었다. 자다 깨다를 거듭해도 대관령을 넘지 못했다. 삼척이 종점이라 여차하면 애먼 곳에 내릴 수도 있으니 정신을 바짝 차려야 했다. 거리가 줄어들수록 졸음을 참느라 혼났다. 그렇게 세 시간쯤 지났을까? 망상나들목을 통해 동해시로 진입했다. 들어서자마자 산등성이 잘 보이는 곳에 쓰인 '대게 좋은 동해'라는 슬로건이 눈에 띄었다. 수산물 대게 유통을 주력 산업으로 내세운 지역적 특성을 언어유희로 부각한 슬로건을 마주치니 순간 피식 웃음이 나왔다. 유쾌한 첫인상에 긴장이 풀렸다.

부곡동의
공기

부모님들을 만나기 전 들를 곳이 있었다. 이번에도 현장 확인이 먼저였다. 터미널에서 택시를 타고 특수학교 예정지인 동해교육도서관으로 향했다. 강원도 동해시 부곡5길 22. 솥을 엎어 놓은 모양의 명당이 있어 부곡동(釜谷洞)이라는 지명이 붙었다. 묵호항과 인접한 해안도로와 야트막한 구릉이 감싼 부지는 안락해서 정겨웠다. 좁은 도로 하나를 사이에 두고 정갈하게 들어선 마을은 평온함을 더했다. 도심에서 멀지 않아 특수학교가 들어서기에 최적의 조건을 갖춘 듯했다.

잠시 주변을 걸어 보았다. 잔잔한 해풍이 수시로 골목 구석구석을 누볐다. 건어물을 널어 놓은 마당까지 바람이 드나들었다.

높은 건물은 거의 없었고 담장 밖으로 예쁜 꽃들이 피어 있는 집이 많았다. 여기까지는 전형적인 어촌의 풍경이었다. 그러나 교육도서관 근처부터는 달랐다. 익숙한 느낌으로 풍겨 오는 전장의 기운이 이곳에도 확연했다. 특수학교를 반대하고자 죽음도 불사한다는 살벌한 문구가 어김없이 등장했다. 현수막과 피켓이 곳곳에 설치돼 있었다.

장비를 꺼내 촬영을 시작했다. 행여나 동네 사람들이 볼까 봐 주변을 신중히 살폈다. 담벼락에 걸린 현수막 위주로 찍고 있는데, 조금 있으니 저쪽에서 양산을 든 아주머니 한 분이 걸어오셨다. 뭔가 불길한 예감이 들었다.

"여기서 뭐 하는 거예요? 촬영하면 안 됩니다."

"아, 저는 언론사에서 나온 게 아니고 그냥 특수학교 문제에 관심 있는 대학원생인데요……."

다짜고짜 촬영을 막기에 일단 읍소를 했다. 아쉽게도 전혀 효과가 없었다. 마침 길 가던 동네 주민 또 한 분이 합세했다.

"카메라 끄세요. 우리는 비상 연락망이 있어서 제가 전화 한 통만 하면 주민들 우르르 다 몰려나옵니다. 괜히 일 크게 만들지 말고 조용히 돌아가요."

그러면서 격앙된 몸짓으로 촬영을 막아섰다. 목소리라도 담고자 카메라를 켜 뒀지만 더는 진행이 어려울 것 같았다. 어른들을 상대로 실랑이하는 것도 그렇고, 당장 촬영이 필요한 대목도 아니었다. 지금은 물러설 때였다.

전원이 꺼진 카메라를 당당하게 확인시켜 드리니 그제야 안심하는 눈치였다. 조금 전까지 매섭게 몰아치던 붉으락푸르락한 얼굴빛은 단박에 사라지고 세상 인자한 표정으로 되돌아왔다. 이게 이분들의 본모습이었을 것이다. 그들은 나를 붙잡고 한참을 이야기했다.

"멀리서 왔을 텐데 정말 미안해요. 그런데 우리는 정말 너무 억울합니다. 여기 한번 보세요. 가까운 집은 교문에서 열 걸음만 걸어도 안방이에요. 말이 안 되잖아요. 이 동네에 전부 칠십 팔십 먹은 노인네들밖에 없는데, 코앞에 장애인 학교를 지으면 누가 좋아하겠습니까? 안 그렇습니까? 우리 주민들이 못 짓게 하는 게 아닙니다. 동해시에 설립하는 거 대환영이에요. 그런데 여기는 적합한 장소가 아니다, 아니올시다…… 여기 말고 괜찮은 곳으로 가면 우리가 얼마든지 봉사활동도 하겠다는 말이에요. 남호초등학교를 없앨 때도 그러더니 아무리 저희가 가진 게 없고 못 배운 사람들이라도 이렇게 일방적으로 밀어붙이면 되겠습니까? 제발 저희 좀 도와주세요……"

강원도 특유의 억양에 실린 하소연은 절박한 심정을 그대로 전하는 듯했다. 사실 부곡동에도 사연은 있었다. 특수학교 예정지인 이곳은 본래 남호초등학교가 있던 자리였다. 40년 넘게 마을의 구심점 역할을 하던 학교인데, 갈수록 학생이 줄었다. 게다가 인근 평릉공원 너머로 대규모 아파트 단지가 들어서기 시작했다.

교육청은 교육 수요가 많은 쪽으로 학교를 이전했다. 충분한 이해와 설득을 구하는 과정 없이 단번에 이루어졌다. 주민들은 학교를 빼앗겼다는 앙금이 채 가시지도 않았는데 동네 아이들마저 새로운 학교에서 가난한 집 자식이라고 놀림을 받았다. 풀 죽어 귀가하는 자녀를 보며 주민들의 마음은 만신창이가 되었다. 이런 상황에서 또다시, 특수학교를 짓겠다고 나선 교육청의 통보를 들은 것이었다.

역시나, 여기서도 을과 을이 싸우고 있었다. 데칼코마니와 같은 현실에 나는 할 말을 잃었다. 장소와 등장인물만 다를 뿐 본질은 똑 닮았다. 다큐멘터리를 하다 보니 여러 갈래 세상과 마주쳤다. 빈약한 역량으로 감당하기 힘든 순간이 무척 많았다. 뚜렷한 선과 악, 흑과 백이 보이면 좀 나으련만 사람 일이 그렇게만 흘러가는 것은 아니었다. 각자의 욕망에는 대개 타당한 명분이 있었고 피아 구분은 어려웠다. 진퇴양난이었다.

다큐멘터리 감독은 결코 심판자가 아니다. 그럴 만한 자격도 능력도 없다. 하지만 때로는 꼼짝없이 가치 판단이 필요한 시점을 맞닥뜨리고 마는데 나는 갈수록 자신감을 잃었다. 두려움에 숨이 막혔다. 정말 그랬다.

아주머니들은 연신 고개를 숙이며 미안하다고 했다. 부곡동 주민들의 안타까운 사연을 널리 알려 달라는 부탁도 했다. 끝으로 다음에 또 만나면 아이스크림을 사 준다고 하셨다.

그 말을 들으니 왠지 더 울적해졌다. 대체 어쩌다 이 지경이 되었을까? 어디서부터 어긋나 버린 걸까? 무거운 고민만 남겨 두고 발걸음을 돌렸다. 두 분은 내가 사라질 때까지 손을 흔들며 학교 앞에 서 계셨다. 비릿한 바다 내음이 코끝을 스쳤다.

28 일당백

새롭고도
익숙한 만남

원래는 낯선 장소를 즐긴다. 생소함이 불러오는 긴장과 호기심이 좋았다. 모든 길은 언젠가는 만난다고 믿기에 헤매는 일이 두렵지 않다. 소심한 자에게 주어진 유일한 일탈이었다. 그래서 어떤 기회로든 처음 가는 곳이면 먼저 한 바퀴 쓱 돌면서 지형지물을 파악한다. 분위기를 살피며 공기의 미세한 차이를 느끼고자 심호흡을 해 본다. 단, 촬영하러 갈 때만 빼고. 다큐멘터리 제작은 약속된 시간과 장소를 놓치면 낭패를 보기 쉽다. 흘러간 상황을 되돌릴 수 없고 보충 촬영을 한다 해도 원형(原形)의 느낌과는 다르다. 되도록 그때 그 장면을 포착하는 게 최선이라 할 수 있다. 초행인데 중요한 촬영이 잡혀 있으면 신경이 곤두설 수밖에 없는 이유다.

부곡동을 떠나 다음 목적지, 동해시청 로터리 앞으로 향했다. 오후 4시부터 동해시 장애인학부모회에서 주관하는 거리 캠페인이 진행될 예정이었다. 이영수 국장에게 연락해 정확한 장소를 재확인했다.

휴대폰 지도 앱을 보면서 익히고 또 익혔다. 몸과 마음이 한껏 경직된 상태에서 창밖 풍경이 잘 들어올 리 없었지만, 바다는 바다였다. 끝없이 펼쳐진 바다를 흘겨보는 것만으로도 위로가 되었다. 인구 9만에 조금 못 미치는 이 도시는 이름 그대로 동해를 대표하고 있어서인지 무척 크게 다가왔다. 택시는 금방 목적지에 도착했다. 시청에서 내려 주위를 둘러보았다. 길 건너 패스트푸드점 근처에 한 무리의 사람들이 모여 있는 걸 보니, 제대로 찾아온 모양이었다.

부모들은 캠페인 준비로 바빴다. 책상을 펴고 현수막을 부착하며 각종 홍보 자료를 설치하느라 정신이 없었다. 괜히 불청객이 된 듯해서 슬그머니 다가가 인사를 드렸다. 이영수 국장이 잘 왔다고 알은척을 해 주고는 장애인학부모회의 최보영 회장, 신재열 부회장을 소개해 주었다. 이 밖에 회원 두 분이 더 있었다. 총 다섯 명이 나와 이날 행사를 감당했다.

특수학교 설립을 위해 작년부터 뭉친 터라 아직은 자리를 잡아

가는 단계라고 하셨다. 서울에서 보던 인원과 비교하면 차이가 확연했지만 장애인 부모들의 모임에는 한 가지 공통점이 있었다. 단체 규모는 숫자에 불과할 뿐, 한 분 한 분이 뜨거운 열정으로 불타오른다는 것이었다. 누군가는 그 이유로 절박함 또는 지극함을 이야기했다. 장애인 부모들이 그런 마음으로 살아가는 세상은 분명 건강하다고는 볼 수 없을 것이다. 동해에서 만난 장애인 부모들에게는 그런 면이 더욱 도드라졌다. 한 사람이 열 명, 백 명분의 역할을 도맡았다. 내가 아니면 안 된다는 각오로 나선 듯했다. 소수라는 한계보다는, 소수의 가능성을 확인한 자리였다.

진용을 갖추고 난 후 본격적인 캠페인 활동을 벌였다. 이영수 국장이 행인들을 포섭(?)해 오면 간단한 응원 메시지와 함께 인증 사진을 찍었다. 참여한 분께는 답례로 젤리나 사탕을 나눠 주었다. 이 사진들을 묶어 부모회 SNS를 통해 홍보하고, 동해시의 주요 인사들에게도 전달하는 계획이었다.

장애인 부모들이 이렇게까지 직접 나선 데는 이유가 있었다. 부곡동 주민들이 완강하게 반대하는 상황에서 교육청과 부모들의 노력만으로는 절대 열세였다. 시청을 필두로 지역 정치인들이 중재에 나서도 될까 말까 한데 그쪽에선 누구 하나 속 시원하게 도와주겠다는 사람이 없었다. 표가 되지 않는 일에 관심을 기대하는 것 자체가 헛된 꿈이었다. 목마른 사람이 우물 판다고, 부모들이 나서지 않으면 특수학교 설립은 기약 없이 표류하고 말

멀고 먼 걸음

것이 분명했다. 여론의 지지를 등에 업고 압박하는 것만이 마지막 남은 수단이었다.

시민들의 호응은 괜찮았다. 더러는 권유하는 손길을 뿌리치기도 했지만 꽤 많은 분이 정성껏 메시지를 쓰고 사진 촬영에 응했다. 동해에서 이런 일이 벌어지고 있는지 처음 알았다는 반응도 적지 않았다. 나만 봐도 그렇고, 자기 일이 아니면 무관심하기 마련인, 당연한 삶의 이치라고 생각했다. 그런 점을 감안하면 사람들의 마음 씀씀이가 고마웠다. 아무리 간단하게 참여하는 일이라 한들, 가던 길을 멈추고 정성을 쏟는 것은 웬만한 용기가 아니고는 쉽지 않기에.

거리의 사람들에게
다가가다

유동 인구는 일정한 흐름 속에서 등락을 거듭했다. 줄을 서 기다릴 정도로 북적거리다가도 없을 때는 또 무척 한가했다. 어찌 됐든 방해가 되지 않으려고 조심스럽게 촬영을 이어 갔다. 줌 기능이 강화된 카메라를 선택한 건 잘했다 싶었다. 먼발치에서도 가깝게 찍을 수 있었다.

그래도 너무 외지인처럼 있기는 싫어 중간중간 부모들께 다가갔다. 사소한 대화를 주고받으며 슬슬 말문을 텄다. 서먹한 기운

이 자연스레 녹았다. 가만 보니 최보영 회장은 대장 같은 면모가 있었다. 젊은 시절 운동선수로 뛰었던 경력이 영향을 줬는지 모르겠지만 매사에 활기가 넘쳤고 호탕하게 행동했다. 신재열 부회장은 묵묵하게 중심을 잡았으며, 이영수 국장은 차분한 듯 흔들리지 않고 인내심을 발휘했다. 사람 사는 곳이 다 그러하듯, 서로 간에는 나름의 고충이 있겠지만 세 분의 조합이 매력적인 조직임을 직감할 수 있었다.

두 시간가량이 흘렀다. 남녀노소 가리지 않고, 행복한 연인부터 10대 학생들, 두 팔에 빼곡 문신을 한 청년들까지, 다양한 동해시민이 특수학교 설립을 응원했다. 점점 주변이 어둑어둑해지자 최보영 회장의 지휘 아래 일사불란하게 늘어놓은 캠페인 도구를 거두기 시작했다.

멀고 먼 걸음

개인적으로는 이런 순간이 무척 난감하다. 가뜩이나 일손이 부족한 마당에 정리를 돕는 게 인지상정이지만 마무리 장면까지 기록해야 하나의 신(Scene)을 온전히 완성할 수 있다. 등장인물이 힘든 작업을 할 때 동참하고 싶어도 제작진에게는 촬영이 우선이라 내적 갈등을 겪는다.

보통은 처음부터 투명 인간 취급을 해 달라고 당부하지만 이 또한 말처럼 쉽지는 않다. 자칫 본의 아니게 감정이 삐끗할 수 있기에 조심스럽다. 여하튼 어느 상황에서든 다큐멘터리 제작진이 일부러 손 놓고 방관하는 것은 아니니 오해 없으시길 바란다.

자리 정리를 마치고, 근처 식당에서 간단하게 저녁을 먹은 뒤 최보영 회장 댁으로 갔다. 이영수 국장도 함께였다. 그동안의 사건 경과와 심경 등을 들려주셨다. 지방은 서울과 분명히 달랐다. 강서 부모님들은 각계각층의 격려와 응원을 받았지만, 동해특수학교는 언론에서도 대중에게서도 반향을 얻지 못했다. 스포트라이트 밖에서 힘겹게 투쟁을 이어 가는 부모들이 좀 많을까. 그래도 그들은 반드시 해내겠다고 했다.

두 분의 굳센 표정을 보니 그리될 것 같았다. 온종일 피곤하셨을 터라 미안해서 오래 머무르진 않았다. 다음에 좀 더 여유 있게 만나기로 하고 작별 인사를 나누었다. 인연이란 종잡을 수 없지만 왠지 동해에 자주 오게 될 것 같은 예감이 들었다. 그런 밤이었다.

270

다음 날 아침, 서울로 가기 전에 잠시 평릉공원을 들렀다. 특수학교 예정지를 한눈에 조망할 수 있는 곳이었다. 이번엔 주민들 방해 없이 마음껏 전경을 촬영했다. 옆으로 맞닿은 철길과 바다도 함께 담았다. 비로소 동해 바다를 찬찬히 응시할 수 있었다. 멀리 빨간 등대 위로 갈매기 서너 마리가 날았다. 아침 햇살에 바닷물이 반짝거렸다. 출항했던 배들이 그 물살을 가르며 항구로 돌아오고 있었다. 아름다운 풍경이었다.

멀고 먼 걸음

29   발달장애인 국가책임제

나아지지 않는

현실 속에서

2018년 이른 봄, 강서장애인부모회 사무실이 모처럼 붐볐다. 발디딜 틈도 없이 꽉 찼다. 유치분과부터 성인분과에 이르기까지, 전 연령대의 회원이 참석한 터라 늦게 온 분들은 문밖에서 진을 쳤다.

발달장애인 국가책임제 도입을 촉구하는 집회 취지를 설명하기 위한 자리였다. 콩나물시루처럼 빽빽이 끼어 앉았는데도 어머니들은 뭐가 그리 좋은지 웃고 떠들었다. 나도 틈틈이 반가운 얼굴들과 눈인사를 나누었다. 강서장애인부모회와 함께한 시간이 좀 쌓였다고 왠지 모를 소속감이 들기도 했다. 처음 이곳에 찾아왔던 때를 떠올리면 격세지감이었다.

그나저나 문제는 촬영이었다. 이동할 수 있는 공간이 도무지 안 보였다. 하는 수 없이 왼쪽 구석에 삼각대를 세워 카메라 한 대를 설치하고 나는 그 반대편을 사수했다. 붙박이나 다름없었지만 이번에도 줌 렌즈 덕을 톡톡히 봤다. 돌아다니지 않아도 어지간한 앵글은 가능한 것 같았다. 잠시 후 이은자 어머니가 먼저 나와 마이크를 잡았다.

"2014년 발달장애인법이 제정되면서 저는 정말 세상이 바뀔 줄 알았습니다. 이제 지현이도 나도 안심하고 살아갈 수 있겠다고 생각했습니다. 그런데 여러분, 지금 어떻습니까? 우리 삶이 나아진 게 있나요? 당장 죽는다고 생각하면 두 눈 편히 감을 수 있어요? 안 되잖아요. 법이 있어도 예산이 뒷받침되지 않으면 껍데기에 불과할 뿐입니다. 누가 대신해 주지 않아요. 부모들이 나서지 않으면 꿈쩍도 하지 않는다니까요. 그래서 싸우기로 작정한 이상 정말 죽기 살기로 덤빌 수밖에 없어요."

조부용 회장이 발언을 이어 갔다.

"현정이가 어느새 서른이 다 됐네요. 그런데 아직도 자기가 다섯 살 어린애인 줄 알아요. 며칠 전 제가 얘기했어요. 현정아, 엄마 삭발 집회 할 거야. 그러면 머리 다 깎을 수 있어. 그랬더니 애가 '안 돼.' 하고 하는 말, '곰 세 마리 안 부를게요.' 이러는 거예요. 현정이가 제일 좋아하는 노래가 〈곰 세 마리〉인데 제가 그걸 부르는 걸 싫어하거든요. '엄마, 나 〈곰 세 마리〉 안 부를 테니까 삭발하지 마세요.' 하는데 웃으면서도 눈물이 났어요."

현정이 성격을 어느 정도 알게 되었기에 당시 상황이 어땠을지 짐작 가고도 남았다. 나도 모르게 눈시울이 붉어져서 보니 많은 분이 눈물을 닦고 있었다.

부모회 회장이 되었는데도 조부용 어머니에게 '투쟁'이라는 단어는 여전히 낯설었다. 집에서 거울을 보고 투쟁, 투쟁, 연습한다고 했다. 장애 아이를 낳기 전에는 꿈에도 상상하지 못했던 삶이리라. 하지만 그렇게라도 하지 않으면 단 한 걸음도 나아가지 못했다. 다들 비장하게, 결연하게 버티며 살았다.

몇 가지 사례를 소개하고자 한다. 경기도에서 암 투병 중인 친모가 발달장애인 딸을 살해하고 극단적인 선택을 시도했다. 전남에서 발달장애인이 포함된 일가족이 극단적인 선택을 했다. 서울에서 자폐아를 키우던 아버지가 아들과 함께 극단적인 선택을 했다. 제주에서 발달장애인 아들과 엄마가 극단적인 선택을 했다. 부산에서 아버지가 자폐 증세가 있는 아들과 함께 극단적인 선택을 했다. 대구에서 지적 장애인 언니를 돌보던 동생이 '할 만큼 했는데 이제 지쳤다.'며 극단적인 선택을 했다. 광주에서 50대 엄마가 중증 발달장애를 앓던 아들과 함께 극단적인 선택을 했다. 충북에서 발달장애인 자녀를 키우던 부모가 극단적인 선택을 했다.

이 외에도 일일이 열거하기 어려울 만큼 많은 사례가 있다. 무시로, 전국 어디서든 벌어지고 있다. 어떠한 과장이나 꾸밈도 없으며, 오래된 일도 아니다. '극단적인 선택'이라는 표현 안에 뭉뚱그려진 고뇌와 갈등, 번민과 애통과 회한을 그 누가 헤아릴 수 있을까?

발달장애인 가족들은 막다른 골목에 내몰려 있다. "함께 살자, 같이 살자!" 목이 터지라고 외쳤으나 메아리는 공허했다. 한국 사회가 우선순위를 따지고 계산기를 두드리는 사이 하나둘, 세상을 등졌다. 시선 밖을 부유(浮游)하던 존재였기에, 떠난 흔적은 희미했고 우리의 애도는 진심에 닿지 못했다. 그렇게 아무 일도 없었다는 듯 세상은 흘러갔다. 또 다른 비극이 무표정하게 오고 갈 뿐이었다.

다시
치열한 현장에 서다

그날 이후 한 주가 지났다. 부모회 회원들은 관광버스 두 대에 나눠 타고 청와대로 향했다. 버스 안은 착잡한 듯 고요한데, 현정이

만이 엄마의 마음을 아는지 모르는지 놀이동산에 가는 거냐며 신이 났다.

평일 오후라 그런지 차량 흐름은 원활하여 막힘 없이 도착했다. 청운동파출소 조금 못 가서 하차했다. 예정된 시간보다 일렀는데도 전국 각지에서 올라온 부모님들과 자녀들로 효자로가 벌써 꽉 차 있었다. 맨 앞에 큰 무대가 설치되었고 각 지부를 알리는 깃발이 곳곳에서 나부꼈다. 규모가 큰 행사여서 실력파 촬영감독들을 미리 섭외해 뒀다. 대학 동기 승주와 후배 철녕이가 든든하게 현장을 지켜 주었다.

잠시 뒤, 발달장애인 국가책임제 도입 촉구를 위한 결의대회의 막이 올랐다. 연대 발언이 이어지고 절절한 사연이 소개되었다. "더 이상 물러설 곳이 없다."는 전국장애인부모연대 윤종술 대표의 호소가 쩌렁쩌렁하게 울려 퍼졌다. 그는 "우리 아이보다 하루만 더 살기를 바라는 세상이 아닌, 우리가 먼저 죽어도 되는 세상을 만들어 보자."고 외쳤다.

분위기가 후끈 달아올랐다. 국가책임제라고 하니 뭔가 거창한 요구를 하는 것 같지만, 실상은 최소한의 숨 쉴 구멍을 만들어 달라는 비명과 다름없었다. 양질의 평생교육 체계 구축, 낮 시간대 일상 활동 지원, 일할 기회 보장 및 주거 대책 마련 등을 통해 생애주기별로 발달장애인 당사자와 가족에게 부과된 과도한 짐을 국가가 함께 나눠 주면 조금 더 인간답게, 존엄하게 살아 보겠다는 절실한 바람이기도 했다.

다시 말해, 망설이고 외면하는 만큼 희생자가 늘어난다는 뜻이었다. 그러니 한시가 급했다. 장애인 부모들이 사력을 다해 매달릴 수밖에 없는 까닭이었다.

드디어 이날 집회의 가장 중요한 순간이 왔다. 209명 발달장애인 가족이 흰 천을 두르고 앉았다. 검은색 아스팔트 길바닥 위로 하얀 물결이 일었다. 이어 '지잉~' 하고 바리캉 모터가 시동을 걸었다.

나지막한 파동으로 맴돌던 소리는 실체를 드러냈다. 굉음이 훑고 지나가면 긴 머리카락이 속절없이 땅에 떨어졌다. 강서지회에서는 조부용, 이은자, 장미라, 김현정, 이은주, 이정헌 회원이 삭발에 나섰다. 질끈 감은 두 눈에서 눈물이 흘렀다. 서로의 등을 토닥이거나 꼭 안아 주며 위로를 전했다. 담담하던 집회 현장은 차츰 울음바다로 변해 갔다. 나는 삭발하는 분들과 지켜보는 분들 사이를 오가며 촬영하느라 바빴다. 특히 엄마를 기다리는 현정이와 지현이를 보며 감정을 꾹 참느라 혼났다.

여기 모인 자녀들은 엄마 아빠의 마음을 온전히 이해하고 있을까. 지금은 잘 모를지라도 언젠가는 알게 되겠지? 각자의 진심을 깨닫는 날, 더욱 따뜻한 포옹이 오갔으면 좋겠다. 인간인지라 부족하고 아쉬운 게 없지 않겠지만, 부모로서 한순간도 최선을 다하지 않은 적이 없었다는 점은 분명할 테니……. 끝으로, 삭발

277   멀고 먼 걸음

식 도중 한 어머니께서 낭독한 결의문 일부를 전한다.

"대통령은 선언하라. 가난하고 소외된 자들을 헌법의 권한으로 보호하고 주간 활동을 보장하며, 우리에게 노동의 가치와 노동의 기쁨을 알게 하라. 어디든지 자유롭게 갈 수 있고 안전하게 살 수 있는 나라다운 나라를 만들라. (중략) 이제 이 땅의 엄마들이 당당히 일어나 너의 권리를 위해 투쟁하고 싸우리라. 힘없고 약한 자들을 위한 엄마의 싸움은 이제부터 시작이다. 장한 이름으로, 거룩함과 용기와 아름다움으로, 좌절된 삶을 거부하는 담대함으로…… 우리는 승리하리라. 엄마 생애 가장 아름다운 날로 기억될 오늘, 역사는 기억하리라."

30   국가의 할 일

계절이 바뀌어도
계속되는 투쟁

투쟁은 단발성으로 끝나지 않았다. 이번에는 삼보일배를 예고했다. 때 이른 더위가 엄습할 무렵, 광화문 광장에 2500여 명의 발달장애인 당사자와 가족들이 다시 모였다. 참석자 대부분이 아직은 삭발한 머리 스타일에서 크게 달라지지 않았다.

또 한 명의 듬직한 학교 후배 군제와 영역을 나눠 촬영을 진행할 때였다. 사전 집회에 임하는 청중의 반응을 담고 있는데 인상적인 장면이 눈에 띄었다. 조부용 어머니 어깨에 기댄 현정이 표정이 그렇게 편안해 보일 수 없었다. 각다분한 도심 한복판에서도 엄마 품이라면 지그시 눈을 감고 안식할 만했다. 두 사람의 깊은 유대를 이보다 더 잘 표현할 수 있을까? 반드시 사용할 수 있겠다는 확신이 있었고 실제로 그렇게 됐다. 단 한 컷이지만 풍기는 분위기와 정서 모두 오롯이 마음에 들었다. 훗날 현정이 언니, 소윤 씨로부터 그 장면에서 많이 울었다는 이야기를 들었다.

굳은 결의를 마친 뒤 행렬은 이동할 준비를 했다. 경복궁 앞부터 세 걸음마다 한 번 절을 하며 청와대로 향했다. 천 근의 무게를 실어 발을 떼며 나지막이 엎드려 땅을 껴안았다. 몇 발짝 걷지도 않았는데 다들 이마에 땀이 송골송골 맺혔다. 느리지만 꿋꿋이 전진했고, 그들을 바라보는 외국인 관광객의 놀란 시선이 묘한 대조를 이루었다.

주로 조부용 어머니 곁에서 촬영을 이어 갔다. 연세도 있으셔서 요령껏 쉬엄쉬엄하면 좋으련만, 평소 성격처럼 정석대로 했다. 걸음은 위태로웠으나 눈빛에는 흔들림이 없었다. 시간이 흐를수록 그의 표정에서, 다른 부모들의 얼굴에서, 경이로움을 엿보았다. 가장 겸손한 자세로 모든 것을 내려놓을 테니, 남겨진 아이들 걱정 없이 마음 편히 세상을 떠날 수 있게 해 달라는 마지막 소원을 간구하는 듯했다.

이날 촬영은 유난히 고단했다. 타인의 고통을 코앞에서 목격하는데 어떻게 하면 더 잘 담아낼 수 있을지를 연구하고 있는 나였다. 이럴 때는 스스로가 정말 괴이하게 느껴지고 카메라를 든 자체가 마땅치 않다. 다큐멘터리 제작진이라면 필연적으로 맞닥

뜨리는 갈등이지만 여전히 적절한 해법을 찾지 못했다. 그저 최선을 다해 나의 일을 하는 게 결국 부모들을 돕는 것이겠거니 생각했다.

통인시장쯤 이르자 어느새 그림자가 길게 누웠다. 다들 당장이라도 쓰러질 듯 기진맥진했지만, 초인적인 힘으로 세 번 걷고 절하고 다시 일어섰다. 문득 뒤를 돌아보니 제법 먼 거리를 지나왔다. 이 나라에서 발달장애인 부모로 산다는 것은 이런 의미였다. 수없이 쓰러지고 꺾여도 멈추지 않는다. 생명이 다할 때까지 절대 포기하지 않는다. 그렇게 개척한 길을 우리는 '역사'라고 부른다.

다음 국면은 장기전이었다. 효자로 한쪽에 천막을 치고 지부

멀고 먼 걸음

별로 돌아가며 일인 시위에 나섰다. 발달장애인 국가책임제의 핵심 요구사항을 적은 피켓을 들고서 날이 맑으나 궂으나 여론 전을 펼쳤다.

지나가던 차량과 사람 들은 대개 무신경했다. 아주 잠깐 흘겨만 보아도 고마울 지경이었다. 부모들은 냉담하게 외면받는 시간이 길어지면 괜스레 무안한지 맞은편 동료를 향해 손 인사를 했다. 정해진 기한은 없었다. 정부에서 최소한의 언질이 있었던 것도 아니었다. 지방에서 올라온 분들은 밤잠을 설쳐 가며 노숙했다.

모든 것이 지극히 막막한 상태였지만 부모들은 할 수 있는 모든 일을 틀림없이 해냈다. 앞이 캄캄할수록 기본에 충실하다 보면 낙숫물에 바위가 뚫리듯, 언젠가는 결실이 있으리라 믿었다.

저마다 할 수 있는
모든 일을 해내며

기회가 닿는 분들은 각자 할 수 있는 활동으로 목소리를 높였다. 포럼, 세미나, 특강 등을 통해 대중과 접점을 늘리는 데 주력했다. 하루는 강의에 초대된 이은자 어머니를 따라 성공회대에 갔다. 지현이 또래의 젊은이들이 캠퍼스의 낭만을 즐기고 있었다. 웬만해서는 주눅 들지 않는 분인데 이때만큼은 부럽고도 아쉬운 마음이 표정에 확연히 드러났다.

그래도 강의실에 들어서자 이은자 어머니는 금세 얼굴이 환해졌다. 학생들은 장애인 부모의 생생한 삶을 경청하며 고개를 끄덕이거나 무언가를 열심히 적었다. 나도 어머니의 강의를 경청했다. 두 눈은 다 못 감아도 한쪽 눈이라도 편히 감고 떠날 수 있는 세상이 꼭 오면 좋겠다던 말씀이 가장 기억에 남았다. 짧은 만남이었지만, 한 사람 한 사람이 조금 더 이해하고 공감해 준다면 그보다 가치 있는 일은 없을 것이라는 바람을 전하며 이은자 어머니는 강의를 끝냈다. 학생들 마음에 뿌려진 씨앗이 훗날 어떤 역할을 하게 될지 궁금하기도 했다.

그해 하반기에도 비보는 멈추지 않았다. 엄마가 입원한 사이 집에 혼자 머물던 발달장애인이 불의의 사고로 세상을 떠났다. 그 일이 있은 지 일주일이 채 지나지 않아 서울에서 발달장애인 자녀와 엄마가 극단적인 선택을 하고 말았다. 이제는 바꿔 보자고 그렇게 몸부림쳤는데도 비극을 막지 못했다. 하늘이 무너지는 듯한 기분을 경험했지만 슬퍼할 겨를마저 없었다. 부모들은 이게 끝이 아님을 잘 알고 있었으므로……. 죽음의 행렬이 언제 재개되어도 놀랍지 않은 현실에, 부모들은 생사를 걸고 국회로 갔다.

개인적으로 〈학교 가는 길〉의 클라이맥스라고 하면 20초 남짓한 국회 장면을 꼽는다. 폭풍 같은 격정과 분노가 모든 현실을 간

결하나 완벽하게 압축한다고 생각한다. 국회를 향해, 장애인 부모들은 피맺힌 절규로 묻는다.

"국가란 무엇인가?"
"국가의 존재 이유는 과연 무엇인가?"

발달장애인 국가책임제. 생소한 용어는 더욱 멀게만 느껴지는 법이다. 나는 의도적으로 이 단어를 자주 적는다. 조사에 따르면, 상당수의 장애인 가족들이 우울증에 시달리는 것으로 나타났다. 마침 적절한 예시가 있다. 치매국가책임제에 공감하지 못하는 국민은 거의 없는 것으로 안다. 당사자를 넘어 한 가족이 파괴될 여지가 농후하다는 면에서 치매와 발달장애, 무슨 차이가 있을까.

그동안 정부는 이런저런 핑계를 대며 하룻밤 새에 어떻게 가능하겠느냐며, 조금만 더 참아 달라고 말했다. 그렇게 보낸 세월이 벌써 십수 년째다. 국가는 도대체 무엇을 하고 있느냐는 질문에 답을 기다리는 사람들이 절벽에 서 있다. 당신들의 침묵이 길어질수록 그들은 위태롭게 흔들린다. 또 다른 추락을 막을 수 있고, 반드시 막아야만 한다.

"정부는 발달장애인 국가책임제를 조속히 도입하라!"

나의 투쟁,
우리의 투쟁

김남연

예고된 불행은
누구의 몫일까

2016년, 발달장애인 복지서비스를 요구하며 42일간 서울시청에서 밤샘농성을 할 때, 너무나 충격적인 경험을 한 적이 있다. 서울시청 지하에 있는 화장실을 이용하려고 여자 화장실에 들어갔는데, 버려도 떠내려가지 않는 옷가지며 비닐, 신문지 등이 변기에 처박혀 있었다.

내가 화장실로 들어올 때 갑자기 나가던 여성 노숙인 한 분이 떠올랐다. 얼른 뛰어나가 그 노숙인 팔을 붙잡고 물었다. 대체 왜 저런 물건들을 변기에 버리셨느냐고. 그런데 그 노숙인은 거의 의사소통이 되지 않았다. 발음이 명확하지 않은 단어 몇 가지를 우물거리며 쏟아 냈지만 알아들을 수가 없었다.

그는 내 아들 윤호와 같은 발달장애인이었다. 나는 너무 놀라 그분이 손을 빼고 달아나는 모습을 지켜만 보고 있었다. 그날 밤 농성을 하며 혼자 참 많이도 울었다. 내 아들 윤호가 노숙자가 되어 쓰레기통을 뒤지는 모습이 눈앞에 아른거려 잠을 이룰 수 없었다.

노숙자센터에 알아보니 요 몇 년간 노숙자 중 발달장애인의 비율이 급격히 늘어나고 있다고 한다. 서울시에서는 10여 년 전부터 탈시설운동이 일면서 시설 장애인들의 자립을 유도하고 있고, 시설에 신규 진입을 막아 놓은 상황이었다.

그도 그럴 것이 장애인 시설에서 장애인을 때리고, 가둬 놓고, 묶어 놓는 인권침해가 세상에 드러나기 시작했고 그중에서도 가장 큰 피해를 당하는 사람들은 발달장애인이였다. 소통이 어려운 중증발달장애인은 맞아도, 굶어도, 하소연할 수 없었기에 가장 취약한 대상이 될 수밖에 없었다.

상황이 이러하니 발달장애인들은 부모님이 돌아가시면 갈 곳이 없어 노숙자가 될 처지에 놓이는 것이다. 부모의 장례식장에서 남겨진 발달장애인 자녀를 어디로 보낼지, 누가 맡을지를 결정하는 비율이 약 50%라고 한다. 그만큼 부모 사후의 대책이 없다는 것이다. 그래서 억지로 친척집에 맡겨진 장애인이 쫓겨나기를 반복하다 결국 노숙인이 된다는 사실을 전해 들었다.

대부분의 부모 마음이 그러하듯 나에게는 중증발달장애를 가지고 태어나 25세가 되도록 신호등도 구별할 줄 모르는 내 아들 윤호가 이 세상에서 가장 귀한 존재다. 내 목숨보다도 더 소중하게 여기는 어여쁜 내 새끼! 그런 아들이 노숙자가 될 수 있다는 두려움은 지금도 나를 채찍질하게 한다.

윤호가 태어난 이후, 병원으로 치료실로 운동실로 뛰어다니며 어떻게든 장애를 벗어나게 해 보려고 발버둥 치던 나는 세상의 냉정한 민낯과 여러 번 마주쳐야 했다. 어떤 이는 발달장애인을 왜 밖에 데리고 나와 민폐를 끼치느냐고 소리 지르기도 했고, 어떤 이는 발달장애인들을 몽땅 시설에 보내서 살게 해야 한다고 주장하기도 했다.

발달장애인도 세상에 그렇게 태어나고 싶어서 태어난 게 아니다. 그들이 세상에 중증장애인의 모습으로 태어난 건 누구의 잘못도 아니다. 발달장애인도 이 세상을 행복하게, 아니, 적어도 인간답게 살아갈 권리가 있다.

내가 아는 한, 좋은 시설은 없다. 나쁜 시설과 덜 나쁜 시설이 있을 뿐이다. 많은 청년들이 두려워하며 가는 군대도 요즘은 2년 복무하면 집으로 돌아갈 수 있다. 그런데도 많은 부모들이 아들을 군대 보낼 때 애달파하며 눈물짓지 않는가! 죄를 지어 교도소에 들어가도 형기를 마치면 나올 수 있다. 하지만 장애인 시설은 대부분 죽어야 나올 수 있다고 한다. 시설에 장애인을 보내는 데 필요한 국가예산이 적게 드는 것도 아니다. 1인당 수천만

원의 경비가 들어간다. 그 돈이면 발달장애인도 지역사회에서 인간답게 살아갈 수 있다.

발달장애인 24시간 지원체계를 요구하며 발달장애인 부모들이 삭발과 단식, 농성을 반복했다. 발달장애인 24시간 지원체계를 놓고, 많은 분들이 "자식을 국가에 떠맡기려 하느냐?"고 되묻는다.

한마디로 답하면, 결코 그렇지 않다. 우리 부모들이 살아 있을 때, 국가와 사회가 힘을 보태 발달장애 자녀들이 지역사회에서 살아갈 수 있는 기반을 만들어 달라고 애원하는 것이다. OECD 국가 중 발달장애인 24시간 지원체계가 마련되지 않은 국가는 멕시코와 한국뿐이다. 선진국 반열에 들어섰다고 하지만, 한국의 발달장애인은 여전히 가족이 의무 부양해야 하는 존재다. 그 힘듦 탓에 발달장애인 가족은 유난히 이혼율이 높다. 한부모 가정도 부지기수다. 삶의 고됨을 감당하지 못한 부모가 발달장애 자식을 살해하고 자신도 극단적 선택을 해 버리고 마는 사건이 해마다 끊이질 않는다.

우리 발달장애인 부모들은 자식을 학교에 보내기 위해, 또 세상을 살아가는 데 꼭 필요한 법과 제도 마련을 위해 매번 농성하고 투쟁하며 이 사회를 조금씩 바꿔 가고 있다. 많은 것을 바라는게 아니다. 보통 사람들처럼 아침에 눈을 뜨면 갈 학교가 있고, 학교를 졸업하면 지역사회 어딘가에서 사람들과 어우러지고, 가족과 함께 따뜻한 식사를 하고 편한 잠을 이룰 수 있는 세상! 누군가의 기본적인 일상이, 발달장애 가족들에게는 끈기를 가지고 최선을 다해 앞으로 달려 나가야만 이룰 수 있는 꿈이다.

"우리는 부모다! 부모가 세상을 바꾸자!"라는 전국장애인부모연대 구호처럼, 눈감는 그날까지 윤호와 같은 수많은 발달장애인을 위해 끊임없이 나아갈 것을 다짐한다. 그리고 기꺼이 그 길을 연대하며 손을 맞잡고 걸어 나갈 것이다. 영화 〈학교 가는 길〉에 나온 대사이지만 이 책을 통해, 다시 한번 국가와 사회에 묻고 싶다.

"발달장애인이 대한민국 국민으로서, 인간답게 살기 위해, 국가는 도대체 무엇을 하고 있습니까?"

'농성요정'
윤호와 나

나의 아들 윤호야. 먼저 네가 나에게 온 이야기부터 꺼내야겠구나.

엄마는 외아들인 아빠와 결혼해서 네 누나를 낳았고 그 후 누나를 쏙 빼닮은 아들, 우리 윤호를 낳았어. 양가 어르신들이 무척 기뻐했는데, 특히 딸만 일곱 낳은 윤호 외할아버지와 외할머니는 심적 스트레스를 털어 내셔서 더더욱 기뻐하셨어. 그렇게 온 가족의 관심 아래 태어난 아이가 바로 윤호, 너란다.

너는 이목구비가 뚜렷한 예쁜 아기였어. 하지만 두 돌이 지나도록 옹알이만 하고 눈을 마주치지 않는 거야. 단지 좀 늦된 아이라고, 한순간에 입이 트일 거라 철석같이 믿고 있는 나에게 언니들이 조심스레 검사 한번 받아 보자 권했어. 얼마나 굳센 믿음이 있었는지 나는 정말 가벼운 마음으로 서울대병원 소아정신과에 진찰받으러 갔단다. 그때 중년 여성인 의사 선생님의 첫마디는 내 머리를 때렸어.

"자폐성장애 초기입니다."

그리고 나서 이어진 말.

"이 아이는 죽을 때까지 평생 장애인으로 살아갈 겁니다. 엄마는 마음 단단히 먹으세요."

청천벽력 같은 말이 가슴을 사정없이 찔렀지. 그리고 나서 한 달을 울고불고하다 멍하니 앉았다 하기를 반복하며 보냈어. 이후 벌어진 일은 여느 발달장애인 엄마들과 비슷한 과정이었단다. 1급 자폐성장애를 진단받은 윤호가 조금이라도 좋아질까 하는 희망으로 이곳저곳 치료실이나 병원 등 좋다는 곳의 온갖 정보를 수집하고 돌아다녔어.

네 누나를 친정 동생에게 맡겨 둔 채 아침부터 저녁까지 너를 데리고 아지랑이처럼 아른거리는 희망을 좇아 미친 듯이 치료실

기록하는 목소리6

들을 들락거렸단다. 하지만 너는 변하지 않았지. 대화는 힘들었고 아주 조금씩 상대방의 말을 눈치로 이해하는 정도가 됐을 뿐이었어.

요즘 너는 식탐을 유발하는 정신과 약을 복용하는 탓에 배불뚝이가 됐지만 엄마에게는 여전히 애교 만점 아들이란다. 너의 돌발 행동으로 내가 잔뜩 화가 나 있으면 머리 좀 쓰다듬어 달라 들이밀고, 조심스럽게 눈치 보며 볼에 뽀뽀도 하지.

나름 자기만의 방식으로 최선을 다해 용서를 구하기도 하지만 화가 날 때는 상대방을 꼬집거나 힘으로 팔을 잡아채잖아. 그런 행동이 상대를 얼마나 아프게 하는지 너는 모르니까 힘 조절을 안 하고, 그러니 당하는 사람은 대책 없이 아프고 그렇구나.

어릴 때 네 누나는 윤호가 화나면 가까이 오지 못하게 집 안에서 우산을 펴 들고 있었어. 그래도 갑자기 달려들어 꼬집을 때는 매번 미처 피하지 못해 얼굴과 팔에 상처를 달고 살았지. 나는 그런 네 누나가 안쓰러워 어쩔 수 없이 너랑 힘겨루기를 할 상황이 되면 방에 들어가 문 잠그고 나오지 말라고 소리치기도 했어.

장애 자녀를 둔 부모는 장애를 운명으로 받아들이지만, 비장애 자매형제는 가슴으로 장애를 수용하기 어려우니까 네 누나는 발달장애인 동생과 상관없이 제 갈 길을 향해 따로 걸어 나아가길 바랐단다. 네 누나만이라도 행복하게 살게 해 달라고 매일 밤 기도했어. 그땐 정말 하루하루가 가슴 졸이는 전쟁터였거든.

2004년, 윤호가 일곱 군데의 유치원과 어린이집에서 발달장애를 이유로 입학을 거절당했을 때, 이대로 세상에서 외면당하며 살 수는 없다는 생각이 들었어. 발달장애인인 네가 살아갈 세상이 너무나 막막했지.

그래서 나는 네가 인간답게 살 수 있는, 좀 더 나은 세상을 위해 장애인 권리운동을 시작했어. 주변의 장애인 엄마들을 설득하고, 선배 엄마들을 찾아 조언을 구하며 정신없이 앞만 보고 달렸단다. 조직을 만들어 키우고, 구청·시청·교육청 등 관청들과 학교와 복지관 등 장애 학생과 관련 있는 곳은 어디든 찾아다니며 정책제안과 협의, 권리보장을 요구했어.

협상과 투쟁이 반복되는 나날이었는데, 너는 엄마에게 심한 분리불안을 가지고 있었기에 수많은 시위와 농성의 현장에 늘 너와 내가 함께했지. 그러다 보니 언제부턴가 너에게 '농성요정'이라는 별명이 따라붙더구나.

농성요정은 농성장에서 해맑게 웃으며 동료 엄마들이 준비한 음식을 순식간에 먹어 치우고 길거리 농성장에서도 코를 골며 불평 없이 잠을 잤지. 너를 위한 활동이었지만 그 길에서 가장 불편한 사람은 장애인 당사자인 너였을 텐데……. 엄마와 함께라는 이유로 18년을 내 투쟁의 동반자로, 곁에서 미소 지으며 엄마바라기로 여전히 나만 바라보는 너.

내 곁에 윤호가 없었으면 엄마 혼자 그 수많은 시간을 버텨 낼 수 있었을까? 사람들은 내게 묻곤 해. 어디서 그런 강력한 투지가 나오냐고. 엄마는 조금도 망설이지 않고 나의 원동력은 우리 윤호라고 말한단다. 너의 엄마로서 네가 행복한 세상을 꼭 만들어 주겠노라고 다짐하면서 말이야. 세상이 나에게 장애 엄마로서의 자격을 묻는다면 이렇게 답할 거야.

첫째, 자녀의 장애를 있는 그대로 마음으로부터 받아들일 것.
둘째, 장애 자녀가 행복해지는 세상을 꿈꾸며 노력할 것.
셋째, 장애 아이는 우리 모두의 자녀라는 공동체 의식을 지니고 같이 키워 나갈 것.

올해 25세인 너는 새로운 취미를 찾았구나. 매일 저녁 세 발 씽씽이를 타러 다니는데, 씽씽이를 타는 너의 등을 내가 빠르게 밀어 주면 낄낄거리며 힘차게 앞으로 가. 그 웃음과 환한 미소가 나에게는 얼마나 달콤한 묘약인지, 너의 웃음소리를 들으려고 나는 오늘도 너와 즐겁게 씽씽이를 타러 나간다. 대화는 어렵지만 어여쁜 미소와 웃는 목소리를 들려줄 수 있는 너는 내 인생의 보물이란다.

어느덧 환갑을 향해 가는 내 곁에서 늘 재롱 피우는 아들을 가진 나는 얼마나 행복한 사람인지! 나와 함께 늙어 가는 너는 내가 '발달장애 인권운동'이라는 뚜렷한 인생의 목표를 세우고 의미 있는 삶을 살아갈 수 있도록 지탱해 주는 나의 동지야.

최근 어떤 분이, 발달장애인 자녀는 부모들이 힘들지만 측은한 마음에 어쩔 수 없는 의무감으로 키우는 줄 알았는데, 영화 〈학교 가는 길〉을 보고 그렇지 않다는 걸 알았다고 털어놓으시더라.

소박한 음식을 먹어도 맛나게 같이 먹을 수 있는 아들이 있고, 추운 날 길을 걷다가 두툼한 손을 따듯하게 맞잡고 걸을 수 있는 아들이 있어 얼마나 행복한지. 어쩌면 장애를 겪지 않은 사람들은 이런 일상의 순간순간들이 얼마나 큰 기쁨인지 모를 것 같다는 생각도 들어.

갓난아이 같은 천진무구한 얼굴로 자는 모습만 봐도 내 얼굴에는 미소가 절로 피어나. 다음 세상에서도, 어떤 무거운 장애가 있을지라도, 나는 환한 미소를 보여 주는 우리 윤호의 엄마이기를 진심으로 바란다. 성인으로 자립하기 위해 거친 세상의 파도를 헤쳐 나가는 수많은 윤호를 위해 남은 인생을 좀 더 열심히, 더욱 부지런히 살아가련다. 윤호야, 이 정도의 욕심은…… 엄마 몫의 세상에서 충분히 괜찮을 듯싶지?

7장

마주 보는 마음

의심이 확신으로 바뀌기까지,
수월했던 적은 결코 없었다.
매 순간 위기와 시련의 연속이었지만
그들은 보란 듯이 한계를 뛰어넘었다.

31 악몽

고통스러운 기억을
기록하다

차라리 꿈이기를 바랐다. 한숨 푹 잔 뒤 깨면, 아무 일 없었다는
듯 툭툭 털고 일어나 다시 일상으로 돌아갈 수 있도록. 그러나 기
적은 일어나지 않았다. 듣는 순간 가슴이 철렁했고 다리에 힘이
풀렸다. 아무리 부인해도 이미 엎질러진 물이었다.

평생 씻을 수 없는 상처와 아픔이 두고두고 그들을 괴롭힐 것
이다. 감히 누가, 무엇으로 보상한단 말인가? 고통스러운 기억을
재차 소환하는 것만으로도 무척 조심스럽지만 제2, 제3의 피해는
기필코 없어야 하기에 최소한의 정보를 담아 기록으로 남긴다.

2018년 여름, 동해안은 몹시 더웠다. 가뜩이나 기온이 연일

최고치를 경신 중인데 습도까지 높아 맨정신으로는 버텨 낼 재간이 없었다. 가만히 서 있기만 해도 땀이 비 오듯 쏟아졌다. 나는 얼음물을 벌컥벌컥 들이켜며 간신히 숨을 붙잡았다. 동해까지 와서 아직 바다에 발 한번 담가 보지 못했지만, 감히 불평할 처지가 아니었다. 다들 산으로, 해변으로, 시원한 피서지를 찾아 휴가를 즐길 때, 동해시 장애인학부모회는 거리로 나섰다. 여름 한 철 사는 매미가 사방에서 울어 대고, 아스팔트마저 지옥 불 열기로 이글거리는 그곳에서 부모들은 그 어느 때보다 비통한 표정을 짓고 있었다.

문제의 진원지는 태백시에 있는 한 특수학교였다. 여학생 세 명이 교사에게 성폭행당한 사건이 수면 위로 떠오르면서 지역사회 전체가 충격에 빠졌다. 악행은 무려 4년 넘게 지속되었다. 그 자체만으로 이미 천인공노할 범죄였지만 피해 학생 중 동해 출신 아이가 있다는 사실은 부모들을 더욱 망연자실하게 했다.

혼이 나간 사람처럼 비틀거렸다. 슬픔이 지나치면 눈물조차 마른다 했다. 뒤늦은 가정은 부질없다고 하지만, 동해에 특수학교가 있었더라면 결론은 무척 달랐을 것이었다. 정작 책임 있는 사람들은 아무 말이 없는데 부모들만 끝 모를 죄책감에 가슴을 쳤다.

태백 특수학교에 직접 가 보았다. 산골짜기 외진 곳에 자리한 이 학교는 전교생의 75%가 타 지역 학생인 것으로 알려졌다. 당일 통학이 불가능한 거리라 주중에는 기숙사 생활을 했고 의사소통이 원활하지 않은 아이들이 많았다. 음습한 토양에서 불행은 독버섯처럼 자라났다. 사각지대에 치명적인 결함이 도사리고 있었다.

교육 당국은 부랴부랴 관련 대책을 쏟아 내기 바빴다. 의미가 없지 않으나 근본 원인을 바꾸지 않고서는 언제든 재발할 수 있었다. 부모들은 결심했다. 그동안에도 특수학교 설립을 위해서라면 물불 가리지 않았지만 이제부터는 배수의 진을 치고 싸우겠노라고. '반드시 지긋지긋한 굴레를 뿌리째 뽑아 내겠다.' 그것만이 유일한 속죄의 길이었다.

동해에 사는 장애인 부모들뿐만 아니라 일반 학부모, 학생, 시민단체 등도 함께 힘을 보탰다. 동해교육지원청에서 현 상황을 규탄하는 기자회견을 마친 후 시청까지 거리 행진을 벌였다. 신재열 부회장이 집회를 이끌었고 행렬 맨 앞과 뒤에서 이영수 국장, 최보영 회장이 든든히 자리했다. 한여름 땡볕이 정수리를 쪼았지만 시위대의 목소리는 단호하게 퍼졌다. 이들의 요구는 간단명료했다.

"동해의 아이들을 동해 특수학교로 데려오자!"
"동해시 장애 학생들의 교육권을 보장하라!"

　　　　　　　　　　　마주 보는 마음

힘겹더라도

하나씩 디딤돌을 놓다 보면

투쟁은 여름 내내 이어졌다. 아침마다 시청과 교육지원청 인근
에서 피켓 시위를 했다. 구름 한 점 없는 날에는 얼굴이 빨갛게
달아올랐고 장마철에는 물에 빠진 생쥐 꼴을 면치 못했다. 하루
이틀 날이 지날수록 언론의 관심도, 주변의 성원도 눈에 띄게 사
그라졌다.

  대신 다른 꿍꿍이가 있는 것 아니냐며 쑥덕거리는 소리가 들
려왔다. 좁은 동네라 소문은 삽시간에 퍼졌고 이내 부모들의 귀
에도 들어왔다. 외부의 비판은 견딜 만했으나 같은 부모들끼리
의 분열은 참기 힘든 고통이었다. 한동안 동해시 장애인학부모
회 집행부는 마음고생을 심하게 했다. 우울과 불안이 동해 바다
너울처럼 끊임없이 부모들에게 들이닥쳤다. 떨쳐 내려 애쓸수록
더욱 숨 막히게 밀려왔다. 명백한 고비였지만 부모들은 단 한 번
도 철수라는 말을 입에 담지 않았다. 어떡하든 종지부를 찍겠다
고, 망부석이 되어 그 시간을 견뎠다.

  이즈음 촬영을 위해 여러 날 동해에 갔다. 고백하자면, '멋진
그림'을 잡으려고 오기를 부렸다. 하루는 드디어 빗속에서 피켓
을 든 최보영 회장과 이영수 국장을 포착할 수 있었다. 원하던 장
면을 얻게 되어 좋기만 할 줄 알았는데, 오히려 마음이 불편하고
뒤숭숭했다. 고생하는 두 분을 보니 내가 하는 일이 다 무언가 싶

었다. 카메라를 든 손이 무안해서 혼났다. 이런 기분은 극복의 대상일까. 아니면 다큐를 하는 한 숙명처럼 안고 가야 하는 것일까, 좀처럼 갈피를 잡지 못할 일이었다. 다큐멘터리스트란 사실관계를 바탕으로 진실을 탐구하는 사람이라고 배웠지만, 아직 내 그릇은 여러모로 작디작았다.

많은 이들이 거리에서 쏟은 땀은 헛되지 않았다. 8월의 끝자락에 시장님과 면담이 성사되었다. 그간 아쉬운 점도 많았고 오해도 있었지만, 되도록 긍정적인 방향으로 풀기로 했다. 당장 가시적인 변화는 없을지언정, 시청의 호응을 끌어 낸 것만으로도 큰 성과였다. 이렇게 하나씩, 디딤돌을 놓다 보면 언젠가는 거센 강을 건너리라 믿었다.

이날 시장실을 나오던 최보영 회장의 모습이 잊히지 않는다. 양가감정이 복잡하게 얽힌 얼굴이었다. 얼핏 홀가분한 듯 보였지만 신발 끈을 다시, 바짝 조여 매겠다는 각오도 잊지 않았다. 무엇보다 소수의 인원으로 할 수 있는 최대치를 구현해 낸 점이 인상 깊었다. 의심이 확신으로 바뀌기까지, 수월했던 적은 결코 없었다. 매 순간 위기와 시련의 연속이었지만 부모들은 지혜와 용기로 묵묵히 갔다. 바라보는 나조차 포기하고 단념할 때도, 그들은 보란 듯이 한계를 뛰어넘었다.

나의 딸 마로는 계절을 후각으로 감지하는 재주가 있다. 시기별로 봄 냄새, 여름 냄새, 가을 냄새, 겨울 냄새를 구분했다. 얼마 전에는 나와 손을 잡고 다니다가 문득, 이제 곧 더위가 지나가겠다고 말해 주었다. 발언의 진위를 확인한 적은 없다. 굳이 달력을 보지 않아도, 기상캐스터의 예보 없이도, 내게 계절은 마로를 통해 찾아오고 되돌아가곤 하니까.

그 시간을 따라 어느덧 나도 적지 않은 나이를 먹었다. 도전하기보다 안주하는 게 익숙해졌다. 갈수록 적당히 타협하려는 유혹에 빠질 테지만, 흔들린다 싶을 때마다 그해 여름을 떠올리기로 다짐했다. 뜨거운 햇살만큼이나 치열하고 찬란했던 부모들의 연대기는 언제든 나를 굳게 붙든다.

앞서 말한 사건의 뒷이야기를 잠깐 덧붙인다.

성폭행 사건의 가해자는 대법원에서 징역 16년 실형이 확정되어 복역 중이다. 이후 태백 특수학교는 교명을 바꾸고 공립으로 전환해 새 출발을 했다. 피해 학생들의 현재는 알지 못한다. 이제 성인이 다 되었을 텐데, 부디 행복하기만을 바랄 뿐이다. 끝으로, 상황을 수습하는 과정에서 안타깝게 세상을 떠난 전(前) 태백특수학교 교장 선생님의 명복을 빈다. 유가족께도 진심 어린 위로를 전한다.

32   비구름이 걷히면

만나러
가는 길

아침부터 보슬비가 내렸다. 우산을 써야 할지 말아야 할지 적잖이 고민되는, 딱 그만큼의 강수량이었다. 애매한 날씨에 대응하는 사람들의 입장도 미묘하게 엇갈렸다. 거리를 오가는 사람들 절반은 우산 아래 있었고 나머지 절반은 호기롭게 비를 맞았다. 그럼에도 한 가지 공통점이 있었다. 어느 누구도 서두르는 기색 없이 차분하게 걷고 있었다. 저마다의 방식으로, 모처럼 비 오는 날의 낭만을 즐기는 듯했다.

그때 나는 출고한 지 14년 된 4세대 소나타 조수석에 앉아 있었다. 조부용 어머니가 운전대를 잡은 차에 타는 호사를 누렸다.

마주 보는 마음

실내는 말끔하고 정숙했다. 그에 반해 주행은 힘이 넘쳤다. 액셀러레이터를 밟을수록 룸미러에 걸린 연꽃 장식이 대롱대롱 춤을 췄다. 가속력을 받은 빗줄기가 실제보다 굵게 느껴졌다. 앞 유리 와이퍼가 부지런히 좌우를 오갔지만 닦은 자리 위로 또 다른 빗방울이 금세 들이쳤다. 흐릿한 세상과 또렷한 세상이 찰나의 순간을 두고 반복되었다.

조부용 어머니의 머리카락은 더디 자랐다. 삭발 당일과 큰 차이가 없었다. 전방 주시에 여념이 없던 그는 힐끔힐끔 휴대폰 내비게이션을 참고했다. 이 지역에 오래 살았지만 모든 길을 훤히 알 수는 없는 노릇이었다. 더군다나 중요한 일정을 앞두고 있으니 더욱 차질 없이 도착해야 했다. 평소보다 상기된 표정을 띤 이유이기도 했다.

지난 3월 말, 마지막 주민설명회를 끝내고 교육청은 명분 쌓기에 고심했다. 이제 굵직한 절차라고는 착공만 남았다. 당장이라도 첫 삽을 뜨는 데 무리는 없었지만 단 하나, 비대위의 반응이 관건이었다.

그들이 어떻게 나올지 예측하기 힘든 상황에서 불안 요소는 여러모로 상존해 있기에, 무작정 강행하는 것은 교육감의 평소 지론에도, 교육청의 일처리 방식에도 맞지 않았다. 최악의 경우, 오히려 개교 일정을 늦추는 사태가 벌어질 수도 있었다.

그래서 어떡하든 반대 주민들과 함께 가는 모양새를 만들고자

했다. 서진학교 설립에 사회적 이목이 쏠려 있는 만큼 속도보다
는 화합이 우선이었다. 교육청이 중심이 되어 직접적인 이해 당
사자뿐만 아니라 강서구 내의 명망가, 종교 지도자 등이 포함된
지역협의체 회의를 마련한 것도 그 때문이었다. 조부용 어머니는
오늘 강서장애인부모회를 대표해 그 자리에 참석하는 길이었다.

카메라를 켜고 현재 심경을 여쭤보았다. 그는 기대감을 숨기
지 않았다. 조금 껄끄러울 일이 생길지도 모르지만, 그보다는 의
미 있는 기회로 여긴다고 말했다.

"토론회장에서는 얼굴을 붉히고 대립했지만 결국에는 같이 살
아가야 할 주민들이잖아요. 만나면 언제든 안녕하세요, 이렇게
인사할 수 있는 관계가 되었으면 좋겠어요. 저는 기꺼이 그렇게
지내고 싶어요. 이런 만남을 통해서 오해를 풀고 진심을 나눌 수

마주 보는 마음

있다면 못할 일도 없을 것 같은데요?"

반드시 그리되기를 바라는 마음은 나도 마찬가지였다. 더 이상의 반목과 갈등은 상처를 더 깊게 만들 뿐이었으니까. 교통체증이 약간 있었지만 늦지 않게 강서양천교육지원청에 도착했다.

착공을 향한
남은 관문

조부용 어머니를 기다리는 동안, 밖을 두루 다니며 이미지컷을 촬영했다. 건물 외관이나 회의 안내문, 교육지원청 로고 등이었다. 이럴 때면 돋는 고질병이 있었다. 강박인지 어설픈 프로페셔널리즘의 발현인지 알 수 없으나, 하나의 피사체를 두고 쓸데없이 공을 들이는 습관이었다. 다양한 앵글을 추구한다는 명목으로 불필요한 피곤을 자초했다. (이런 내 모습까지 토닥여 줄 자기애가 없었더라면 살아가는 괴로움은 훨씬 컸을 것이다.) 여하튼 마지막으로, 얕게 고인 물웅덩이에 빗방울이 떨어지는 장면을 담았다. 이렇다 할 사용 계획은 없었지만 단아하게 퍼지는 동그란 파장이 흐뭇해서 한참 들여다봤다. 나태주 시인의 고백처럼, 세상에는 자세히 보고 오래 보면 사랑스러운 존재가 참 많다.

대략 촬영을 정리하고 청사 로비 한쪽, 간이 휴게실에서 숨을

돌렸다. 시간이 얼마나 지났을까? 벽에 기대 쉰다는 게 깜빡 졸
았다. 놀라서 얼른 눈을 뜨니 다행히 10분도 채 지나지 않았다.
화장실에 가서 찬물로 눈을 씻었다. 그제야 정신이 조금 맑아지
는 듯했다.

잠시 후 조부용 어머니가 내려오셨다. 굳이 회의 결과를 여쭤
보지 않았다. 그의 겸연쩍은 미소가 대강의 전말을 짐작하게 했
다. 긍정적인 얘기들이 오갔지만 결정적으로 특수학교 설립반대
비대위 측에서 불참한 것이 옥에 티였다. 반쪽짜리 회의가 되고
만 것이었다. 그래도 기회는 한 번 더 있었다. 조만간 2차 회의를
개최한다고 하니 그때는 꼭 뵐 수 있기를 바랄 뿐이었다. (안타깝
게도 결론은 다르지 않았다.)

서진학교 설립 과정 중 어느 하나 수월한 게 없었다. 문제가 첩
첩산중 겹치고 겹쳤다. 보통 일이 꼬이면 원인을 외부에서 찾거
나 누군가를 원망하기 마련이지만 부모들은 숙명처럼 받아들였
다. 그러나 순응하지만은 않고 지평을 넓혔다. 편협하고 완고한
세상에 맞서 '이런 세상도 가능하다.'는 것을 몸소 보여 주었다.
그들이 목숨 걸고 지켜 낸 세상에서 나는 비로소 인간다움을 배
웠다.

집으로 돌아가는 길, 창밖을 보니 언제 비가 내렸냐는 듯 하늘
이 부쩍 맑았다. 비가 그친 뒤 특유의 후텁지근함이 공기에 스며
있었지만 그럭저럭 참을 만했다. 조부용 어머니와 헤어지는데,

마주 보는 마음

내게 오늘 촬영하느라 수고 많았다고 말씀해 주셨다. 그때 내가
뭐라고 답했는지는 기억나지 않는다.

다만 다시 기회가 주어진다면, 이렇게 말씀드리고 싶다.

"잘될 거예요. 회장님이, 수많은 장애인 부모님들이 포기하지
않으시니 다 잘될 거예요."

33 인터뷰 신(scene)

다큐멘터리를
구성하는 요소

극영화에 견주어 가장 도드라지는 다큐멘터리의 특징 중 하나는 인터뷰와 내레이션이 아닐까 한다. 물론 극영화 중에도 인터뷰와 내레이션을 활용한 작품이 있고 다큐멘터리에도 제작진의 인위적인 개입을 일절 배제한 다이렉트 시네마 장르가 있긴 하지만 보편적 경향과는 거리가 멀다. 특히 공중파 방송에서 제작한 다큐멘터리 대부분이 인터뷰와 내레이션을 필수적인 구성 요소로 사용하기 때문에, 대중은 아무래도 해당 형식에 익숙하기 마련이다.

〈학교 가는 길〉에서는 내레이션을 빼고 인터뷰만 넣었다. 방식에 따라 어떤 우열이 있다기보다 전하고자 하는 주제를 좀 더 효과적으로 표현할 방법을 택했다.

내레이션에는 여러 기능적 의미가 있을 텐데, 감독의 입장이나 관련 정보를 가장 쉽고 명확하게 드러낼 수 있다는 장점이 뚜렷하다. 그렇지만 자칫 발목을 잡기도 하는 장치다. 잘못 사용했다가는 일방적인 자기주장에 그치고 말 때도 있다. 특수학교 설립을 둘러싼 찬반 논의를 내가 나서서 주도하고 싶지 않았다. 양쪽의 주장이 첨예하게 부딪히는 사안일수록 감독은 어느 편에 서기보다 목격자로서의 본분에 충실해야 한다고 생각한다. 상반된 의견을 뒷받침하는 각각의 사실관계를 최대한 객관적으로, 균형감 있게 제시하고 최종 판단은 관객의 몫으로 남겨 두는 것이 내가 추구하는 다큐의 본질이다.

작품 안에 일정 부분 여백을 구축해 놓으면 그곳에서 관객이 마음껏 사유하고 몰입할 수 있기를 바랐다. 그러한 과정을 통해 누군가의 주입이 아닌, 관객 스스로 자신이 진실로 염원하는 〈학교 가는 길〉을 그려 본다면 이보다 더 좋을 수는 없을 것이었다. 그 공간을 만들고자 내레이션을 생략했다.

반면 인터뷰는 이야기가 좀 다르다. 기획 단계부터 줄곧 품었던 최우선 목표는 '장애인 부모들의 목소리를 충분히 담아내는 작품을 만들자.'였다. 그들의 과거와 현재, 미래까지 어느 것 하나 놓치고 싶지 않았다. 이를 어떻게 구현해 낼지 고민한 끝에 결국 정공법으로 가기로 했다. 인터뷰였다. '개인이나 집단을 만나 정보를 수집하거나 이야기를 나누는 일'이라는 사전적 의미가 있지만 인터뷰라고 해서 다 같지는 않다. 목적에 따라, 상황에 따라, 때로는 인터뷰이와 불꽃 튀는 신경전이 벌어지기도 한다.

말과 말이 한 치의 양보 없이 맞서는 광경은 흡사 생사가 걸린 접전을 보는 듯하다. 그래서 경험 많은 어느 언론인은 인터뷰할 때마다 전쟁을 치르는 기분이라고 했다. 그러나 나는 그와 같은 역량도, 투지도, 의향도 없다. 손자가 이르기를 최고의 전술은 싸우지 않고 이기는 것[不戰而勝]이라 하지 않았던가? 인터뷰의 궁극적 가치는 상대의 진심을 탐험하는 데 있다고 믿는다.

〈학교 가는 길〉의 경우도 인터뷰가 중요했다. 주요하게 등장하는 주인공들 외에도 자녀의 연령과 부모연령을 고려해 되도록 다양한 분을 모시려 했다. 인터뷰이 중에는 어느 정도 관계가 형성된 분도 계셨지만 지나가다 한두 번 마주친 게 전부인 분도 적지 않았다. 대부분 흔쾌히 승낙해 주셔서 섭외 과정이 그리 힘들지 않았기에 더욱 고마웠다.

인터뷰가
이루어지는 공간

다음은 인터뷰 장소를 선정하는 것에 관한 이야기다. 인터뷰가 이뤄지는 공간 역시 강력한 기능을 하므로 아무 데서나 진행할 수는 없는 노릇이다. 촬영을 시작하기 전부터 미리 점찍어 둔 곳이 있었다. 〈학교 가는 길〉의 취지에 적합한 곳, 바로 학교 교실이었다.

보통은 인터뷰 혹은 촬영 장소를 허가받기 위해 오래 발품을 팔아야 하기 마련인데, 이 또한 아주 손쉽게 해결했다. 공진초등학교 이봉학 교장의 전폭적인 지원 아래 교실을 자유롭게 사용할 수 있었다. 동해에서도 이영수 국장이 초등학교 교사여서 도움을 받았다.

인터뷰는 주로 2018년에서 2019년으로 넘어가는 겨울방학 중에 촬영을 진행했다. 날이 추워서 난방이 필수였는데, 온풍기를 켜자니 소음 때문에 도저히 가능하지 않았다. 하는 수 없이 핫팩과 작은 전기난로에 의지하며 간신히 촬영을 이어 갔다. 기온이 영하로 급격히 떨어진 어느 날은 말을 하는데 입김이 날 정도였다. 어머니들이 너무 고생하셨지만, 시베리아 같은 그곳에서 가장 뜨거운 언어가 발화했다. 의연하고 담담하게, 마음의 온도를 높였다.

이로써 주요한 여러 사항이 갖춰졌지만 결정적인 작업 하나가 남았다. 바로 질문지를 작성하는 일이었다.

아이와의 첫 만남에서 오늘에 이르는 과정을 연대기순으로 짚어 보고자 했다. 자녀와 부모의 삶 전반에 더해 특수학교에 관한 내용도 빼놓지 않았다. 그리고, (전형적이라는 느낌을 지울 수 없지만) 자녀에게 보내는 영상 편지를 마지막 항목에 넣었다. 이렇게 정리해서 최종적으로 질문 10개를 추렸다. 큰 틀에서는 이 정도로 마무리하고 세부적인 내용은 문답을 주고받으며 그때그때 추가하기로 했다.

모두 27명의 부모님이 인터뷰에 참여했다. 1회 차당 두 분이나 세 분으로 조를 편성했고, 소요 기간은 대략 한 달쯤 걸렸다. 주인공들은 전후로 몇 차례 반복 인터뷰하기도 했다.

무엇보다 자연스러운 분위기를 조성하는 데 주안점을 뒀다. 경직되기 마련인 공식적인 인터뷰 같은 형태가 아니라, 평범한 대화를 나누자고 말씀드렸다. 흉금을 터놓을 수 있는 이야기 친구가 되면 충분했다. 한 분 한 분과 눈을 마주치며 보낸 날들이 여전히 눈에 선할 만큼 특별하고 경이로운 체험이었다.

**이야기를
주고받는 시간**

인터뷰를 시작할 때는 대개 어색한 기운이 흘렀다. 한마디 한마디 이야기를 꺼내기에 앞서 괜스레 에둘렀고 머뭇거리기도 했다. 그러다 시간이 흐르고 이야기가 본궤도에 오르면 언제 그랬냐는 듯 거침없이 진솔하게 이야기를 털어놓았다. 답하기 곤란한 질문에는 묵비권(?)을 행사하셔도 좋다고 일렀지만 거르는 분을 보지 못했다. 매번 거대한 세계를 만났고, 다 같이 장애 아이를 키운다 하지만 살아온 인생의 결과 색채는 모두 달라서 지루할 틈이 없었다. 인터뷰이도, 나도, 함께 울며 웃었다. 때로는 긴 침묵과 한숨만으로도 고단한 삶을 그대로 펼쳐 냈다.

열에 아홉은 매일같이 극단(極端)과 씨름하는 격랑을 헤치는 중이었다. 지금도 현실은 크게 달라지지 않았지만, 그들은 누구보다 이 세상을 사랑하고, 살 만한 가치가 있다고 믿는 듯했다. 세상이 정말로 그럴 만한 조건에 도달했다기보다, 그렇게라도 하지 않으면 도저히 버텨 낼 재간이 없기도 했을 것이다. 이 나라의 성취와 한계 사이 어딘가에서, 장애인 부모들은 한평생 갈등하며 살았다.

작품 속에서 인터뷰 신은 다섯 군데로 나눠 배치했다. 전체적인 흐름을 엮어 주는 다리(Bridge) 역할을 맡았지만, 그 자체로도 독립적인 메시지를 전달했다. 많은 관객이 인터뷰를 감명 깊게 들었다고, 울림이 오래 남았다고 말해 주었다. 모름지기 인터뷰만큼 신뢰의 비중이 절대적인 행위도 드물 텐데, 부모님들이 나를 온전히 믿고 선뜻 꺼내기 힘든 내면의 깊은 소리까지 전해 주신 덕분이었다.

본편에 넣지는 못했지만 이 자리를 빌려 소개하고 싶은 내용이 있다. 친정 부모님에게 죄스러운 심정을 고백하는 분이 여럿

계셨다. 장애 아이를 키우는 자식을 보며 남몰래 속을 끓이고, 때로 더 크게 울어 주었던 친정 부모님의 존재는 가슴속 응어리로 사무친 듯했다. 언제나 당당함을 잃지 않던 분들이 유일하게 무너지는 순간이었다. 그 슬픔을 어찌 짐작할 수 있을까? 흐느껴 우는 분에게 조용히 티슈를 건네는 것 말고는 할 수 있는 일이 없는 내가 원망스럽기도 했다. 이 밖에도 보석 같은 답변이 많았으나 작품의 러닝타임을 고려해 선택과 집중을 해야 했다. (특히 귀한 걸음을 해 주셨는데 작품에 등장하지 못한 부모님들께는 두고두고 큰 빚을 졌다.)

〈학교 가는 길〉을 무사히 완성할 수 있었던 원동력은 단연 부모님들의 인터뷰였다. 계획이 틀어지고 원하는 만큼 진도가 나가지 않을 때면 인터뷰를 찬찬히 돌려 보곤 했다. 한 분 한 분의

마주 보는 마음

정성과 열의를 알기에 대충 할 수가 없었다. 소중한 마음이 헛되지 않도록 이를 꽉 깨물었다. 그렇게 심기일전하면서 파고를 넘고 또 넘었다. 하루는 자정이 넘어서까지 편집을 하는데 머릿속이 복잡했다. 습관처럼 인터뷰 장면을 찾았다. 어머니들이 자녀에게 영상 편지를 남기는 대목에서 나도 모르게 눈물이 났다. 벌써 수십 번, 수백 번을 봤던 장면인데도 어김없이 그랬다.

"다음 생에도, 그다음 생에도 엄마가 한빛이 엄마 할 테니까, 그때도 내 아들로 태어나 줬으면 좋겠어. 사랑한다, 한빛아."

그해 한빛이는 초등학교에 갓 입학했다. 여러모로 걱정도, 신경 쓸 일도 부쩍 늘었지만 엄마는 주눅 들지 않았다. 오직 있는 모습 그대로 아들을 사랑한다고 말했다. 가장 순전한 사랑이었다.

34 아무 일도 없었던 것처럼

공사가

시작되다

큰 더위가 물러갔다. 완연한 가을은 아직 먼발치에서 주저하고 있었지만 그 계절이 머지않았음을 본능적으로 알았다. 아침저녁으로 불어오는 선선한 바람은 상서로운 기운을 동반하는 듯했다. 희망을 잃은 사람들에게, 가슴 설레는 나날이 깃들기를 간절히 빌어 주었다. 변한 것은 체감온도만이 아니었다. 이제는 지나치게 익숙해진 가양동 풍경에서 징조를 느낄 수 있었다. 공진초 앞 거리를 가득 메웠던 현수막이 자취를 감춘 것이다.

혹시 누가 뭐라 할까 봐 눈치껏 카메라를 꺼내 들었다. 본디 현수막이 걸린 위치에 맞춰 삼각대를 놓고 한 걸음 떨어져 괜히 딴청을 피웠다. 맹렬한 반대의 언어가 사라진 자리에는 보통의 마을이 자리하고 있었다. 안심하기에는 아직 일렀지만, 지난 갈등을 떠올리기 어려울 만큼 평온하고 차분한 분위기였다.

며칠 후, 서진학교 공사가 임박했다는 소식을 전해 들었다. 첫날부터 현장 촬영을 시작하는 게 중요했다. 서울시 교육청에서 특수학교 설립 실무를 맡고 계신 이경호 주무관에게 부랴부랴 연락을 드렸다. 전에 공진초 내외부 촬영 허가를 받을 때도 발 벗고 나서 주신 분이었다. 이번에도 흔쾌히 건설사 관계자에게 전달해 놓겠다고 말해 주셨다.

그렇게 해서 서진학교 시공을 맡은 대들보건설의 이창우 과장을 알게 되었다. 푸근한 인상을 가진 이 과장님은 공사 과정을 촬영하는 내내 협조를 아끼지 않으셨다. 또 하나의 소중한 인연이었다.

서진학교를 설계한 코어건축의 유종수, 김빈 건축가와 인터뷰할 기회가 있었다. PPT까지 곁들여 설계 과정을 자세히 설명해 주었다. (본편에 담지 못해 너무 죄송하다.)

서진학교의 청사진은 대략 이랬다. 먼저 '一' 자로 된 옛 공진초 본관을 기본 토대로 'ㄴ' 자 건물을 신축해 'ㅁ' 자 형태를 만든다. 가운데 빈 곳에 중정과 연결 통로를 배치하고 오른쪽 끝에 강당을 결합하면 최종적으로 'ㅁ' 자 구조의 학교가 완성되는 것이다. 이렇게 해서 건축비를 절감하고 모든 공간을 유기적으로 통합하는 효과를 거둘 수 있다고 했다. 학교를 향한 두 분의 진지한 접근과 해석은 시종일관 무척 흥미로웠다. 무엇보다 특수학교라고 해서 특수하거나 특별하게 접근한 것이 아니라 '가장 보통의 학교'를 추구했다는 점이 가장 마음에 들었다.

"장애와 성장의 정도가 다른 모든 학생이 다닐 수 있는 학교를 만들고자 했어요. 일단 '특수'라는 단어를 빼고, 학교의 본질에서 출발하자는 마음으로 시작했습니다."

이런 철학을 바탕으로 만들어진 학교는 단순히 또 하나의 교육시설에 그치지 않았다. (훗날 기념비적인 성취를 보여 주기도 했는데 자세한 내용은 후에 다시 설명하겠다.)

무수한 시간을
지나왔기에

하루는 조부용 어머니와 함께 현장에 갔다. 학교와 가장 가까이 맞닿은 가양 4단지 412동에 올라 전체를 내려다봤다. 본관 건물 리모델링을 위한 안전막 설치 작업이 한창이었다.

창밖을 바라보는 조부용 어머니는 말이 없었다. 질문을 해도 평소와는 달리 몇 마디 짧은 답을 할 뿐이었다. 나도 군이 재촉하

지 않았다. 꼭 입을 열어야 본심을 확인할 수 있는 건 아니니 말이다.

복도식 아파트의 이점을 살려 거리를 두고 떨어졌다. 카메라를 켜 두고 지켜볼 뿐이었다. 조부용 어머니는 학교에서 시선을 떼지 못했다. 한참을 응시하다 깊은 한숨을 내쉬었다. "하~"하고 나지막이 떨리는 파동이 허공에 오래 맴돌았다. 오랜 세월에 걸친 장애인 부모들의 온갖 감정이 짙게 밴 소리이리라. 그것은 긍정이기도 했고 부정이기도 했다. 기쁨과 동시에 슬픔이었으며, 안도를 가장한 불안이었을 것이었다. 세상 그 어떤 사전에도 수록되지 못한, 어머니들의 감탄사였다.

이튿날에는 혼자 학교를 찾았다. 이창우 과장께서 공사장 입구에 간판을 설치할 것이라고 알려 주었기 때문이다. 정확히

2018년 9월 2일이었다. 인부 두 분과 간판을 실은 5톤 스카이 차량 붐이 가제트 팔처럼 쭉쭉 늘어났다. 말 그대로 저 높은 곳을 향하여 승천하는 중이었다. 작업은 오래 걸리지 않았다. 숙련된 솜씨로 여기저기에 전동 드라이버를 돌리고는 금세 이 땅으로 내려왔다.

하늘은 예부터 인간에게 경외와 숭배의 대상이었다. 나는 모처럼 고개를 들어 하늘을 우러러봤다. 청명한 색채가 만연한 하늘 아래 '서진학교 신축공사'라는 글자가 또렷이 눈에 띄었다. 분명 감격스러운 장면인데, 형언할 수 없는 기쁨을 즐길 새도 없이 낯선 감정이 들이닥쳤다. 끝 모를 허탈함에 묘한 기분이 들었다. 이 간판 하나를 달기 위해 그렇게 무수한 시간, 많은 사람이 찢긴 가슴으로 울며 매달렸던 것이다. 이렇게 하늘이 맑고 상쾌하기만 한데, 그간의 전쟁 같은 순간들은 다 무엇이었나 싶었다. 집에 와서도 몇 번이고 촬영본을 돌려 보았다. 서진학교는 더 이상 유니콘 같은 존재가 아니었다.

훗날 어떤 이는 서진학교 개교를 기적이라고 일컬었다. 그러나 기적이 결코 한순간에 우연히 찾아오는 것이 아님을, 나는 잘 알고 있었다. 〈학교 가는 길〉이 기꺼이 그 증거가 되어 줄 것이다.

마주 보는 마음

35   비장애 자매형제들

본편에

담지 못한 이야기

언니들이 뭉쳤다. 각각의 이름은 나이순에 따라 주소윤, 양아련, 안채림. 이미 여러 차례 소중한 인연을 언급했지만 더욱 각별히 책을 통해 소개하고픈 사람들이 있다. 다큐멘터리 본편에 끝내 담지 못한 분들인데, 그럴 수밖에 없었던 데에는 이유가 있었다. 어떤 부분은 주제와 맞지 않아서, 어떤 부분은 우선순위에 밀려서, 어떤 부분은 동어반복적인 느낌이 들어서……. 편집 단계에서 잘라 낸 촬영 분량이 정말 많았고, 단 한 컷도 치열한 고민을 거치지 않은 적이 없었다.

상영 시간이 정해져 있는 물리적인 한계를 생각할 수밖에 없었지만, 결국 따지고 보면 각양각색의 훌륭한 재료를 최대한 조화롭게 사용하지 못한 내 역량 탓이 가장 컸다. 그런 까닭에 세 사람의 이야기를 포기하겠다고 결정했을 때, 몹시 우울하고 속상한 날들을 보냈다.

그들의 사연은 〈학교 가는 길〉에서 한두 장면으로 다루기에는 너무 방대했다. 그것만으로도 별개의 장편 다큐멘터리 한 편을 너끈히 만들 수 있을 만큼 묵직한 소재였다. 미완으로 배치하느니 아니 함만 못했기에 과감히 뺄 수밖에 없었다. 못다 한 이야기에 미련이 남아 그 일부를 책에 담는다.

조부용 어머니의 딸이자 주현정의 언니 주소윤, 장민희 어머니의 딸이자 양혜련의 언니 양아련, 이은자 어머니의 딸이자 안지현의 언니 안채림, 이 세 사람은 동생이 태어난 후로 자신의 의사와 관계없이 또 하나의 정체성을 지니게 되었다. 바로 '비장애 자매형제'라는 타이틀이었다.

발달장애인 가족이라고 하면 보통 엄마 아빠를 먼저 떠올리지만 자매형제 역시 결코 간과해서는 안 될 구성원이다. 부모가 장애 자녀를 돌보는 데 온 힘을 쏟는 사이 상대적으로 적은 관심 속에 자라는 경우가 많다고 한다. 자신마저 부모에게 부담을 줄 수 없다는 생각에 어리광 한번 제대로 부리지 못하고 어린 나이에 일찍이 어른이 되어 버린 존재들이다.

나도 이날의 촬영을 계기로 이들을 처음 만났다. 강서장애인

부모회 회원 어머니 몇 분이 마을 방송국 강서FM에서 〈특별한 그들만의 세상〉이라는 팟캐스트를 진행했는데, 특집으로 비장애 자매형제들을 초대한 것이었다. 그 누구에게도 쉽사리 털어놓을 수 없었던, 특별한 동생을 둔 그들만의 더욱 특별한 수다가 시작되었다. (다음 페이지에 나오는 사진의 맨 왼쪽이 소윤, 중앙이 아련, 오른쪽이 채림이다.)

예상보다 무거운
현실 앞에서

먼저 동생과 관련된 어린 시절 기억을 떠올려 보았다. 소윤은 친구에게 쓴 편지에 "내 동생은 말을 잘 안 해."라고 썼다. 아련은 자꾸만 언니를 '완니'라고 발음하는 동생을 보며 뭔가 이상하다는 느낌을 받았다. 채림도 비슷했다. 동생이 치료를 받으면 완쾌되리라 기대했는데 어느 순간부터 그게 아니라는 생각이 들었다. 이들은 한 살 두 살 나이가 들수록 동생이 할 수 있는 것과 할 수 없는 것에 부쩍 관심을 가졌고, 할 수 있는 것보다 할 수 없는 게 훨씬 많다는 것을 알게 됐을 때 정체 모를 불안감에 시달렸다. 그것은 곧 동생의 상태를 향한 자각이었다.

어린 동생을 데리고 병원으로, 치료실로, 좋다는 곳이면 어디든 찾아다니는 부모님을 보면서 이들은 자기 어깨 위에 놓인 짐이 예상 외로 무거울 것이라는 현실을 직감했다. 엄마 아빠는 그 바쁜 와중에 비장애 형제를 챙긴다고 애를 썼지만 아무래도 역부족인 건 어쩔 수 없었다. 혼자서 자라고 생존하는 법을 익히지 않으면 안 된다는 것을 너무 일찍 깨닫게 되었다.

소윤 　어릴 때부터 이모나 고모 등 주변 친척들에게 귀에 못이 박히도록 듣고 자랐어요. 동생이 이러니 너라도 잘해야 한다, 효도할 사람이 너 말고 누가 있느냐……. 이런 말들요. 숨이 막힌다거나 그런 건 아니었고 저도 으레 그래야 하는 줄로만 알고 자랐어요. 고생하는 부모님에게 무슨 말을 할 수 있었겠어요? 그냥 꾹 참고 또 참았죠. 다만 저도 어린애에 불과했고 힘든 일도 많았을 텐데, 그 시절 제가 너무 안쓰러워요.

아련 　엄마가 언제나 동생을 우선시하다 보니까 당연히 편애한다고 확신했어요. 오죽했으면 동생이 정말 부럽다, 나도 장애가 있으면 엄마가 잘 챙겨 주지 않을까? 이런 생각을 다 했겠어요.

채림 　아직도 잊히지 않는 장면이 있어요. 하루는 다 같이 외출하는데 엄마가 동생 손만 잡고 먼저 가는 거예요. 저는 뒤에서 지켜보며 조용히 따라갔어요. '엄마가 내 손도 잡아 주면 얼마나 좋을까?' 질투도 하고 부러워하면서 말이죠.

비장애 자매형제들은 하나같이 서둘러 철이 들었다. 유년 시절, 부모님 앞에서는 티 한번 내지 않았지만 사실 정서적으로는 암흑기였다. 음지에서 벌어진 그들의 투쟁은 시종일관 외롭고 치열했을 것이다. 지금도 그때를 떠올리면 마음 아프지만, 지난 일에 얽매이기보다 과거와 화해하고 포옹하는 쪽을 택했다. 아무도 의식하지 못한 사이, 참으로 대견하게 자란 사람들이었다.

채림　　　저는 원래 제 일이 아니면 관심이 없는 사람이에요. 지금까지도 그랬고 앞으로도 그럴 거예요. 그런데 이게 또 어쩔 수 없는 게, 살아갈수록 우리 사회의 소수자, 약자들의 삶에 더 관심이 가네요. 답은 잘 모르겠지만 어떻게 하면 함께 살아갈 수 있을지, 고민은 되게 자주 하는 것 같아요. 지현이를 만나지 못했더라도 제가 이랬을까요?

아련　　　어릴 때는 동생이랑 있는 시간이 너무 아까웠어요. 봉사하는 것도 아니고, 말도 잘 안 통하는 데 시간 낭비라고 생각했죠. 제 마음도 너무 힘드니까. 근데 어느 날부터는 좀 생각을 달리 해봐야겠다고 다짐했어요. 남들에게 잘 보이려고 오만 노력을 다하면서 정작 친동생에게 이러는 건 아니잖아요. 그랬더니 동생이 새롭게 보이더라고요. 전에는 동생을 장애인 양혜련으로 봤다면 점점 사랑하는 내 동생 양혜련으로 인식하게 됐어요. 지금은 이런 자매가 있어서 정말 감사해요.

단 한 번도 동생이 부끄럽지 않았다면 거짓말이었다. 차라리 외동이기를 바란 적도 종종 있었다고 했다. 엄마에게도, 단짝 친구에게도 쉽사리 털어놓기 힘들었던 속앓이를 짐작이나 할 수 있을까?

동생을 이해하고 받아들이기까지 오랜 시간이 걸렸다. 걱정하자면 끝이 없지만, 다행히 자신감이 많이 붙었다. 각오를 단단히 해야 한다고 자기 자신에게 일러 두었다. 까짓것, 동생과 함께 과감하게 부딪혀 보기로 했다.

소윤   장애인 부모님들이 "우리 아이보다 하루만 더 살았으면 좋겠다."라는 말씀을 자주 하시잖아요. 현정이를 보고 있으면 저도 같은 생각을 해요. 내 동생보다 하루만 더 살았으

마주 보는 마음

면 좋겠다……. 현실적으로 보면 현정이 곁에 가장 나중까지 남아 있을 사람이 저잖아요. 현정이가 시설에 들어가는 건 싫고요, 자기 나름대로 행복하게 살다 가는 모습을 제가 먼저 보는 게 더 편할 것 같아요. 엄마가 들으면 속상해하시겠다. 그죠? (웃음) 책임감이나 부담감이 드는 건 사실이지만 제가 동생을 많이 아끼고 사랑해서 그런지 크게 두렵진 않아요. '그래, 너랑 나랑 운명의 롤러코스터 같이 타고 신나게 즐겨 보자.' '호호할머니 될 때까지 둘이서.' 이런 소망이 있어요.

채림　　요즘 들어 부모님이 저한테 부쩍 미안하다는 말을 많이 하세요. 나중에 절대 동생 책임지지 않게 하신다는데, 뭐가 그렇게 미안한지 모르겠어요. 저도 어느 정도 마음의 준비를 하는 것 같아요. 엄마처럼 인생을 걸고 뛰어들진 못하겠지만 할 수 있는 게 있다면 당연히 해야죠. 제가 죽기 전에 지현이가 혼자 지내도 괜찮은 환경을 꼭 만들 거예요.

　마을과 단절되거나 남은 가족의 근심이 아닌, 장애인도 공동체의 당당한 일원으로서 일하고 세금 내며 여가를 즐기는 일상은 정녕 상상 속 판타지에 불과한 걸까. 다음으로 결코 빼놓을 수 없는, 특수학교 설립에 관련된 이야기를 나누었다.

아련　　그날 엄마가 집에 오셔서 멍하니 씻지도 않고 주무셨어요. 무슨 일이 있었는지 다음 날에야 알았죠. 엄마는 워낙 여장부 같은 성격이신데 얼마나 답답하고 대화가 안 통했으면 무릎을 꿇으셨을까……. 장애인들에게 교육은 생존과 직결되는 문제잖아요. 가장 기본적인 권리를 주장하는 것조차 왜 이렇게 힘들고 어렵지? 대체 왜, 빌며 사정을 해도 본체만체하는지……. 정말 너무 속상했어요.

채림   그 장면을 보고 되게 마음이 복잡했어요. 솔직히 우리 동생들은 다 성인이라 특수학교와는 아무 상관이 없잖아요. 그런데도 엄마가 그렇게 나서는 모습을 보면서 대단하다 싶으면서도, 너무 고생하니까 딸 입장에서는 이제 그만했으면 좋겠다고 생각했죠. 그런데 제가 말린다고 그만할 분도 아니고, 우리 엄마가 원래 그런 사람이에요.(웃음)

소윤   그때 저는 미국에 있었는데요, 엄마는 처음에 대수롭지 않게 말씀하셨어요. 오히려 나중에 뉴스를 보고 깜짝 놀랐죠. 엄마들이 함께 무릎 꿇는 모습을 보면서 담대한 용기에 감탄하는 한편, 나에게도 과연 남을 위해 앞장설 수 있는 용기가 있을까, 돌아보게 됐어요.

한 시간 가까이 진행된 녹화는 어느덧 후반을 향해 갔다. 여러 발언 중에 나이가 어린 비장애 자매형제들에게 해 준 조언이 특히 인상 깊었다. 힘들면 힘들다고, 싫으면 싫다고, 자신의 감정을 있는 그대로 솔직하게 표현하라고 그들은 이야기했다. 때로 장애인 형제가 부끄럽게 느껴진다면 죄책감에 시달리지 말고, 그마저도 누군가와 꼭 나누라고 말했다. 팟캐스트를 마치면서, 마지막으로 자유롭게 하고 싶은 말을 나누었다.

아련　　　철없던 시절엔 엄마처럼 살기는 싫다고 생각했어요. 고생을 사서 하는 스타일이잖아요. 그런데 그 어떤 역사도 희생 없이는 한 발짝도 나가지 못하는 것처럼, 엄마의 희생 덕분에 이 사회가 조금씩 나아지고 있다는 것을 알게 되었습니다. 우리 엄마, 진심으로 존경하고 사랑합니다! 그리고 우리 집 천사 혜련아, 앞으로도 건강하고 행복하게 잘 살자!

채림　　　예전에는 누가 엄마 닮았다고 하면 아니라고 바득바득 우겼는데 이제 나는 엄마의 모든 면을 닮고 싶어요. 엄마는 나의 롤모델이니 엄마처럼 살기 위해 늘 노력할게요. 지현아, 너 때문에 우리 가족이 웃으며 화목하게 사는 것 같아. 너라는 존재, 정말 고마워. 대신 식탐은 좀 줄이자. 앞으로도 언니랑 잘해 보자!

소윤　　　현정아. 언니의 장난, 애교, 잔소리까지 모두 받아 줘서 고마워. 우리 계속 같이 성장하자. 엄마, 전 정말 엄마가 대단하고 자랑스러워요. 엄마가 하는 모든 일, 아낌없이 응원하는 거 알죠? 그래도 잔소리는 좀 할게요. 아무리 바빠도 건강 잘 챙기세요. 제가 언제든 마사지 해 드릴게요. 사랑해요, 엄마!

소윤은 도시 계획 연구자다. 사회적 약자, 소수자들이 배제되지 않고 더불어 살 수 있는 환경 조성에 이바지하고자 한다. 아련은 약사, 채림은 간호사로 일한다. 아픈 사람을 돕는 일에 보람을 느낀 것도 있지만, 다분히 현실적인 고려를 한 선택이기도 했다. 동생을 돌보려니 안정적인 직업에 일찍이 관심을 두었다.

비장애 자매형제라는 지위와 역할의 무게는 숙명과도 같았다. 날 때부터, 혹은 동생이 태어나면서부터 피할 수 없는 일이었다. 장애 형제의 존재를 부인해 보기도 했고, 놀리는 아이들에게 맞서 대신 싸움도 해 봤다. 반항과 방황을 일삼으면서도 그들은 꾸준히 자랐다.

아픔과 상처가 짙어서일까, 촬영하면서 내가 만난 부모들은 또 다른 자식의 안부를 늘 노심초사하며 살았다. 장애 자녀 못지않은 아픈 손가락이었다. 충분히 할 수 있는 역할을 외면할 때, 국가는 존재 이유를 의심받기 마련이다. 그러니 발달장애인을 둘러싼 현실로 인해 한 가족이 맞닥뜨리는 불행과 비극은 어떡하든 막아야 한다. 책에서 그 점을 누누이 강조하는 까닭이기도 하다.

우리 함께 살자. 오늘도 각자의 자리에서 묵묵히 열심을 다하는 발달장애인 가족을 온 마음 다해 응원한다.

마주 보는 마음

36   막판 진통

마지막까지
안심할 수 없는 현실

서진학교 공사를 시작한 지 며칠이 흘렀다. 다행히 우려했던 주
민들의 물리력 행사는 없었다. 장비와 인력 모두 순조롭게 현장
을 드나들었다. (다만 그 뒤에 불거진 집요한 민원 제기가 공사 일정에
차질을 주었다.)

　그토록 염원하던 일이었지만 부모들은 섣불리 안도하거나 들
뜨지 않았다. 숨죽이며, 근처에 가는 것조차 극도로 자제했다. 행
여나 주민들 눈에 띌까 봐, 책잡힐까 봐, 먼발치에서 지켜보거나
차 안에서 사진을 찍었다. 돌다리도 두드려 보고 건너는 심정으
로 무사태평을 기원할 뿐이었다.

논란은 예상치 못한 곳에서 터졌다. 조희연 서울시 교육감과 김성태 의원, 특수학교 설립반대 비대위 위원장이 모여 '강서특수학교 설립을 위한 합의문'을 발표했다는 소식이 전해졌다. 합의문의 요지는 다음과 같았다.

합의문

오늘 우리는 특수학교 설립을 둘러싼 그동안의 오해와 갈등을, 소통과 협력을 통해 아름답게 마무리하기로 합의했습니다.

먼저 서울시 교육감은 강서특수학교 설립추진 과정에서 더욱 섬세하게 지역주민들의 의견수렴을 하지 못한 것에 대하여, 교육청과 강서주민이 대립 구도로 보인 것에 대해 유감을 표합니다. 특히 중재·조정의 노력을 다해 주신 김성태 의원님께 미안함과 감사의 마음을 전하며, 특수학교 설립을 위해 마음을 열어 주신 비대위 그리고 지역주민들께도 깊은 감사를 드립니다.

서울시 교육청은 1) 인근 학교 통폐합 시 그 부지를 한방병원 건립에 최우선으로 협조, 2) 공진초 기존 교사동을 활용한 주민복합문화시설 건립, 3) 신설 강서특수학교 학생 배정 시 지역 학생 우선 배정, 4) 기타 지역주민이 필요로 하는 사항에 대한 추가 협력 등을 적극 지원하기로 합의했습니다.

앞으로 서울시 교육청과 김성태 국회의원 그리고 비대위는 지역사회와 학교가 서로 배려하며 더불어 살아갈 수 있도록 함께 노력하고자 합니다. 감사합니다.

화해의 언어는 정중했다. 책임 소재를 따지느라 에너지를 낭비하지도 않았다. 교육청의 약속에 호응한 김성태 의원과 비대위는 특수학교 설립이 원만하게 진행될 수 있도록 협력할 것을 다짐했다. 세 사람은 굳게 손을 맞잡고 결의를 재확인했다. 수많은 카메라 플래시 세례에 눈이 부실 정도였다. 교육감은 이 순간을 '아름다운 손잡음'으로 명명했다.

그러나 마음 한편에 아쉬움이 드는 것도 사실이었다. 교육청과 교육감의 고뇌를 모르는 바 아니지만, 지나친 저자세가 아닐까 싶었다. 절차에 따라 추진했을 뿐인데 뭐 그리 미안한 게 많은 걸까? 게다가 교육청 소관이 아님에도 한방병원 건립에 여지를 남겨 둔 것도 의아한 대목이었다. 제아무리 선언적 구호에 불과하다 한들 훗날 또 다른 뇌관이 될 수 있지 않을까? 책임 있는 자리에 계신 분들의 말 한마디가 얼마나 큰 후폭풍을 낳는지는 바로 서진학교 설립 과정을 통해 여실히 입증되지 않았던가.

장애인 부모들에게 일언반구 없이 합의문을 작성한 것도 여러 모로 개운치 않았다. 물론 교육청이 해당 내용을 부모들과 사전에 공유해야 할 의무는 없다. 관련 주체가 늘어날수록 절차가 복잡해지고 시간이 오래 걸리는 점 또한 참작했을 것이었다. 그렇지만 장애인 부모들이 이 사안의 핵심 당사자이고, 교육청과 함께 오랜 기간 사선을 넘나들던 관계였음을 고려한다면 세심한 배려와 존중이 부족했다는 인상을 지울 수 없었다. 최소한 귀띔이라도 했으면 어땠을까 하는 안타까움이 들었다.

3자 합의 소식이 전해진 직후 전국장애인부모연대 서울지부를 중심으로 비상이 걸렸다. 합의문은 그야말로 '굴욕적'으로 받아들여졌다. 애초에 김성태 의원과 비대위 측에는 기대한 것이 없었기에 교육청의 처사는 더욱 야속했다. 공사도 원활하게 진행되고 있는 마당에 왜 군이 긁어 부스럼을 만들었는지 납득할 수 없다고 했다.

특수학교는 절대 흥정의 대상이 될 수 없고, 되어서도 안 된다는 신념은 확고했다. 다음 날, 발달장애인 부모들은 곧장 교육청 앞에서 규탄 기자회견을 열었다. 급조된 행사였지만 이른 아침부터 꽤 많은 참가자가 모였다. 이 사안에 대한 부모들의 관심 또

마주 보는 마음

는 분노의 정도를 단박에 추측했다.

첫 연사로 김남연 서울지부 대표가 마이크를 잡았다.

"도대체 언제까지 특수학교를 짓는 대가로 뭔가를 제공해야 합니까? 이렇게 강서특수학교를 봉합하고 나면 땅의 등급 상향을 요구하고 있는 서초특수학교는 어떻게 할 것입니까? 부지확보가 시급한 중랑특수학교는 또 어떻게 할 것입니까? 또 뭘 줄건가요? 전국의 특수학교 설립을 어렵게 만드는 나쁜 선례를 제공했습니다!"

특수학교가 들어설 때 일정 규모의 주민 편의시설을 마련하는 것을 부모들은 반대하지 않았고, 오히려 찬성하고 환영했다. 그래야 주민들이 자주 학교에 와서 아이들을 접할 수 있기 때문이다. 자연스러운 만남과 교류가 빈번할수록 장애를 향한 오해와 편견의 벽은 신속하게 사라질 것이었다.

그러나 국립한방병원 설립은 완전히 차원이 다른 이야기였다. 교육청은 그게 아니라고 해명했지만 이미 '병원 설립'이라는 문구가 너무 강렬하게 각인되었다. 이런 보상안이 관행으로 굳어지면 향후 특수학교 설립 때마다 어떤 국면으로 흐르게 될지는 불 보듯 빤한 일이었다. 부모들은 이런 결말을 심히 염려했다.

이어 이은자 어머니가 나섰다. 목소리가 미세하게 떨렸지만, 꿋꿋이 발언을 시작했다.

"서진학교는 우리들의 희망입니다. 그 희망은 단순히 강서구에 사는 아이들이 가까운 학교에 다닐 수 있게 되었다는 것만은 아닙니다. 발달장애 아이를 키우면서 우리가 죽은 다음에 이 아이가 어찌 살까를 걱정해야 하는, 그래서 죽고 싶어도 죽을 수 없는 우리 부모들의 희망이란 말입니다. 왜 특수학교를 특수하게 바라보십니까? 똑같은 학교일 뿐인데 왜 뭔가를 해 줘야 하느냐? 도대체 무엇 때문에 주민합의가 필요한지 국민은 묻고 있는데 교육청과 교육감이 왜……."

그는 끝내 말을 잇지 못한 채 흐느꼈다. 발언을 마친 후에 "조희연 교육감은 사퇴하라!"고 크게 외쳤지만 사실 그 자리에 있던 누구의 진심도 아니었다. 그래서 부모들은 더욱 착잡해했다.

마주 보는 마음

그간의 노력과 진심이
헛되지 않도록

그간 장애인 특수교육을 향한 조희연 교육감의 애정과 헌신을 모르는 사람은 없었다. 실로 그의 임기 중 서울시 특수교육은 크게 발전했다. 객관적인 지표와 실적으로도 전임자들과 뚜렷이 대비되었다. 교육청 내 특수교육 전담 부서가 신설되었고 통합교육 강화를 위한 전폭적인 지원이 이뤄졌다. 고용노동부와 함께 서울발달장애인훈련센터도 문을 열었다. 무엇보다 17년 동안 엄두도 못 냈던 특수학교 신설을, 그것도 무려 3개교나 추진 가능했던 것은 단 한 명의 학생도 놓치지 않겠다는 그의 평소 교육철학과 밀접한 연관이 있었다. 교육감 개인으로서도 갖은 수모와 항의를 온몸으로 감내하며 여기까지 왔는데 결승선을 코앞에 두고 뜻밖의 상황이 벌어진 것이다. 마침 그날은 2018년 9월 5일, 토론회가 열린 지 1주년이 되는 날이었다. 교육청에서는 '무릎호소 그 후 1년'이라는 이름의 행사로 특수교육 발전을 위한 교육감 간담회 자리까지 마련해 놓은 터였다.

장애인 부모들이 합의를 반길 것이라 기대했던 교육감은 느닷없는 사퇴 요구에 무척 난감해했고, 그런 교육감을 마주한 장애인 부모들은 섭섭한 마음을 숨기지 않았다. 그나마 양쪽 모두 이 분란을 수습하고자 하는 의지로 충만했기에 사태는 빠른 속도로 봉합되었다.

기자회견 뒤에 열린 비공개 면담 자리에서 교육감은 부모님들께 사과의 뜻을 전했다. 일정에 맞춰 공사를 끝내려면 주민들의 협조가 필수적인 데다, 더 나아가 개교 이후 지역사회와의 관계성까지 감안하면 어쩔 수 없었다고 말했다. 부모들은 이렇게 중차대한 일을 비밀작전 하듯 수행한 교육청에 강한 유감을 표했지만, 선의만큼은 의심하지 않았기에 잘못된 것은 되짚는 계기가 되기를 바라며 상황을 마무리했다. 조마조마한 심정으로 사건의 추이를 지켜보던 나도 비로소 안도의 한숨을 쉬었다. '개교하는 순간까지도 긴장의 끈을 놓기 힘들겠구나.'라는 생각이 절로 들었다.

개봉 이후 조희연 교육감의 반응을 궁금해하는 관객들을 정말 자주 만났다. 아무래도 교육감이나 교육청 관계자들이 보기에 불편할 수 있는 장면임은 잘 알았다. 동시에, 서진학교 설립을 위해 엄청난 저항을 이겨 낸 분인데 이 부분 때문에 모든 공이 묻히는 것은 아닌지, 심각하게 고민되기도 했다. 하지만 엄연히 일어난 일이었고, 마지막까지도 우여곡절이 있었다는 사실을 보여 주는 게 낫다고 판단했다.

다행히 조희연 교육감은 〈학교 가는 길〉의 둘도 없는 열혈 지지자가 되어 주셨다. 서운한 마음이 어찌 없을까만, 영화의 취지에 공감하고 응원을 아끼지 않았다. 여러 차례 극장에 찾아와 주시며 틈만 나면 영화를 알리는 데 여념이 없었고 그 덕에 함께

마주 보는 마음

관객과의 대화를 진행하는 자리도 마련할 수 있었다.

기회가 닿을 때마다 하는 얘기지만 서진학교는 발달장애인 부모님들과 뜻을 함께한 수많은 이름 모를 개개인, 시민사회 그리고 교육계 관계자들의 수고와 노력이 없었더라면 가능하지 않았을 것이다. 영화에 그 활약상을 충분히 담지 못해 면목이 없었는데, 서진학교 개교를 위해 혼신의 힘을 다한 조희연 교육감과 교육청 직원들에게, 책을 통해서나마 다시 한번 진심 가득한 감사와 존경을 전한다.

나는 장애인부모연대
활동가입니다

김종옥

한 번뿐인 삶을
이런 곳에서

다큐멘터리 〈학교 가는 길〉에서 한 엄마가 이렇게 말한다.

"그 미안한 마음은 어떻게 할 수가 없어."

발달장애를 가진 자녀를 둔 우리들은 '어쩌지 못하는' 이 마음을 안고 산다. 어쩌지 못하는 마음은, 맹자의 말을 빌리자면 '불인지심(不忍之心)'이다. 차마 모질게 하지 못하는 마음, 남의 불행을 외면할 수 없는 마음, 남이 당하는 고통을 참을 수 없는 마음. 이런 것이 불인지심의 뜻이다. 어쩌면 우리들은 불인지심의 마음으로 불인지심이 없는 세상과 맞서고 있는 것 같다.

아이에게 미안한 마음은 너무나 길고 깊어서, 아마도 죽을 때까지, 그 이후까지도 가져갈 터이다. 그래서 〈학교 가는 길〉에 나오는 엄마들은 한결같이 "다음 생에도, 그다음 생에도 내 아이로 태어나" 달라고 말한다.

아이와 함께하고 싶은 일들의 긴 목록이 있었다. 그 아이가 마음껏 했으면 하고 바랐던 많은 목록도 있다. 삶이라는 것이 아마도 그 긴 목록으로 기억될 터인데, 우리는 참 많은 계획을 고치거나 포기해야 했다. 미안한 마음은 이루 다 헤아릴 수 없다. 한 번뿐인 삶을 이렇게, 이런 곳에서, 이런 시간에 살게 한 미안한 마음.

아마도
맥스처럼

10여 년 전 〈메리와 맥스〉라는 영화를 아들과 함께 보았다. 아들이 초등학교 6년, 중고등학교 6년을 마쳐 가던 해 겨울이었다. 발달장애를 가진 맥스라는 호주 아저씨와 미국에 사는 메리라는 소녀가 우연히 펜팔이 되어 긴 세월 우정을 쌓으며 살아간 이야기인데, 실화를 소재로 만든 클레이애니메이션 영화다. 그 둘의 위로와 오해와 화해와 이별이 여러 빛깔 삶의 장면으로 엮였다. 맥스가 메리에게 보낸 편지 중에 이런 글이 있다.

"어릴 때 내 장래희망은 '내가 아닌 사람'이었어. 정신과 의사는 내가 무인도에 갇히면 나를 친구로 삼아야 한다고 했지. 나와 코코넛나무 둘이서. 스스로 자신을 인정하래, 단점들까지도. 그 단점들은 우리가 고른 게 아냐. 우리의 일부야, 함께 살아가야만 하지. 하지만 친구는 고를 수 있어. 널 고를 수 있어서 난 기뻐."

나는 지금도 "내 장래희망은 내가 아닌 사람이었어."라는 글귀를 생각하면 울컥한다. 물론 살면서 한 번도 자신과 불화한 적이 없었던 사람이 어디 있을까만, 맥스의 말은 유독 아프게 들린다.

영화를 같이 보던 아들은 이 대목에서 어떤 마음이 들었을까. 나는 그때 아들의 옆얼굴을 바라보지 못했으나, 다만 맥스가 현명하게도 자신이 고르지 않은 것과 고를 수 있는 것을 분명히 구분하여 궁극적 삶의 지혜를 얻은 것에 무한 박수를 열심히 보냈다.(이 지혜는 누구나 얻을 수 있는 경지가 아니므로!)

이때 맥스는 지하철표 받기, 국수 포장하기, 장난감에 로고 붙이기, 배심원, 청소부 등의 일을 하고, 지역 커뮤니티 모임과 정해진 날짜에 주치의 상담과 복지사의 지원도 받으면서 일주일의 개인 시간표대로 평온한 생활을 하고 산다. 물론 모자와 귀마개와 투명 인간 친구와 인형들도 필요하다. '맥스 삶의 장치'라고 할 만한 이것들은 다 그가 고른 것들이다.

나는 영화를 보는 동안, 발달장애를 가진 모든 이가 맥스처럼 지역사회에서 자기 시간표를 갖고 살 수 있는 세상이 되어야 한다고 생각했다. 호주에 사는 맥스가 가능하면 한국에 사는 영철

이도 가능해야 하지 않은가.

그런데 이 영화가 내게 더 강렬한 기억인 이유는 영화 마지막 장면 때문이다. 메리가 맥스를 찾아가 의자에 푹 눌러앉은 채 홀로 죽어 있는 맥스를 발견한 장면에서 아들이 폭풍 같은 눈물을 쏟아 냈다. 누구라도 눈물을 흘릴 장면이긴 했지만, 아들은 어깨를 들썩이고 온 얼굴을 홍수처럼 적시며 한참을 울었다. 그 눈물이 하도 슬퍼서 나도 또 울었다. 아들에게 왜 그리 슬프게 울었느냐고 묻지는 않았다. 한참 있다가 밖으로 나왔을 때 검은 하늘에서 진눈깨비가 내리고 있었다.

부모운동의 한 대열에 끼면서, 남들에게 자주 이 영화 얘기를 했다. '내가 아닌 사람이 장래희망'이었던 이가 있을 테고, 그것을 넘어서 내가 선택하지 않았으나 내게 온 것을 받아들이는 이도 있을 것이다. 우리가 함께할 일은, 그것에 대한 연민을 넘어서 자신이 선택할 수 있는 것을 선택하며 살아가도록 돕는 일이다. 또한 지역사회에서 일과 여가와 쉼으로 이어진 일정한 시간표를 만들어 안분자족한 삶을 누릴 수 있게 돕는 일이다. 그리고 홀로 죽지 않게 하는 일이다, 라고 나는 자주 맥스를 떠올리며 이야기했다.

두 겹의
죽음

늘 '죽음'을 떠올리며 살아가는 사람들이 있다. 자기의 죽음, 생명의 소멸이 평생 화두인 사람도 있겠으나, 그런 자발적 화두가 아니라 그저 편히 죽고 싶은, 또는 편히 죽지 못할까 걱정인 사람들이 있다. 그 사람들이 바로 우리다. 그리고 그 이유는 자신 때문이 아니라 오직 낳고 기른 아이 때문이다.

그 아이를 여기 놔두고 먼저 죽는다는 건 차마 하지 못할 일, 차마 해서는 안 되는 일에 속한다. 어미가 없는 세상, 가족이 없는 세상에서 발달장애를 가진 내 아이는 세상과 사람들에게 속고 맞고 버림받고 굶겨지고 원치 않는 노동을 하고 원치 않는 잠을 잔다. 하고 싶은 것은 하지 못하고 하기 싫은 것은 해야 한다. 이름을 물어 오는 이도, 마음을 물어봐 주는 이도 없다. 엄마의 주검 옆에서 몇 달을 있어도, 발바닥이 부르트도록 하염없이 길을 걸어도, 누군가에게 맞아 가며 노예로 살아도, 우리 세상은 그를 외면하기 일쑤다.

이것이 나 없는 세상에서 사는 내 아이의 삶이라면, 누군들 이런 곳에 내 아이를 놓아두고 세상을 떠날 수 있겠는가. 그래서 우리는 자식 덕에 오래오래 살고 싶다고 농담을 한다. 차마 나를 못 죽게 하는 애달픈 내 딸 내 아들 덕에 우리는 세상 모든 어미의 이루지 못할 소원인, 천년만년 언제까지나 네 곁에서 살아 줄게, 라는 주문을 외운다.

치매도 걸리지 않고 몹쓸 병도 걸리지 않고 형형한 정신머리와 철갑상어 같은 몸뚱으로 버티는, 세상에 없는 희한한 어미가 되어 네가 품위 있는 죽음을 맞을 때까지, 딱 그때까지만 살겠노라는 소원.

그게 영 자신 없으니 하는 소리가 '하루만 더' 이것이다. 자식이 품위 있게 이번 생을 마감할 때까지, 그때까지 목숨 걸고 지켜주겠다는 소원이다. 그럼 그런 어미가 없는 아이들은 어찌하나. 그 소원을 지키지 못한 어미의 자식들은 어찌하나.

장애인부모운동 ―
세상을 바꿔야 우리도 살고 세상도 산다

아들 얘기로 돌아가 보자.

초등학생일 때 아들은 학교에서 험한 일을 참 많이 당했다. 책상의 짐을 몽땅 싸서 터질 듯 무거운 가방을 메고 땀을 뻘뻘 흘리며 집에 오는 일이 종종 있었다.

"우리는 한민족이 아니고 좋은 나라가 아니에요!"

가방을 내동댕이치며 이렇게 일갈하고는 다시는 학교에 가지 않겠다고 선언하곤 했다. 아들이 당하는 세상은 그런 모습이었다. 세상의 잘못을 아들이 오롯이 뒤집어쓰고 겪어 내야 하는 현실. 그래서 아들은 겪지 말아야 할 것을 겪고, 견디지 말아야 할 것을 견뎌 가며 성인이 되었다.

남을 괴롭히는 세상, 그것을 잘못이라고 가르치지 않는 세상, 남에게 괴롭힘을 당해도 그냥 내버려 두는 세상, 남을 이해하는 것이 인간의 기본 교양임을 가르치지 않는 세상, 약삭빠른 자가 남의 것을 빼앗고 차지해도 되는 세상, 그것이 반칙이라고 가르치지 않는 세상, 이런 세상에서 장애가 있는 아들딸들은 땀을 뻘뻘 흘리며 홀로 살아간다.

아이가 어렸을 때, 부모들은 대개 비슷한 시행착오를 겪는다. 잘 치료하면 정상이 될 거라는 믿음으로 자신과 아이를 모두 괴롭히는 시간을 보내는 것이다. 그러다 많은 아픔을 겪으며 깨우친다. 치료해야 할 것은 아이가 아니라 세상이라는 것을. 세상을 바꿔야 우리도 살고, 세상도 산다는 것을.

세상은
거저 바뀌지 않는다

세상은 무엇 하나 거저 바뀌지 않으니, 장애인부모운동은 숱한 단식, 삭발, 천막농성, 삼보일배, 집회시위에 문화운동까지 치열한 시간을 보내 왔다. 투쟁의 한가운데를 이끌고 있는 전국장애인부모연대는 2003년 장애인 교육권 연대 활동으로 시작하여, 2007년 '장애인 등에 대한 특수교육법' 제정 운동, 2011년 '장애아동복지지원법' 제정을 거쳐 2014년 '발달장애인 권리보장 및 지원에 관한 법률' 제정 운동을 해 왔다. 발달장애인이 지역사회에서 함께 살 수 있는 국가 차원의 법률적 근거를 마련하기 위해, 그때마다 단식과 삭발, 노숙농성 등 가열한 투쟁을 거쳤다.

(2008년 12월 전국장애인부모연대 창립의 발판이 된 2007년 '장애인 등에 대한 특수교육법' 제정 투쟁 때는 51일간의 점거농성과 무려 42일 간의 단식투쟁이 있었고, 2014년 '발달장애인 권리보장과 지원에 관한 법률' 제정 운동 때는 88명의 삭발농성 투쟁이 있었다. 2018년 투쟁 때는 209명의 삭발과 농성이, 2022년 4월에는 556명의 삭발과 단식농성이 있었다.)

이 모든 일은 이 땅의 발달장애 권리운동의 역사가 되고 있다. 그래서 전국장애인부모연대의 투쟁 현장에서는 "우리가 가는 길이 역사다!"라는 구호를 외친다. 내 딸이, 내 아들이 행복하지 않은데 어떻게 어미 아비가 행복할 수 있을까, 라는 생각에서 시작한 부모운동은 세상의 모든 딸과 아들, 힘겨운 숨을 쉬는 세상의 모든 아들과 딸을 위한 생명의 투쟁으로 이어지고 있다. 이 길에 선 운명이, 우리는 고맙다.

투쟁은 그 자체로 무척이나 치열하다. 그럼에도 대열에 있는 동지들이 기운이 펄펄 나는 까닭은, 세상을 바꾸는 투사로 살게 해 준 내 아이에 대한 뜨거운 의리 때문이다. 우리는 단 한 번의 특별한 인연에 대한 의리를 지키며 뜨겁게 세상을 산다. 게다가 세상을 변화시키며 살아가는 삶의 동지로서 딸, 아들과 함께하고 있으니, 이번 생은 절대 실패하지 않은 걸로.

성우와 나

아주 오래전 이야기야.

성우야, 엄마에게는 막연한 꿈이 있었어. 아이를 낳으면 마음껏 생각하고 마음껏 놀게 하리라. 그 아이가 사춘기가 되면 캔 맥주를 들고 앉아 철학을 논하리라. 까마득한 시공간의 우주로 날아가는 '영혼의 적막과 울고(鬱孤)'를 달래리라……

그런 희망을 품고 너를 가졌을 때 소리입덧을 했단다. 갑자기 세상의 온갖 소리가 듣기 싫어졌어. 사람들 말소리도, 라디오와 텔레비전에서 나오는 소리도, 노래와 음악 소리도, 차가 지나가는 소리도, 문이 여닫히는 소리도 모두 다 고막을 거칠게 긁었거든.(소리입덧이란 그 현상을 이름 지으려고 내가 만들어 낸 말이야.) 속이 아파 비릿한 밤꿀 한 되를 열 달 동안 먹고 나서야 아기가 태어났어. 양수가 터지고서도 내려오지 않는 네 녀석과 열세 시간을 싸우다 결국 수술로 너를 낳았단다.

옆에 누운 너를 보면서 겁이 덜컥 났다. 온전히 나에게 의지한 생명, 그 무게가 나의 무게를 넘어선다고 느꼈어. 바람에 흩날려 그때까지 찾지 못한 내 영혼은 이제 더는 찾으러 다닐 수 없겠구나, 그런 게 있건 없건 나는 이 생명에 대한 책임을 져야 한다고 생각했지. 창졸지간에 완전히 다른 세상 속으로 훌쩍 들어간 느낌이었어.

아기는 나의 혼돈을 위무해 주려는 듯 점잖았어. 너를 안으면 그 시선은 나의 눈동자를 바라보기는 하되 그곳에 머물지 않고 내 뒤통수를 넘어서 더 멀리까지 그윽하게 날아갔다. 눈맞춤 방향은 맞되 내 눈이 마주치는 곳에서 맺어지지 않고 가마득히 넘어가는 희한한 눈길. 나는 일곱 달 된 아기가 우주를 관조하는 철학자의 눈빛을 가졌다고 친구들에게 알렸다. 사춘기 이전에 아들과 나란히 앉아 캔 맥주를 마실 수 있을 거라고!

네가 자폐가 있다는 진단을 받은 날, 여느 엄마들처럼 밤새 울었어. 아깝고 무서웠어. 그러다 동터 오는 새벽을 보면서 결심했지. 딱 이틀만 울 거야, 더 울지는 않을 거야, 아들이 내게 온 불행이 아니니까, 딱 이틀만 울 거야. 아까워서 우는 것이니 이틀이면 족해.

이후로 다른 이들이 했던 과정을 엄마도 똑같이 되풀이했어. 너의 손을 끌고 이곳저곳 치료실을 돌아다니고, 집에 와서는 녹초가 되어 늘어져 있는 생활이 계속되었다. 동생이 있으면 의지가 될까 싶어 동생을 낳았고, 생명은 그런 목적에 따라 생겨나는 것이 아님을 이내 깨달았다.

자의식이 남달랐던 네 동생은 자신이 처한 상황을 납득할 수 없었고 그것은 유사자폐를 불러와, 오누이가 함께 치료실에 다니기 시작했어. 그때는 어떤 짓궂은 악마가 유리 항아리로 만들어진 내 하루하루를 매일같이 망치로 깨부수고 있다고 느낄 지경이었어. 그런 와중에도 앓고 나면 성장하는 아이들처럼, 너희는 조금씩 성장했어. 너희의 그런 자가발전은 극적일 때도 있었고 은근할 때도 있었다. 너는 다섯 살에 처음으로 말을 시작했고, 네 동생도 하다가 멈췄던 말을 2년 만에 다시 시작했어.

그 시절 나는 어떻게 살았을까? 잘 기억나지는 않아. 몇몇 장면만 기억나고 10년 남짓한 삶의 기억이 자세하지 않아. 그때 같이 어딜 갔었다고 누가 얘기해 줘도 소환되지 않는 기억이 많더라. 너희는 어땠을까. 덮여 버린 기억 속 나날들이, 너희에게는 달콤한 유년기의 빛나는 시간이었어야 하는데, 너희는 어땠을까. 그 생각을 하면 미안하고 애석해.

성우가 열 살 생일 무렵이 되었을 때, 옆에 앉혀 놓고 네가 갖고 있는 장애에 대해 이야기를 해 줬어.

"아들아, 너는 다른 애들하고 좀 다르지? 너는 다른 사람들 하는 얘기나 하는 짓들이 이상하지? 학교에서 애들이 많이 괴롭히지? 사람은 다 다른데, 좀 많이 다른 사람도 있고 비슷비슷한 사람도 있고 그래. 너는 많이 다른 사람이야. 그건 잘못된 게 아니야. 너를 이해하지 못하고 괴롭히는 사람들이 잘못된 거야……."

나는 어떻게 하면 잘 설명할 수 있을지, 어떻게 하면 슬프지 않게 얘기할 수 있을지 울컥울컥 올라오는 감정에 요동치는 목울대를 꾹꾹 눌러 가며 얘기하는데, 너는 내 얘기를 듣는 둥 마는 둥 외면했어. 아, 아직은 아들이 이해하지 못하는구나.

이듬해가 되었어. 그사이 너는 학교에서 더 많은 괴롭힘과 더 많은 따돌림을 받았을 거야. 다시 생일 무렵 너를 앉혀 놓고 네가 갖고 있는 장애를 설명했어. 침대에 걸터앉은 너는 창밖을 바라보고 있었고, 나는 아이의 만두피같이 예쁘게 접힌 귓바퀴를 바라보며 조곤조곤 이야기를 해 주었다.

이번에는 귀담아듣는 것 같았지만, 역시 너는 무엇을 묻거나 하지 않았어. 그런데 내가 말을 끝내고 일어서려는데 뭔가 이상한 기색이 느껴졌어. 너에게 가까이 다가가 보니, 창밖을 보고 있는 채로 네가 하염없이 눈물을 흘리는 거야.

성우, 네가 울고 있었다.

내 사랑하는 아들이, 울고 있었어.

몸이 아파서, 무언가에 실패해서, 싸움에 져서 분해서, 슬픈 노래를 들어서 우는 게 아니라 장애를 갖고 태어난 것, 그게 뭔지 확실히는 모르지만 뭔가 자신이 끝내 납득하지 못할 세상 속에서 살아가야 한다는 막연한 두려움과 슬픔 때문에 네가 눈물을 흘리는 것이라 느꼈지.

나는 용감한 엄마가 될 것이다. 너를 지키기 위해 용감한 엄마가 될 것이다.

그때 그렇게 결심했어. 그런데 어떻게 해야 너를 지키는 일이 될지 잘 몰랐어. 그러고도 한참 후에 우연히 전국장애인부모연대와 함께 일하게 되었고, 이후 몇 년이 지나고서야 회원이 되었고, 그제야 무슨 일을 해야 할지 하나둘 알아 갔지.

지금은 내가 너를 지켜 주는 건지, 네가 나를 지켜 주는 건지 잘 모르겠어. 네가 나를 지켜 준다고 느낄 때가 참 많거든.

내가 아버지를 여의고 나서 말라 죽은 화분 앞에 망연자실 앉아 있을 때, 너는 내게 "오, 나무가 죽었군요. 이제 이것도 외할아버지 있는 곳에 가서 살게 되겠군요."라고 얘기해 주었어.

어느 날엔, 머리를 감싸 쥐며 방에서 나오더니 "오, 엄마. 드디어 나도 엄마랑 똑같이 편두통이 생겼어요. 이제 같은 약을 먹게 되었네요."라고 한 적도 있고. 내가 속이 거북하거나 담이 붙어 결릴 때나 팔다리가 아플 때, 내가 내색하기 전인데도 네가 문득 같은 곳이 아프다고 하는 때가 종종 있어. 내가 가위 눌리는 일이 잦아서 힘들어할 때 혹시나 가위에 눌리면 깨워 주려고 오밤중에 슬그머니 내 머리맡에 한참씩 서 있곤 하고. 내가 외출할 때면 언제나 "조심해요."라는 말로 배웅을 하지.

너와 나는 이번 생을 포개져서 살아가는 삶의 동지라고 생각해. 이 관계가 되도록 길게 이어졌으면 좋겠고, 그 여정이 치열하

면서도 느슨하고 행복했으면 좋겠다. 나와 아들딸, 우리끼리는 세상에서 가장 아름다운 이야기를 엮을 테니까.

우리는 지구를 위한 좋은 사람들일 테고, 이런 우주적 동지 관계야말로 내가 꿈꾸던, 맥주 한 캔 마시며 삶의 의미를 나누는 그런 순간이 아닐까. 오늘 밤은 너희와 마블 영화나 봐야겠다. 나는 맥주 한 캔, 아들은 코코아 한 잔, 딸은 밀크티를 마시면서.

8장

함께하는 걸음

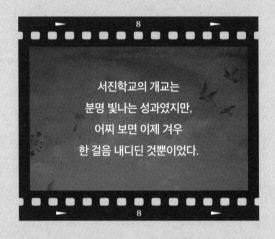

서진학교의 개교는
분명 빛나는 성과였지만,
어찌 보면 이제 겨우
한 걸음 내디딘 것뿐이었다.

37   등교

막바지를 향해 가는
공사

학창시절, 학교 가는 게 좋았던 기억은 별로 없다. 공부에 딱히
흥미가 있던 것도 아니었고 교우 관계가 두텁지도 않았다. 그냥
학생이니까 으레 학교에 있어야 하는 줄로 알았다. 그래도 꾸준
하기는 해서 초중고 내내 개근상을 빠짐없이 받았다. 아빠는 그
어떤 학업 우수상보다 대단한 성취라고 추켜세워 주셨지만 짝꿍
시영이도, 앞줄에 앉은 정석이도, 뒷자리에 앉은 강준이도 개근
상을 받은 터라 별다른 감흥은 없었다. 하지만 지금 돌아보니 아
빠 말이 맞았다. 아프지 않고, 사고 없이, 평범하고 무탈한 하루
하루를 살았다는 것만으로도 큰 축복이었다.

2018년 가을에 시작된 서진학교 공사는 2020년 새해를 넘겨 끝났다. 이후에도 자잘한 수리와 마감 작업이 한동안 계속되었다. 근면한 노동은 결과를 배신하지 않았다. 미장하는 분, 용접하는 분, 자재를 가공하는 분, 전기와 배선을 담당하는 분, 콘크리트 타설 하는 분, 크레인과 굴삭기를 조작하는 분, 페인트칠하는 분, 조경하는 분, 실내장식 하는 분, 모든 과정을 총괄하는 분 등이 모여 멋진 하모니를 이루었다.

본관 해체 뒤 남은 앙상한 철골 구조물은 학교 본연의 모습으로 빠르게 탈바꿈했다. 새로운 공간이 만들어지고 층이 쌓였다. 그 변화를 지켜보는 게 얼마나 설레는지, 가능한 한 자주 학교에 갔다. 아무리 바쁜 일이 있어도 보름에 한 번씩은 꼭 눈도장을 찍었다. 먼지가 풀풀 나고 각종 중장비 소리에 귀가 따가웠지만, 현장에 머무는 것만으로도 그렇게 좋을 수가 없었다.

그사이 봄, 여름, 가을, 겨울 사계가 차례로 흘렀다. 봄가을 촬영은 수월했고 여름과 겨울은 좀 고생스러웠다. 계절의 특징을 담겠다고 장마철에도, 눈 내리는 날에도 출석을 마다하지 않았다. 온몸이 축축하게 다 젖거나 칼바람에 오들오들 떨어도 학교의 완성을 기록한다는 사명감으로 버텼다. 누구도 내게 부탁하거나 위임하지 않았지만 부모님들과 학생들을 대신해 역사적인 순간을 잘 담아내고 싶었다. 나야 그렇다 쳐도, 혹독한 날씨에도 고장 없이 이겨 낸 카메라가 대견할 따름이었다.

〈학교 가는 길〉에서 가장 마음에 드는 장면이 무엇이냐는 질문을 종종 받곤 했다. 두말할 것도 없이 답은 오래전부터 정해져 있었다. 서진학교가 문을 열고 학생들이 등교하는 모습 말고 뭐가 또 있을까?

사실 이 다큐멘터리의 전반 98분은 마지막 1분을 위해 존재하는지도 모르겠다. 영화적으로 바람직한 구성은 아닐지언정, 너무나 간절하게 기다린 순간이었다. 고백하자면, 그 어떤 학부모 못지않게 서진학교의 개교를 염원한 사람이 바로 나였다. 처음 이 작품을 기획할 때부터 엔딩은 무조건 '개교 장면'으로 하자고 다짐했다. 고로 학교가 개교를 해야만 마침내 나도 기나긴 여정을 끝맺을 수 있었다.

완공이 초읽기에 들어가면서 내 마음도 덩달아 바빠졌다. 엔딩을 어떻게 촬영할지 구상해 보았다. 몇 가지 떠오르는 안(案)이 있었지만, 가장 담담하고 건조하게 가기로 했다. 화면과 마찬가지로 음악에서도 동일한 정서를 담기로 했다. 서진학교의 개교는 분명 빛나는 성과였지만, 어찌 보면 이제 겨우 한 걸음 내디딘 것뿐이었다. 마냥 들떠서 환호하기보다는 '절반의 승리'로 차분히 자축하는 게 적합할 것 같았다.

함께하는 걸음

등굣길
첫 촬영

촬영 허락을 받는 건 어렵지 않았다. 서진학교 홍용희 초대 교장 선생님을 비롯해 교직원분들께서 아낌없이 도와주셨다. 어머니들 역시 재학 중인 자녀의 촬영을 흔쾌히 동의해 주셨다. 사전준비는 완벽했지만, 내가 하는 일이 늘 그러듯, 결정적인 변수가 생겼다. 코로나19였다.

낯선 이름 석 자가 모든 걸 앗아 갔다. 세상에 존재하는 계획이란 계획은 죄다 뒤틀어졌다. 개교기념 행사도 약식으로 대체되었고 학사일정도 하루가 멀다 하고 바뀌었다. 수업방식이 원격으로 재편되면서 학생들은 학교에 오지 않았다. 아이들을 기다리며 한 학기를 통째로 날렸다. 속이 쓰렸지만, 학교를 다 지어 놓고 자녀를 보내지 못하는 부모 마음에 비할 건 아니었다. 그분들은 다시금 피가 바짝바짝 마르는 경험을 하고 있을 터였다.

몇 달이 흘러 겨우 촬영 일정이 잡혔다. 2020년 가을, 힘들게 잡은 기회인 만큼 부담도 컸다. 대단한 목표를 세우기보다 그저 아이들이 학교에 와서 배우고 어울리는 모습을 담기로 했다.

촬영 당일, 이른 아침 도착해 학교 외관을 먼저 찍었다. 길 건너편에서 서진학교 풀샷을 촬영하고 있는데 갑자기 시내버스 한 대가 신호를 받아 멈추면서 화면을 가득 채웠다. 당시에는 빨리 지나가기만을 바랐다. 그런데 편집하면서 보니 그게 기막힌 우연이었다. 완성된 서진학교의 모습이 공개될 때 버스가 출발하면서 미닫이문 같은 효과를 선사했다. 한 박자 쉬고 학교가 빛나는 정체를 드러낼 수 있었다.

생각지도 못한 일은 또 있었다. 다큐멘터리가 개봉되고 한참 지난 어느 날, 질의응답 시간 도중 관객 한 분이 버스 노선 안내판에 서진학교가 보여서, 이제야 일상성을 회복한 것 같아서 아주 반가웠다고 말씀하셨다. 처음엔 그게 무슨 말인지 몰랐다. 상영본을 다시 한번 확인했더니 정말 그 버스 옆면에 부착된 노선 안내판 가운데쯤 '서울서진학교'가 떡하니 적혀 있었다.

편집하면서 수없이 돌려봤던 장면인데 어쩜 그렇게 모를 수가 있는지……. 잠시 허탈했지만 동시에 무척 짜릿한 기분이 들었다. 서진학교가 또 다른 형태로 존재를 확장하고 있었기 때문이다. 그곳은 더 이상 이상향이나 오르지 못할 나무가 아니라, 버스도 정차하는 명확한 현실의 공간으로 우리 삶에 성큼 다가온 것이었다.

잠시 후 스쿨버스가 연달아 교문으로 들어왔다. 노란색 대형 버스가 이렇게 멋지고 늠름할 수 없었다. 질서 있게 버스에서 내려 교실로 가는 아이들을 찍고 있자니 만감이 교차했다. 아이들의 밝은 표정을 접할수록 마음에 어떤 단단한 감동이 차오르는 듯했다. 이어 교실을 다니면서 정민이와 민재, 서연이, 유현이 그리고 연수가 공부하거나 노는 모습을 촬영했다. 적극적으로 참

여하고 몰입하는 모습이 참 예뻤다.

'그래, 너희들이 서진의 주인공이구나. 너희들이 있기에 이 학교가 더욱 빛이 나는구나. 너희와 함께 비로소 학교가 완성되었구나.'

남은 시간에는 학교 구석구석을 돌아다니며 공간을 담았다. 가는 곳마다 질투가 동해서 발걸음을 떼기가 쉽지 않았다. (나도 이런 환경에서 공부했더라면 모르긴 몰라도 세계적인 석학의 조수쯤은 되지 않았을까?) 그만큼 학생들에게 최고의 환경이었다. 이제 토대는 마련되었으니 앞으로 더 많은 아이들이 이곳에서 건강하고 씩씩하게 자랄 수 있기를 빌었다. 공진초등학교의 아픔과 상처까지 보듬고 희망의 길로 나아가는 출발점이 되기를 바랐다.

38 후반 작업

편집의 시간이
시작되고

4.58TB(테라바이트). 계획한 촬영을 모두 마치고 나니 외장하드에 저장된 촬영본 데이터 용량이다. 이를 시간으로 환산하면 400시간이 조금 넘는다.

이제 작업의 무게 추는 촬영에서 편집으로 옮아갔다. 카메라를 들기보다 컴퓨터 앞에서 온종일 씨름하는 날이 늘었다. 아침에 눈떠서 잠들 때까지, 다람쥐 쳇바퀴 돌듯 틀에 박힌 일과를 반복했다. 편집 중에 보충 촬영을 나가기도 했지만 빈도는 극히 드물었다. 방 한구석에 놓인 촬영장비 가방 위로 뿌연 먼지가 내려앉았지만 신경 쓸 겨를조차 없었다.

그만큼 내 삶의 시선이 온통 식빵 한 조각만 한 무채색 외장하드에 쏠려 있는 시기였다. 행여나 외장하드가 어떻게 될까 봐 세 벌을 백업했는데도 불안이 가시질 않았다. (실제로 외장하드가 느닷없이 고장 나는 경우가 종종 있다. 데이터를 살리지 못하면 그 즉시 다큐 감독에게는 하늘이 무너지는, 최후 심판의 날이다.) 제발 상영본이 탄생하는 순간까지만 쌩쌩하게 버텨 주기를……. 외장하드를 기필코 사수하겠다고 다짐하며 본격적인 편집에 들어갔다.

편집은 하면 할수록 요리와 닮은 구석이 참 많다. 각 재료 본연의 풍미가 맛깔나게 어우러지는 최적의 조합을 찾아 나서듯 촬영본으로 만들 수 있는 최고의 이야기를 완성하는 게 지상 과제다.

먼저 촬영한 영상을 처음부터 다시 보면서 주요 대사나 상황, 이미지 등을 글로 적었다. 편집 스크립트를 작성하는 것인데, 무척 힘들고 지루한 작업이지만 편집의 기반을 다지는 중요한 일이다. 기록을 잘해 놓으면 필요한 부분의 위치를 신속하고 정확하게 파악할 수 있기에 결과적으로는 편집 시간을 단축하는 데 도움이 된다.

그렇게 대략 두어 달을 속기사처럼 살았다. 한참 하다 보니 입에서 단내가 났다. 눈이 빠질 것 같았고 허리와 손목이 너무 아팠다. 그 밖에도 성한 곳이 별로 없었다. 차라리 촬영 다니던 시절이 좋았다는 생각을 자주 했다. 그때는 적어도 하룻밤 자고 일어나면 몸이 금방 회복했으니까.

어느 날은 생명에 위협을 느낀 나머지 문틀에 설치하는 철봉을 곧장 사 버렸다. 쉬는 시간을 정해 놓고 규칙적으로 턱걸이를 했다. 작품도 살리고 나도 살자고 악착같이 매달려 중력과 싸웠다. 그러고 보니 다큐 감독들 중에서 만성질환 하나 없는 사람이 드물다. 어느 틈엔가 시력 저하는 기본, 원인 모를 통증 하나쯤 달고 살았다. 밖에서 겨울에는 찬 바람 쐬고 여름에는 무더위를 버티며, 안에서는 굳은 자세로 꼼짝 못 하니 직업병이 안 생기려야 안 생길 수가 없었다.

역작을 내놓겠다는 예술혼도 좋지만 건강보다 소중한 게 또 있을까? 나는 가능하면 오래도록 다큐멘터리를 제작하고 싶은 소망이 있다. 백발노인이 되어서도 현장을 누비고 싶기에 지금의 체력 또한 잘 유지해야 함을 잊지 않는다.

편집 스크립트를 작성한 뒤 이어진 순서는 컷 편집이다. 자르고 붙이기, 편집의 기초이자 가장 핵심적인 동작이 주를 이룬다. 초벌로 400시간쯤 되는 원본 파일에서 의미가 있는 이야기 덩어리 40개 정도를 끄집어 냈다.

미리 짜 놓은 편집 구성안에 맞춰 아니다 싶은 장면은 과감하게 지웠다. 사실 말이 쉽지, 고생해서 촬영한 분량을 삭제할 때는 뼈와 살을 자르는 것만큼 고통스럽다. 경험해 본 사람만 아는 트라우마가 밀려온다. 그러나 편집은 가장 정직한 행위다. 버리지 않으면 채울 수 없고, 포기하지 않으면 이룰 수 없다. 움켜쥔 패를 내려놓아야만 다음 단계로 가는 길이 보인다. 계속해서 숱한 고민의 날을 보내며, 아프고 속이 쓰리지만 덜어 내고 또 덜어 냈다. 그 과정에서, 앞에서 언급한 것처럼 아쉽게도 수많은 장면이 잘려 나갔다.

3개월 정도 컷 편집을 하고 나니 어느 정도 윤곽이 보였다. 더욱 짜임새 있게 편집본을 다듬어 가면서 일러스트와 음악 작업을 병행했다. 일러스트는 인터뷰 내용 중 인상 깊은 대목을 이미지적으로 뒷받침하면 좋을 듯했다.

적합한 작업자를 물색하던 중 지인을 통해 최보람 작가님을 소개받았다. 처음 합을 맞춰 보는 터라 살짝 염려하기도 했지만, 실상은 기우였다. 최보람 작가가 내 머릿속을 훤히 꿰뚫고 있는 듯 내가 원하는 바를 바로바로 척척 구현해 내니 어려울 게 전혀 없었다. 한 장 한 장이 은은한 온기를 품으면서도 맥락과 핵심을 또렷이 포착해 냈다. 다른 분들의 반응도 대체로 그랬다. 작품에 들어간 삽화를 콕 찍어 긍정적인 평을 주신 관객들이 많았고 무엇보다 어머니들께서 무척 만족해했다. 이은자 어머니의 카톡 프로필은 〈학교 가는 길〉에 담은 일러스트, 지현이가 볼에 뽀뽀해 주는 그림이다.

쉼 없이 달려온 시간과
멋진 협업자들

다큐멘터리의 음악은 정마태 작곡가님이 맡아 주셨다. 다방면에 걸쳐 왕성한 창작활동을 하면서 강단에서 학생들을 가르치는 실력파 음악인이다. 알고 지낸 지 10년이 훨씬 넘은 그는 그동안 내가 만든 작품의 음악작업을 도맡아 주었다. 아무리 바빠도, 넉넉하게 사례를 드리지 못하는데도, 매번 최고의 결과물을 창조해 냈다.

다만 음악작업 특성상 시간은 오래 걸린다. 원하는 바를 추상적인 개념으로밖에 설명할 수 없다 보니 장기간 서로 합의에 이르지 못하면 관계가 틀어질 수도 있다. 밝고 신나는 느낌, 어둡고 우울한 느낌, 담담한 느낌, 희망차면서도 절망적인 느낌 등의 표현 말고 수학처럼 정확하고 구체적인 언어가 오갈 수 있으면 좋겠다는 생각을 자주 한다. 그러나 그렇게 되면 이 일을 더 이상 예술이라 일컬을 수 없을지도 모르겠다. 여하튼, 까탈스러운 의뢰인의 요구에 짜증 한번 내지 않고(물론 속으로야 열불 천불이 났겠지만) 완벽한 음악으로 응답해 준 정마태 작곡가에게 아낌없는 박수를 보낸다.

작품에 쓰인 모든 음악이 다 마음에 들지만 엔딩 곡은 특히 더 각별하다. 서진학교가 개교를 했음에도 여전히 만만치 않은 현실을 떠올리면 마냥 경쾌하게 갈 수 없는 노릇이었다. 묵직하게 위로하면서도 굳은 결의나 각오가 묻어나는 음악을 원했고, 딱 맞춤한 곡이 완성되었다.

2020년의 여름, 그간 쉼 없이 갈고닦은 결과 얼추 120분 분량의 시사용 버전을 손에 쥐었다. 여기에서 좀 더 줄여야 하지만 도무지 쉽지 않았다. 너무 자주 보다 보니 혼자서는 객관적이고 이성적인 결정을 내리기 어려워진 탓이었다.

주변 감독들에게 SOS를 청했다. 대학 입시를 앞둔 수험생의 심경으로 평가를 부탁했다. 다들 나를 향한 애정에 날카로운 비평을 더해 답을 주었다. 사기가 바닥을 칠 때도 있었지만 그들의 의견을 곱씹으며 개선해 갔다. 더불어 아주 특별한 기회를 얻었다. 전주국제영화제에서 지원하는 멘토링 프로그램에 선정되어 한국 다큐멘터리계의 뛰어난 선배들에게 조언을 구할 수 있었다. 김옥영 작가님, 이창재 감독님, 감병석 프로듀서님, 김일란 감독님, 네 분과 함께 보낸 2박 3일은 특전사의 동계 훈련마냥 혹독한 시간이었다. 인정사정 보지 않았고 따끔한 질책이 잇따랐다.

'괜히 왔구나, 잘못 왔구나…….'

후회가 밀려오기도 했으나 역시 아픈 만큼 성장하는 법, 이 시간을 통해 〈학교 가는 길〉의 굵직한 구성을 확정했다. 참신한 아이디어도 많이 얻었다. 어설픈 후배를 위해 치열하게 고민하고 지혜와 경험을 나눠 주신 네 분 덕이었다.

색보정과 사운드 믹싱은 오롯이 외부 전문가의 영역임을 고려하면 이제 내 선에서 할 수 있는 후반 작업은 얼마 남지 않았다. 러닝타임과의 사투가 극에 달하자 1프레임 단위로 자르는 시기가 왔다. ('1프레임'은 영상의 기본 단위인 정지 사진 한 장을 의미하는데, 영화는 1초에 24프레임으로 이루어진다.) 몸에 사리가 생길 지경이었지만 프레임을 모으고 모아 24프레임이 되면 딱 1초가 줄었다. 그만두자니 미련이 남았고 더 가자니 동력이 없었다. 무념무상의 세상을 거닐며 하루속히 편집 감옥에서 탈출하고 싶은 열망뿐이었다. 그러나 최후의 고비가 하나 남았다.

멘토링 과정에서도, 주변 감독들에게도 동일한 조언을 들었는데, 동해 분량을 통째로 드러내는 편이 좋겠다는 이야기였다. 특수학교를 향한 오해와 편견이 강서구에만 있는 게 아니라 어디서든 크게 다르지 않다는 점을 보여 주려는 의도였는데 동어반복 같다는 게 그들의 견해였다.

결단의 시간이 임박했음을 알았다. 관건은 동해 부모들과의 약속이었다. 반드시 당신들의 고군분투와 진심을 알리겠다고 말씀드렸고, 그분들에게서 더할 나위 없는 지원을 받았다. 그런데 이제 와서 통편집하겠다고 하면 어떤 반응을 보이실까?

며칠을 망설이다 최보영 어머니께 연락을 드렸고, 그는 흔쾌히 괜찮다고 하셨다. 〈학교 가는 길〉이 울림 있는 이야기가 될 수 있게 하는 데만 집중하라고 당부하셨다. 이영수 국장 역시 이해해 주셨다. (내 마음의 부담을 덜어 주려고 두 분 다 대수롭지 않게 말씀

함께하는 걸음

하신 걸 잘 알기에 더 죄송했다.)

컷 편집을 완료하기까지 대략 7개월이 걸렸다. 출구가 보이자 푸석하던 얼굴에 조금씩 화색이 돌았다. 마지막으로 색보정과 사운드 믹싱이 남았다.

극장 상영 환경에 적합하게 화면색과 음향을 보정하는 이 작업은 전주영상위원회의 후반제작지원 프로그램을 통해 해결했다. 이학수 색보정 감독님, 이상혁 오디오 감독님께서 빼어난 실력을 여실히 보여 주셨다. (그러고 보니 매번 내 고향 전주에서 분에 넘치는 선물을 받았다. 가장 먼저 제작지원을 해 준 곳이 전주국제영화제였고, 멘토링과 후반제작까지 전주에서 끝냈다. 전주시민께도 고개 숙여 감사드린다.)

전반부에 편집을 요리에 비유했다. 전주 하면 단연 맛의 고장으로 유명하지만, 솔직히 예전만 못하다는 평이 주를 이룬다. 요즘처럼 식도락 기행(紀行)이 흔한 시기, 맛집의 규모를 음식 솜씨의 척도로 규정한다면 단연 서울이 전국을 압도할 것이다. 그러나 나는 기준을 조금 달리해 본다. 이경규, 강호동 씨가 활약한 〈한끼줍쇼〉와 같은 형태로 어느 가정집이든 즉흥적으로 방문한다면 전주는 여전히 천하제일 미식 도시다. 문득 〈학교 가는 길〉이 전주의 가정식 백반과도 같은 영화가 되었으면 좋겠다고 생각했다. 언제든 소소한 행복과 안식을, 듬직한 격려를 건네는 그런 음식 말이다.

색보정과 사운드 믹싱을 마치며 기나긴 대장정이 막을 내렸다. 최종적으로 100분에서 딱 하나 빠진, 99분 길이의 상영본을 얻었다. 이젠 정말이지 관객과 만날 일만 남았다. 때마침 기다리던 낭보가 들렸다. 〈학교 가는 길〉이 2020년 제12회 DMZ국제 다큐멘터리 영화제의 개막작으로 선정되었다는 소식이었다.

DMZ다큐영화제
개막작

월드 프리미어(World Premiere)는 한 편의 영화를 세계 최초로 관객에게 선보이는 자리를 뜻한다. 사람으로 따지면 출생신고와 같은 것인데, 아마 현존하는 모든 감독은 프랑스 칸이나 독일 베를린, 이탈리아 베니스 등 국제적으로 명성 있는 영화제를 통해 자신의 신작을 발표하기를 꿈꿀 것이다. 월드 프리미어를 어떻게 했느냐가 작품성의 절대적 척도는 될 수 없겠지만 언젠가는 나도 한번 비행기를 타고 가서 신작을 공개하고 싶은 바람이 있다. (살아생전 가능할지 장담 못 하나 일단은 더욱 분발해야겠다.) 솔직히 칸, 베를린, 베니스가 아니어도 괜찮다. 관객을 만날 수 있다는 것 자체만으로도 영광이고 고마운 일이다. 그런 기회를 DMZ 국제다큐멘터리영화제(이하 DMZ다큐영화제)에서 주셨다.

DMZ다큐영화제는 매년 가을 경기도에서 열리는 아시아의 대표 다큐멘터리 축제로, 특히 다큐 제작자들에게는 든든한 버팀목 역할을 하고 있다. 학부 졸업작품이었던 〈하늘 연어〉를 1회 DMZ다큐영화제에서 상영했다. 그새 까마득한 세월이 흘러 영화제는 어느덧 열두 해를 맞았다.

개막식 당일 내 차를 운전해 강서구로 어머니들을 모시러 갔다. 행사장이 파주출판단지에 있는지라 교통편이 마땅치 않은 이유도 있었지만, 장소가 어디건 이때만큼은 수행원을 자처하려 했다. 아주 오래전부터 간직했던 계획이기 때문이다.

제작이 난관에 부딪힐 때마다 어머니들과 함께 극장에 가는 상상을 하곤 했다. 지금 아무리 힘들고 어려워도 포기하지 않으면 왁자지껄 웃고 떠들며, 설레는 마음으로 맞이할 때가 오리라 믿었다. 오늘이 바로 그날이었다. 지난 기억이 주마등처럼 스쳐 지났다. 행주대교에서 자유로로 접어드는데 괜스레 코끝이 찡해졌다.

파주로 가는 길은 시끌벅적했다. 어머니들은 오늘 각자의 색조 화장에 대해, 포토존에서 어떤 표정이나 몸짓을 해야 할지에 대해 갑론을박을 벌였다. 네 분의 활기가 차창 밖을 뚫고 나갈 듯했다. 평소보다 여유롭고 홀가분한 분위기가 느껴졌다면 과장일까. 그러나 진심으로 그러하기를 바랐다. 단 하루, 단 몇 시간만 이라도 누군가의 엄마, 아내가 아닌 조부용, 이은자, 정난모, 장민 희로 오롯이 자신을 마주하는 시간이 되면 좋겠다고 생각했다.

2020년 9월 17일, 제12회 DMZ국제다큐멘터리영화제는 정말 어렵게 열렸다. 그해 영화제 대부분이 코로나로 인해 오프라 인 행사를 전격 취소하거나, 최소한의 명맥만 유지하는 수준에 그친 터였다. 그나마 DMZ다큐영화제는 정상 운영을 위해 무척 애를 썼지만 아무래도 이전과 같을 수는 없었다.

개막식만 해도 왠지 썰렁하고 가라앉은 분위기였다. 사람 좀 모였다 하는 곳이라면 행여 확진의 진원지가 되지 않을까 다들 전전긍긍하던 시기였다. 우리는 조심스럽고도 안전하게 영화제 를 즐겼다. 아담하게 마련된 카펫을 걸어 보고 포토월을 배경으 로 사진도 촬영했다. 어머니들은 개막식 사회자인 성훈 배우와 단체 사진을 찍기도 했다.

개인적으로도 무척 의미 있는 시간이었다. 다큐하는 남편을 묵묵히 참고 기다려 준 아내와 다큐하는 아빠를 언제나 측은한 눈빛으로 응원하는 딸 마로가 함께했다. 사위가 늘 뭐 하고 다니 는지 궁금해하시는 장모님께서도 오셨다. 어렸을 때 사이가 너 무 안 좋은 나머지 싸우고 싸우고 싸우다 깊은 정이 든 누나도 참석했다. 그리고 아들의 상영을 축하하려고 멀리 전주에서 부 모님이 올라오셨다. 사랑하는 가족과 기쁜 순간을 나눌 수 있어

서 더없이 감사하고, 또 뿌듯했다.

개막식이 어떻게 흘러갔는지 모르겠다. 어머니들과 개막선언을 외친 후 정신없이 뛰어다녔다. 세 군데 상영관에서 시차를 두고 연달아 행사를 진행했기에 숨 돌릴 틈이 없었다. 인사하고 이동하기를 반복했다.

이날 유일하게 기억에 남는 것은 DMZ다큐영화제 김영우 프로그래머의 개막작 소개 일부분이다. 〈학교 가는 길〉을 두고 "한국 사회를 날카롭게 비추는 만화경 같은 작품"이라고 말씀해 주셨다. 현재 대한민국의 시대상을 다양한 측면에서 조명하고 있다는 의미일 텐데, 매우 과분한 줄 잘 알지만 내 마음을 단숨에 사로잡는 해석이었다. 앞으로 어떤 작품을 하든 이 말을 명심하겠다고 다짐했다.

처음 관객을 만나고
돌아오는 길

새로운 작품의 첫 번째 상영이 끝난 후.

감독에게 가장 두려운 시간이 왔다. 엔딩 크레딧이 올라가고 어두웠던 극장에 불이 켜졌다. 관객들의 반응을 살필 엄두조차 나지 않아 고개를 푹 숙였다. 일단은 사고 없이 무사히 막을 내린 것만으로도 감지덕지했다.

집으로 돌아오는 길은 차분하고 정적인 분위기였다. 나도 그렇고, 다들 잔뜩 긴장한 채로 하루를 보냈더니 쌓였던 피로가 몰려왔다. 어머니들은 커다란 스크린으로 자기 모습을 보는 게 무척 낯설었다고 겸연쩍어하셨다. 어머니들을 댁으로 모셔다 드린 후, 늦은 밤 잠자리에 누웠다. 긴 하루가 끝났다. 이제 〈학교 가는 길〉은 내 손을 떠났고 평가는 오롯이 관객의 몫이 된 것이었다. 앞으로 어떤 미래가 기다리고 있을지, 기대와 우려가 교차했다.

영화제 기간에 일반 상영이 한 번 더 있었다. 그때는 다른 장애인 부모들도 많이 오셨다. 현정이와 혜련이, 지현이, 재준이도 와서 함께 〈학교 가는 길〉을 봤다. 영화가 끝나고 현정이와 인사를 나누는데 내게 뭔가 할 말이 있는 듯한 눈치였다. 끝내 아무 얘기도 해 주지 않았지만, 천진한 현정이의 얼굴을 기억하면 왠지 수고했다는 한마디가 아니었을까 생각해 보곤 했다.

이날 잊을 수 없는 기억이 하나 더 있었다. 김남연 어머니가 남겨 주신 감상평이었다.

"부모들이 한창 투쟁할 때는 우리만 홀로 싸우는 줄 알고 무척 힘들고 외로웠습니다. 발달장애인 가족 곁에는 아무도 없는 줄 알았습니다. 그런데 지금 보니 김정인 감독이 항상 우리와 함께 투쟁 현장에 있었습니다. 우리의 싸움이 절대 외롭지 않았음을 이제야 깨닫습니다."

〈학교 가는 길〉을 제작하면서 가장 힘들었던 순간을 꼽자면, 역설적으로 부모님들의 지지와 성원이 최고조에 달할 때였다. 그동안 이루 다 헤아릴 수 없을 만큼 내게 도움을 주셨기에, 그분들의 마음에 미치지 못하는 작품이 나오면 어쩌나, 실망하시면 어떡하나, 나 자신이 만든 부담에 무겁게 짓눌렸다.

그래서 김남연 어머니의 그 말을 들으며 비로소 모든 짐을 내려놓을 수 있었다. 지난 몇 년간의 수고와 노력이 마냥 헛되지 않았다고, 내가 나를 다독여 줄 수 있었다. 그것으로 이미 충분한 보상을 받은 셈이었다.

영화는 2020년 연말 서울독립영화제 장편 경쟁부문에서, 인천인권영화제 폐막작으로 추가 상영되었다. 다행히 혹평보다는 호평이 주를 이뤘다. 희소식은 또 있었다. 영화진흥위원회에서 독립영화 개봉지원작으로 선정되면서 일반 개봉도 가능해졌다. 더 많은 관객과 만날 수 있는 장이 열린 것이었다. 개봉은 나에게

도 첫 경험이지만 부모님들이 뒤에 계시니 겁날 일은 전혀 없었
다. 차근차근 필요한 준비를 시작했다. 그렇게 〈학교 가는 길〉 위
에서 맞이한 네 번째 해가 저물어 갔다.

40 작전명 : 모차렐라 치즈

코로나 시대의

영화 개봉

백약이 무효했다. 완벽하고 빈틈없는 계획이란 허상 같은 존재지만, 설령 그런 게 있다고 한들 코로나 시국에 예정대로 진행될리 만무했다. 별안간 오랜 시간 인류의 삶을 지탱해 온 예측 가능한 보편적 기대와 전망이 송두리째 흔들렸다. 대신 그 자리를 칠흑 같은 혼돈이 파고들었다.

코로나 이후 세상은 확연히 달라졌다. 한 번도 경험하지 못한 역병을 두고 사람들은 혼비백산했다. 모이기를 폐한 까닭에 거의 모든 업종이 타격을 받았다. 특히 극장이라는 공간은 집단감염 우려에 초토화됐다. (알고 보니 극장은 가장 안전한 장소 중 하나로 판명됐지만.)

　대기업 멀티플렉스조차 앞다퉈 상영관을 매각하거나 하루가 멀다고 직원을 잘랐다. 평소 같으면 자본의 냉혹함을 질타하는 목소리가 들불처럼 일었겠지만 이때만큼은 아무도 반기를 들지 않았다. 그만큼 엄중하고 절박한 시기에 개봉을 앞둔 감독의 마음은 어떠했을까. 결론은 이미 정해져 있었다. 가뜩이나 독립영화는 비주류 장르이고, 그 안에서도 다큐멘터리는 극소수에 가까웠다. 어느 것 하나 우호적인 환경과 거리가 멀었지만, 낙관도 비관도 없이 덤덤하게 갔다.

　〈학교 가는 길〉은 영화사 진진에서 배급을 맡아 주셨다. 진진과는 2018년 전주국제영화제의 부대 행사인 프로젝트마켓에서 처음 연을 맺었다. 그때가 〈학교 가는 길〉의 첫 번째 피칭이었다. 이는 제작 투자자들을 대상으로 영화 기획안을 소개하는 자리인데, 이날 참석한 배급사 관계자의 호의 덕분에 관계성을 줄곧 유지해 왔다. 오랜 기간 인내심을 갖고 기다려 준 배급사의 존재는 시종일관 큰 힘이 되었다. 어리숙한 초보 감독을 대신해 세세한 부분까지 신경 써 주었다.

　배급사 선정을 마친 후에는 개봉 시기를 고민했다. 코로나 상황에서 택일은 더욱 신중하게 접근해야 했다. 하루에도 코로나 라이브 사이트를 수십 번 들락날락했다. 늘었다가 줄고, 줄었다 싶으면 다시 늘고……. 코로나가 끝날 기미가 보이지 않는 상황에서 마냥 기다릴 수도 없는 일, 이제 시점을 저울질하는 게 무슨 의미가 있나 싶었다. 그래서 더 시간 끌 것도 없이 영화의 내용을 고려해 상징성 있는 5월 5일 어린이날 개봉을 확정했다.

일단 개봉일이 정해지니 그에 따른 세부 일정은 수월하게 결정할 수 있었다. 어린이날을 D-day로 두고 각 주차별로 해야 할 일을 배급사와 함께 수립했다. 큰 줄기는 배급사에서 빠짐없이 준비해 주셨기에 마련된 초안을 검토하고 피드백하는 일이 주를 이뤘다.

보도자료부터 선재물까지, 챙겨야 할 부분이 적지 않아서 웬만하면 바로바로 의견을 드리려 했다. 일련의 과정을 거쳐 포스터, 온·오프라인 홍보 콘텐츠, 굿즈(Goods) 등이 차례로 완성되었다. 특히 굿즈를 제작할 때 어떤 아이템이 효과적일지 고민이 많았는데 온라인 홍보대행사 직원분의 제안으로 갑 티슈를 확정했고, 표지 디자인을 재준이와 유현이, 연수의 그림으로 꾸미면서 영화의 정체성과 의미를 잘 담아낼 수 있었다.

관객
시사회

개봉일이 확정된 이후 가장 중요한 일정을 꼽자면 단연 시사회가 아닐까 한다. 시사회는 개봉에 앞서 영화를 알리고 파급력을

만들 수 있는 자리다. 단순히 새 영화의 등장을 알리는 것뿐 아니라 입소문을 만들어 낼 관객을 최대한 많이 확보해야만 한다. 그런 점에서 〈학교 가는 길〉은 아주 운이 좋았다. 이 다큐의 존재 이유와 떼려야 뗄 수 없는 조직, 바로 '전국장애인부모연대'가 있었기 때문이다.

전국장애인부모연대는 배급사와 더불어 〈학교 가는 길〉을 지탱해 준 핵심 기둥이었다. 교육계와 정계, 학계, 언론, 시민사회 등 사회 각계각층과 유대관계를 맺어 온 전국장애인부모연대 덕분에 다양한 이들을 시사회에 초대할 수 있었다.

개봉을 일주일여 앞둔 2021년 4월 말, 용산에서 열린 시사회 당일에 많은 분이 극장을 찾아 주셨다. 기분이 묘했다. '이제 비로소 본격적인 개봉의 막이 올라갔구나.' 코로나 상황 속에서도 배급사와 부모님들 그리고 감독인 나도 최선을 다했으니, 남은 건 하늘의 뜻을 겸허히 기다리는 일이었다.

개봉을 앞두고 열린 마지막 회의 때, 배급사 사무실 분위기가 무거웠던 것으로 기억한다. 예상만큼 예매율이 오르지 않은 탓이다. 시사회 반응은 대체로 호의적이었으나 그날의 열기가 두루 퍼지지 않고 정체되었다. 배후에는 역시나 코로나의 그늘이 도사리고 있었다. 최우선으로 장애인 부모님들이 입소문의 진원지가 되어야 하는데, 발달장애인 특성상 코로나 감염 후 치료에 대한 어려움이 커서 부모님들은 극장 방문을 무척 부담스러워했다. 오히려 극장이 안전하다는 명백한 사실이 있어도 막연한 두려움 앞에서는 힘을 잃었다.

일반 상영관 개봉과는 별개로 각 지역 부모연대가 주축이 되어 지역사회 상영회를 진행하기로 했다. 좋은 소식도 들려왔다. 서울 성동구 지회에서 구청장과 관련 공무원, 지방의원들을 대상으로 진행한 상영회가 성황리에 막을 내렸다. 더욱이 정원오 성동구청장님께서 장애인식개선교육 프로그램의 하나로 전 공무원 단체 관람을 약속해 주신 것은 큰 수확이었다. 이 영화 한 편을 보는 것이 그 어떤 장애인식 개선교육보다 유익했다는 평이 많았다. 이런 사례가 하나둘 알려지면서 상영회를 개최하는 지역이 점점 늘어났다.

조금씩 영화에 대한 입소문이 퍼지면서 각 지역 장애인부모회가 관심을 기울이고 움직이기 시작했다. 당장 큰 변화가 일어난 것은 아니었지만 여러 지역에서 지자체, 시민사회, 교육계 인사들이 함께하는 상영회가 줄줄이 개최되었다. 개봉 직후보다 훨씬 우호적인 분위기가 만들어지고 있었다. 얼마 지나지 않아 노원구청 공무원 단체 관람이 진행되면서 〈학교 가는 길〉 상영은 한층 더 탄력을 받았다. 오승록 노원구청장께서 영화를 잘 봐 주기도 했지만 시의원 시절부터 오랫동안 장애인 부모님들과 끈끈한 인연을 맺어 온 것이 큰 역할을 했다. 부모님들이 평소 지역사회에서 얼마나 열성적으로 활발하게 활동해 오셨는지 다시금 실감했다.

모차렐라
치즈처럼

"모차렐라 치즈처럼 가늘고 길게, 그게 우리의 전략입니다."

개봉 이후 단 한 번도 일일 관객 1000명 이상을 동원한 적은 없다. 그렇지만 소소하게 호평이 이어지면서 단체관람 쪽에서 지속적인 수요가 있었다. 시간이 갈수록 지자체뿐만 아니라 교육계 쪽에서도 적지 않은 기회가 만들어졌다. 특히 이종필 선생님을 비롯한 서울경인특수교사모임에서 큰 힘을 보태 주었다. 코로나 때문에 할 수 있는 일이 많지 않았던 상황에서 꾸준한 관심은 천군만마와 같았다.

그러면서 어느 때부터인지 '모차렐라 치즈'가 작전명처럼 자주 언급되었다. 배급사나 부모님들과 이야기할 때마다 모차렐라 치즈처럼 가늘지만 길게, 끈질기게 상영을 이어 갈 방안을 찾고자 계속 머리를 맞댔다.

때마침 허석 순천시장께서 시민들을 대상으로 진행하던 권분운동(나눔을 권장한다는 뜻)의 여섯 번째 주자로 〈학교 가는 길〉 함께 보기를 선정해 주었다. 덕분에 순천에서 많은 분이 영화를 관람한 뒤 다시 티켓 나눔에 동참했다. 이 과정에서 이정근 전국장애인부모연대 전남지부장님의 활약이 대단했고, 전남교육청에서는 관내 학생들을 대상으로 단체관람을 진행해 주었다.

어느덧 개봉한 지 두 달째, 7월로 접어들었지만 전국에 걸쳐 크고 작은 상영회가 계속되었다. 여기저기 다니느라 바쁜 나날을 보냈지만, 많은 관객이 〈학교 가는 길〉로 인해 발달장애인과 그 가족의 삶을 더욱 깊이 이해할 수 있었다고 말씀해 주어서 피곤한 줄 몰랐다. 또한 안민석 의원 주선으로 개최한 상영회에는 국회의원들이 대거 참석하여 더 많은 관심과 지원을 약속하기도 했다. 제작 과정에서 단 한 번도 그런 원대한(?) 생각을 해 본 적이 없지만 여기까지 온 이상 이 영화가 발달장애인을 위한 법과 제도를 개선하는 데 작은 마중물이 되면 좋겠다는 바람이 생겼다.

숱한 어려움 속에서도 유의미한 행보를 이어 가던 즈음, 결국 일이 터졌다.

2021년 7월 6일로 기억한다. 종로구청, 성북구청 단체관람이 막 시작되는 날이었다. 종로구에 있는 한 극장에서 관객과의 대화를 마치고 나오면서 습관처럼 코로나 라이브 사이트를 접속했다. 낯선 숫자에 눈을 비볐다. 한동안 안정적으로 관리되던 확진자 그래프가 하늘 높은 줄 모르고 치솟았다. 새로운 대유행의 시작이었다. 곧이어 거리두기가 4단계로 격상하면서 예정된 상영이 모조리 취소되었다. 탁상 달력에 표시해 둔 관객과의 대화 일정에 하나둘 엑스 자를 그어 가는데 어찌나 속이 쓰리던지.

허탈한 마음이야 이루 다 말할 수 없었지만 이 또한 다큐멘터리를 닮은 인생의 한 단면일 것이었다. 사람의 힘으로 할 수 없는 일에 재빨리 순응하는 것도 지혜로운 삶의 태도라고 생각했다. 그렇게 〈학교 가는 길〉 배급의 1막이 저물어 갔다.

본류(本流)가 막히면 지류(支流)가 뚫리는 법. 극장 상영은 맥이 탁 끊겼지만, 대신 온라인 스트리밍 상영 후 화상회의 플랫폼 줌(ZOOM)으로 관객과 만나는 기회가 자주 생겼다. 처음에는 모니터를 통해 낯선 이들과 만나는 자리가 어색했지만 차츰 적응해 갔다. 나중에는 간단한 PPT까지 만들어 영화의 개요를 소개하기도 했는데 관객들 반응이 나쁘지 않았다. 물론 극장 상영에 비해, 관객의 몰입도나 집중도가 떨어지는 건 분명하지만 (다큐멘터리 장르는 더더욱) 이렇게라도 관객과 만날 수 있으니 다행스러웠다.

어느덧 2022년이 되고 개봉 1주년이 훌쩍 넘었다. 사실 나는 개봉 이후 습관처럼 '코로나만 아니었다면 어땠을까, 코로나 아닌 시절에 개봉했더라면……' 하는 생각을 줄곧 했다. 부질없는 가정인지라 이내 머리를 털어 보지만 하루에도 몇 번씩, 무의식 중에도 불쑥불쑥 떠올랐다. 다만 후회는 하지 않는다. 나도, 주인공분들도, 배급사도, 전국장애인부모연대도, 영화를 봐 주고 마음을 함께한 관객들도, 모두 주어진 시간만큼 최선을 다했으니까.

41   호사다마

아직 남은

현실의 어려움들

예부터 "좋은 일에는 탈이 많다."라고 했다. 또다시 아주 어둡고 긴 터널에 갇힌 기분이 들었지만, 이 또한 언젠가는 지난 일이 되리라 생각하며 견뎌 내고자 했다.

2021년 7월 말, 뜬눈으로 밤을 하얗게 지새워도 답이 없는, 그런 고민에 부딪혔다. 자초지종은 다음과 같다.

영화가 개봉되고 두 달이 지날 무렵, 배급사 김난숙 대표님으로부터 급한 연락을 받았다. 올 것이 왔다고 말씀하셨다. 특수학교 설립반대 비대위에서 활동한 분이 '영상 삭제 가처분 신청'과 '영화 배급, 상영 중지 가처분 신청'을 제기한 것이었다.

사실, 뚜렷한 전조가 있었다. 개봉 이후 배급사는 줄곧 외압(?)에 시달렸다. 직원들은 항의 전화를 받느라 업무가 마비될 지경이었다. 여러 사람이, 번갈아 가며, 집요하게, 〈학교 가는 길〉의 영화 개봉을 막고자 배급사를 공략했다. (끝까지 감독을 보호하겠다며 방패를 자처한 김난숙 대표님과 직원들에게 큰 신세를 졌다.)

어느 날은 내 앞으로 편지 한 통이 도착했다. 내용증명이라는 형식이었고 발신자는 특수학교 설립반대 비대위 위원장이었다. 대략 어떤 내용일지 예측 못 할 바는 아니었다. 문제는 과연 얼마큼의 강도(强度)가 담겨 있느냐였다. 편지지를 꺼내 드는데 그렇게 심장이 요동칠 수가 없었다. 장문의 글은 한눈에 봐도 붉으락푸르락했다. 단호한 경고의 언어에 분노와 격정이 서려 있었다. 핵심만 요약하자면 이랬다.

〈학교 가는 길〉은 장애인 부모들만을 위한 홍보성, 편파적인 영상이다.
비대위 회원들의 명예를 심각하게 실추시켰다.
고로 당장 상영을 중단하지 않으면 각종 민·형사상 소송에 직면하게 될 것이다.

일단은 죄송한 마음이 들었다. 이 영화 때문에 예정에도 없던 시간과 에너지를 소모했을 테니, 작품과는 별개로 그게 인지상정이었다. 그러나 분명히 짚고 넘어가야만 했다. 작업하는 내내

함께하는 걸음

나를 괴롭혔던 질문이 있었다.

'반대하는 이들을 어떻게 보여 줄 것인가?'

누차 고백하건대, 내가 만일 가양동 주민이었다면 서진학교 설립을 두고 어느 편에 섰을지는 지금도 자신이 없다. 그래서 처음부터 이 작품이 공개됐을 때, 관객의 반응이 특정 개인이나 집단을 비난하는 데 그치고 말면 나는 감독으로서 철저히 실패한 거라고 생각했다.

그들 역시 우리의 평범한 이웃이며, 누군가의 사랑하는 가족일 것이다. 토론회라는 공개적인 행사에 주민 대표를 자처해 발언자로 나섰고, 열성적으로 비대위 활동에 앞장섰는데 이는 동시에 자신이 사는 지역을 나름의 방식으로 애착하는 인간 군상이기도 했다. 그리고 그것은 내 욕망과도 크게 다르지 않았다. 함부로 정죄할 수 없다는 결론에 다다를수록 메시지에 대한 부담은 몹시 컸다. 자신의 자랑스럽지 않은 모습을 보고 좋아할 사람이 누가 있겠는가. 하지만 아무 일 아니라는 듯, 두루뭉술하게 넘길 수는 없는 노릇이었다.

〈학교 가는 길〉에는 주민토론회 장면이 총 4분 42초 들어갔다. 그중 반대 측에서 발언하는 분량은 1분 26초였다. 모든 토론자는 모자이크 처리 되었고, 시간은 최대한 짧게, 발언의 수위를 조절해 배치되었다. 사실성을 해치지 않는 범위 내에서 편집 기술적으로 갖은 노력을 기울였으나 어떻게 해도 주민들과의 불화가 불가피하리라는 것은 잘 알았다. 그래도 최대한 간극을 좁히고 싶었다. 마지막까지 신중에 신중을 기했다. 일개 이름 없는 감독에 불과하지만 한 편의 다큐멘터리에 담긴 표현의 무게와 책임을 모르지 않기에, 내가 지닌 불안의 깊이만큼, 과연 옳은 길인지 묻고 또 물으며 나아갔다.

한계는 있을지언정 양측의 주장을 최대한 객관적이고 밀도 있게 다루고자 했다. 결과적으로 죄다 거절당해 유감이었지만, 비대위 관계자들께서 인터뷰 요청에 응해 주었더라면 얼마든지 더 많은 발언 공간을 내드릴 참이었다.

그게 무산되었더라도 내 선에서 할 수 있는 일은 물불 가리지 않고 찾아 나섰다. 비대위에서 줄기차게 내세웠던, 가양동만의 역사성·특수성을 조명하기 위해 무던히 애를 썼다. 특히 가양 도시개발의 기원을 보여 주기 위해 사용한 MBC 〈뉴스데스크〉 저작권료는 결코 적은 액수가 아니었다. 오래된 자료라 할증까지 붙었다. 빠듯한 독립 다큐 예산에도 이를 아끼지 않은 이유는 반대 목소리에도 더욱 귀를 기울이고자 함이었다.

항의는
소송으로 이어지고

비대위 위원장의 편지를 받고, 우선은 조용히 넘어가려 했다. 소송 위협에 일을 크게 키울 수도 있었지만 괜한 오해를 사고 싶지 않았기에 최대한 예의를 갖춰 답장을 썼다. 비대위에서 문제 제기한 내용에 대한 답변과 함께 어떤 의도를 갖고, 어떤 과정을 거쳐 다큐멘터리가 제작되었는지 소상히 전했다. 한 문장 한 문장 써 내려가는데 단어 선택부터 뉘앙스까지, 행여 진의에 어긋날까 봐 고심을 거듭했다. 제발 원만히 수습되기만을 바랄 뿐이었다.

이후 한동안은 비대위 조직에서 별다른 항의가 들리지 않았다. 이제 괜찮겠지, 안심하려는 찰나 더욱 큰일이 터지고 말았다. 비대위에 주도적으로 참가했던 한 분이 아예 개인 자격으로 소송을 제기한 것이다.

신청인은 오직 지역 발전을 위한 염원에서였을 뿐, 님비현상을 이유로 특수학교 건립을 반대한 것이 아니었으며, 신청인이 등장하는 10초 분량을 삭제하더라도 영화의 흐름에는 지장이 없기에 해당 장면은 반드시 삭제되어야만 합니다.

본 영화가 신청인의 명예를 심각하게 훼손하고 사회활동에 막대한 지장을 줄 우려가 크므로 영화의 배급, 상영을 중지할 필요가 있다고 생각합니다.

설마 소송으로 이어질 줄은 몰랐다. 앞선 내용증명과는 차원이 다른 상황이라 나도 공식적인 대응에 나설 수밖에 없었다. 우선은 발등의 불을 끄는 게 시급했다. 이미 법원 출석 일정까지 정해진 뒤였다. 법 없이도 살 위인은 못 되지만 아무래도 이런 일은 생소하고 난감했다. 살면서 처음 변호사를 선임했다.

실은 말이 좋아 선임이지, 큰 은혜를 입은 것이나 다름없었다. 어쩔 줄 몰라 헤매고 있을 때 조부용 어머니께서 가까운 지인을 통해 '화우공익재단' 소속 이현서 변호사님과 홍유진 변호사님을 연결해 주었다. 장애, 난민, 홈리스 등 사회·경제적 약자를 위한 법률 서비스 지원에 앞장서 온 화우공익재단은 대형 로펌 '화우'에서 사회적 책임을 다하기 위해 설립한 법인이었다. 검토 끝에 이 사건이 재단의 활동 취지와 부합한다고 흔쾌히 맡아 주었다.

두 변호사께서 본격적인 업무에 착수하자 소송 준비는 일사천리로 진행됐다. 탄탄한 논리와 유사 판례, 법적 근거를 바탕으로 답변서를 작성했다. 또한 이 소식을 듣고 전국장애인부모연대를 중심으로 탄원서가 돌았다. 실천교육교사모임을 비롯한 여러 교원단체에서, 서진학교 학부모회에서, 정치권에서, 조희연 교육감님과 교육청에서, 김옥영 작가님, 김동원 감독님 등 영화계 인사들도 힘을 보탰다. 나흘 동안 무려 6만 명 가까운 인원이 〈학교 가는 길〉을 지키는 든든한 방패로 나서 주셨다.

취합된 탄원서 파일을 열어 본 적이 있다. 마우스 스크롤을 아무리 내려도 끝이 보이지 않는 연명의 파도에 숨이 멎는 줄 알았다. 일면식도 없는 분들이 대부분인데, 다큐 영화 한 편이 뭐라고 이토록 뜨거운 지지와 성원을 보내 주시다니……. 감독 개인을 위한 것이라기보다 이 땅의 발달장애인 가족을 향한 연대의 증표였을 것이다. 소송이 한창일 때는 한없이 괴롭고 착잡하기만 했다. 그러나 그게 전부는 아니었다. 또 다른 지평이 열렸다. 가장 잊을 수 없는 건, 그 사건을 계기로 귀한 인연을 많이 만났다는 점이었다.

이 일이 화제가 되면서 언론의 반응도 뜨거워졌다. 개봉 당시보다 훨씬 많은 관심을 받았다. 처음에는 소송 자체만 다룬 기사가 주를 이뤘다면, 점차 특수교육정책 전반을 점검하는 방향으로 언론의 관점이 확대되었다.

함께하는
마음으로

신청인은 10초 분량, 자신의 발언 부분 삭제를 요구하며 본 소송을 제기하였습니다. 일견 간단한 사안처럼 보이지만 저는 다음의 이유로 받아들이기 어렵습니다. 먼저 작품 내 모든 발언은 특수학교 설립을 바라보는 사회적 단면을 가장 핵심적이고 압축적으로 보여 줄 수 있는 내용으로만 고심 끝에 선택했습니다. 각각의 발언 그 자체만으로도 이야기의 중요한 구성요소로 작용하고 있습니다. 또한, 이번 요구를 수락했을 때 벌어질 수 있는 이후 상황이 우려되기 때문입니다. 신청인의 발언을 삭제한다면 다른 반대 측 토론자들 역시 같은 대응을 하지 않을 이유가 없습니다. 그렇게 모든 주요 내용이 삭제되면 〈학교 가는 길〉은 다큐멘터리로서 생명력을 잃게 되고 말 것입니다. '배급, 상영금지 가처분 신청'과 '장면삭제 가처분 신청' 모두 본질적으로 이 영화의 존재 이유를 명백히 훼손하는 요구라 생각하기에 저는 겸허히 법원의 판단을 받아 보고자 합니다.

– 감독의 입장문 중

서울북부지방법원 제1민사부. 2021년 8월, 난생처음 법정 안에 들어섰다. 잔뜩 긴장할 것이란 예측은 완벽히 빗나갔다. 양측의 견해는 참고서면 형태로 재판부에 미리 제출한 상태였기에 막상 판사 앞에서는 간단한 사실관계만 확인하고 끝났다. 영화

〈어 퓨 굿맨〉(A Few Good Man)이나 〈변호인〉에서와 같은 치열한 법정 공방을 기대했던 나는 어안이 벙벙했다. 가처분 신청인데다 한국의 소송은 서면주의(書面主義)가 강화되는 추세여서 그렇다고 변호사께서 설명해 주었다.

한 달여가 지나 결정문이 나왔다. 채권자의 신청을 기각하며, 관련 비용은 채권자가 부담하는 것으로 소송은 막을 내렸다. 예상은 했지만 막상 결과를 듣고 보니 복잡한 기분이 들었다. 승소해서 마냥 좋았다기보다, 관련된 모든 이들의 안녕을 진심으로 빌었다.

이 영화는 특수학교 설립을 포함하여 사회적 약자인 발달장애인의 지역사회 내 자립과 통합이라는 가치를 강조하기 위해 제작된 것으로서 그 공익성이 크다.

영화의 상영 금지나 특정 부분을 삭제하는 행위는 헌법에 보장된 표현의 자유를 근본적으로 제한하는 것이므로, 영화로 인한 권리 침대가 중대하거나 회복하기 어려운 손해를 입힐 우려가 있는 경우에만 예외적으로 허용된다.

영화 내 채권자의 얼굴은 이목구비를 알아볼 수 없을 정도로 모자이크되어 있고 채권자의 성명이나 직함 등은 포함

되어 있지 않다. 쟁점 영상으로 인해 채권자의 의견이 왜곡된다거나 채권자의 사회적 평가가 중대하게 저해된다고 보기 어렵다.

- 서울북부지방법원 제1민사부 결정문 중

이 사건은 지금도 내게 풀리지 않는 숙제처럼 남아 있다. 법적으로야 전혀 거리낄 게 없지만 다큐하는 사람으로 모든 등장인물의 안위는 줄곧 중대한 관심사였다. 설령 다른 주장을 펼친다 해도 마음이 쓰이고 연민이 생기기 마련이었다.

하지만 그 일을 겪은 후, 앞으로 또다시 첨예한 의견이 충돌하는 이슈를 다룰 수 있을지, 자신감을 잃었다. 내가 어찌 감히 타인의 옳고 그름을 판단한단 말인가. 한때는 각다분한 인간사에 관심 끄고 대자연의 위대함을 포착하는 작업을 해 볼까도 생각했다. 그러나 나는 고되고 복잡해도 사람들 이야기가 여전히 좋다. 솔직히는 고되고 복잡하기에 좋아하는 것인지도 모르겠다. 나의 판단과 시선에 따라 누군가의 삶이 영향을 받을 수도 있는 만큼 더욱 낮은 자세로 정진에 힘써야겠다.

짙은 안갯속을 헤매는 나날이었지만, 우울한 소식만 있지는 않았다. 폭풍우가 지나간 자리에 맑은 날이 찾아들었다. 하나는

서울시 교육청이 발원지였다. 다큐멘터리 〈학교 가는 길〉을 중
고등학생들을 위한 장애인식 개선교육 교재로 활용하자는 제안
이 온 것이다. 교실에서 활용할 수 있게끔 영상 분량을 30분 정
도로 줄이고 자료집을 별도로 제작하는 게 골자였다.

재편집은 내가 맡고 자료집 출간은 교육청에서 주관했다. 다
큐멘터리를 다양한 측면에서 분석해 차시별로 학생들이 능동적
으로 장애를 체험하고 공감할 수 있는 계기를 잘 담아 주었다. 이
교재는 이후 교육부를 통해 서울시를 포함, 전국 시·도 교육청에
배포되었다.

경사는 또 있었다. 다큐멘터리와 직접적인 관련은 없지만 그
어느 때보다 기쁘고 감격스러웠다. 앞서 7장에서 잠시 암시한
바 있는데, 서진학교가 2021년 '서울시 건축상' 대상에 선정된
것이다. (한 해 동안 대한민국 수도 서울에 신축된 건축물을 심사해 수여
하는 이 상은 건축계에서 가장 영예로운 타이틀 중 하나로 꼽힌다.)

발표 직후 코어건축의 유종수 소장께서 떨리는 목소리로 연락
을 주셨는데 나도 모르게 환호성을 질렀다. 한계를 극복하고 완
성도가 월등히 높은 건축물을 만들어 낸 것도 대단하지만, 무엇
보다 서진학교가 지닌 사회적 의미와 무게감을 고려해 '만장일
치'로 수상을 결정했다고 했다. 1979년에 서울시 건축상이 제정
된 이래 대학교가 아닌 학교 건축물이 대상을 받은 것은 이번이
최초였다.

서울시 건축상 대상의 상패는 현재 서진학교의 중앙 통로에

자랑스럽게 전시되어 있다. 학교에 갈 때마다 일부러 그 앞에서 잠시 머문다. 학교를 짓기 위해 애쓴 분들의 노고가 이렇게 응답받았다. 기적이라는 단어를 달가워하지는 않지만 기적의 존재를 부인하는 것은 아니다. 의심의 눈초리로 보기에는 내가 아는 증거가 너무나 확실하므로……

시간이 흐른 뒤 돌아보면 예전에는 몰랐던 것들이 새롭게 보인다. 세상에 마냥 좋기만 한 일은 없듯이 마냥 나쁘기만 한 일도 없는 듯싶다. 다 양면이 있기에 어느 것에 집중할지는 나에게 달려 있다. 적어도 내리막길 하나에, 오르막길 하나에, 일희일비하지 말아야겠다. 이토록 평범한 진리를 새삼 되새기며, 비로소 학교를 나선다.

덧붙여, 서진학교가 지어지는 과정과 등교하는 모습을 담은 다큐멘터리 장면을 독자 여러분과 다시 한번 나누고 싶다. 아래의 QR 코드로 접속하여 시청해 주시기를.

서진학교가
지어지는 과정

등교하는
아이들 모습

　함께하는 걸음

그 후의 이야기

김정인 감독과 어머니들의 짧은 대담

참석자 | 김남연, 김정인, 이은자, 장민희, 정난모, 조부용
날짜 | 2022년 6월 11일

김정인 감독(이하 김정인) 시간이 정말 빠르지요, 2022년도 절반이 훌쩍 지났습니다. 요즘 어떻게 지내고 계신지요? 자녀들 소식도 궁금합니다. 참고로, 저는 책 쓴다고 몇 달간 계속 글 감옥에 갇혀 있었더니 녹초가 다 됐어요. 어떤 면에서는 다큐 만들 때가 좋았던 것 같아요. (웃음)

조부용 어머니(이하 조부용) 아이고, 정말 고생 많으셨습니다. 일단 현정이는 송정초등학교에서 청소 일 잘하고 있어요. 업무 능력이 뛰어나다는 의미는 아니고요. 출근 잘하고 잘 웃고 규칙적으로 잘 생활하고 있습니다. 직업생활을 하는 것만으로도 얼마나 감사한지 몰라요. 그리고 저는 〈학교 가는 길〉 덕을 좀 봤어요. 영화에서 제가 영어수업을 하는 장면이 나오잖아요. 좋은 제안이 와서 '영등포꿈더학기학교'에서 중고등학생들에게, '누리

그 후의 이야기

평생교육원'에서 성인에게 영어수업을 하고 있습니다. 직장 내 장애인식 개선 강사와 동료 상담가로도 열심히 활동 중이에요.

이은자 어머니(이하 이은자) 저는 강서퍼스트잡지원센터에서 성인 발달장애인의 직업훈련과 일자리 발굴하는 일을 하고 있어요. 어쩌다 보니 취업 알선에 나서게 됐는데, 한 분 한 분이 사원증을 목에 걸고 명함을 자랑할 때마다 아주 뿌듯해요. 지현이는 오전에는 취미생활을 하고 오후에는 4시간씩 근무하고 있어요. 드디어 온 가족이 4대 보험 내는 삶을 살게 된 거죠. 이만하면 애국자 집안 아니겠습니까? (웃음)

김남연 어머니(이하 김남연) 윤호는 올해 초 정애학교를 졸업하고 지금은 '성동발달장애인평생교육센터'에 다니고 있어요. 처음에는 걱정이 많았는데 학교보다 더 잘 다니는 것 같아요 수영도 하고 탁구도 치고 요리도 하고…… 프로그램이 다양해서 그런지 윤호가 굉장히 만족스러워해요. 이 센터도 부모들이 투쟁해서 만들었는데, 내가 부모운동 하기를 정말 잘했다고 뼈저리게 느끼고 있어요. 저는 요즘 이곳저곳 다니면서 발달장애를 주제로 강의 많이 하고요. 전국장애인부모연대 서울지부 대표직에서는 물러났지만 틈나는 대로 조력자 역할도 열심히 하고 있습니다.

장민희 어머니(이하 장민희) 저는 강서장애인가족지원센터 팀장으로 5년째 근무하면서 강서 장애인 가족들의 심신의 건강을 위해 애쓰고 있습니다. 이제는 좀 익숙해질 때도 된 것 같은데 계속 정신이 없네요. 최근에는 성당에서 발달장애인 가족 모임 '솔봉이' 회장도 맡았어요. 저도 처음으로 모임의 장(長)이 되어 봤네요. 혜련이는 영본초등학교에서 하루 4시간씩 미화원으로 근무하고 있어요. 현재 저희 세 딸 중에 유일하게 돈을 벌어서 그런지 어깨에 힘이 팍 들어가 있습니다. 우리 집에서 가장 행복한 사람은 단연 양혜련일 거예요.

김남연　　　저는 직업 가진 친구들이 제일 부럽네요.

정난모 어머니(이하 정난모)　　　그러게요, 너무 부러워요. 재준이도 학교 졸업한 지 벌써 1년이 됐어요. 지금은 '기쁜우리복지관' 직업훈련반에 다니고 있고요. 올해 안에는 어디든 취직시키는 게 저의 가장 큰 목표입니다. 수영은 여전히 잘하고 있어요. 요새는 운동하러 갔다 카페에서 간식 먹는 재미로 사는 것 같아요. 저는 몸이 예전 같지 않아서 필라테스 열심히 하고 있습니다. 복지기관과 연결이 돼서 성인 장애인분들과 함께 화장품 만드는 수업을 진행하고 있고요. 강서장애인가족지원센터에서 회원 자조 모임에 재능기부도 하고 있답니다.

우리의 활동이

기록이 되어 간 순간들

김정인　　　다들 여전히 바쁘게 사시네요. 시간을 거슬러 올라가서…… 제가 다큐 만들겠다고 어머니들 처음 찾아뵀을 때 기억나세요? 그때 어떤 생각을 하셨어요?

장민희 감독님이 처음 저한테 메일을 보냈었잖아요. 제가 접수한 사람입니다! (웃음) 그때 수많은 언론사에서 연락이 왔어요. 감독님은 아무래도 대학원생이라 우선순위에서 밀린지라 뒤늦게 만나게 되었고요. 지금은 1순위인데, 암튼 그때는 정말 이렇게까지 영화로 만들어질 줄은 몰랐어요. 이제는 강서 회원분들 모두 다 감독님을 가족이라고 생각하는 것 같아요.

김정인 조만간 연락해 주신다고 했는데 너무 공백이 길어서 무산된 줄 알았어요. 거의 포기하려던 찰나 일이 성사되었죠. 그때 연락 안 주셨으면 어쩔 뻔했어요, 정말……. (웃음) 돌아보면 사소한 인연 하나하나가 연결고리가 되어 여기까지 온 것 같아요.

조부용 이런 경우에는 하늘의 뜻이라고 해요. 뭔지는 모르지만 다 뜻이 있었을 거예요.

정난모 만날 사람은 다 만나게 되어 있어요. 악연은 교도소에서도 만난대요. (웃음) 우리는 좋은 인연으로 만난 거니까. 제 기억에 감독님이 그때 되게 수줍어하셨어요. 얼굴이 빨개져서 기억이 남아요.

김남연 부모운동을 하면서 우리 활동을 기록으로 남기면 좋겠다는 생각은 다들 했어도 그럴 여력이 없었잖아요. 늘 아쉽기만 했는데 마침 촬영해 준다는 사람이 나타났으니까 굉장히 고마웠죠.

김정인　DMZ국제다큐멘터리영화제 개막식에서 완성본을 처음 보셨잖아요. 사실 저는 그날 엄청 조마조마했거든요. 어머니들 기대에 부응해야 할 텐데, 실망하시면 어쩌나 하고 말이죠. 그때 본 소감이 어떠셨나요? 너무 띄워 주지는 마시고요. (웃음)

이은자　저도 무척 떨렸어요. 처음엔 영화가 어떻게 나왔을지 몰라서 가슴이 두근두근했는데 두 번째 볼 때부터는 안심되더라고요. 갈수록 지현이 모습도 더 잘 보이고 다른 언니들이 그때 저랬구나, 미처 알지 못했던 것들이 눈에 들어오고……. 볼 때마다 울림이 새롭고 느끼는 게 달라지는 것 같아요.

함께한 시간을
온전히 담아낸 뜻깊은 경험

조부용　중간에 가편집본을 한번 보여 주셨잖아요. 지금이니까 하는 말인데, 그때는 굉장히 심란했어요. 우리는 이해하지만 다른 사람들이 공감할 수 있을까? 이런 걱정이 들더라고요. 그런데 완성된 작품을 보니까 감동 그 자체였어요. 마지막 2%가 첨가되니 이렇게 달라질 수 있구나, 생각했죠. 저는 무엇보다 누구에게나 권할 수 있는 수준의 영화가 만들어져서 정말 좋았어요.

장민희　저도 걱정 많이 했는데 그날 보고 안도의 한숨을 쉬었어요. (웃음)

정난모 처음 볼 때는 너무 떨리고 낯설어서 정신이 없었고, 그 이후부터는 서서히 장면마다 감정이입이 되더라고요.

김남연 저도 예전에 심란하다는 얘기는 들었어요. (웃음) 그런데 영화를 보니까 너무 좋은 거예요. 정말 기대 이상이었어요.

김정인 남연 어머니가 영화 보시고 그 말씀 해 주셨잖아요. "언제나 우리 부모들만 홀로 투쟁하는 것 같아서 굉장히 힘들고 외로웠는데 알고 보니 정인 감독이 늘 우리 곁에 함께하고 있었다는 것을 깨닫게 되었다."고, 개인적으로는 이 말이 정말 큰 위로가 됐어요. 제작 과정에서 이런저런 마음고생이 많았는데 그 한마디에 모든 부담과 근심이 눈 녹듯 사라지더라고요.

김남연 제 솔직한 심정 그대로였어요. 투쟁 현장에서 우리 편은 없었다고 생각했는데 그게 아니었던 거죠. 우리의 역사를 남다른 시선으로 묵묵히 지켜봐 준 사람이 있었구나……. 다시 한번 감사드립니다.

김정인 어머니들을 만날 수 있어서 제가 더 감사하죠. 또 하나 궁금한 게 있는데요, 커다란 스크린에 비친 모습을 봤을 때는 어떠셨어요? 맘에 드시던가요?

정난모 너무 낯설어서, 제가 아닌 것 같았어요. 실물보다 좀 못생기게 나온 느낌? (웃음)

이은자 무척 신기했어요. 언제 이런 호사를 또 누려 보나, 이런 생각도 했었고요. 불과 몇 년 전인데 지금보다 훨씬 젊어 보이더라고요.

정난모　　우리 다 나이 앞 자리가 바뀌었잖아.

조부용　　저는 현정이 엄마로 살아온 세월이 고스란히 묻어나는 것 같아서 뭔가 좀 애잔했어요. 한숨 쉬는 모습은 왜 그렇게 자주 나오는지……

장민희　　저도 제 모습이 낯설면서 신기했어요. 함께했던 수많은 시간이 새록새록 떠오르더라고요.

김남연　　지금보다 더 살찐 것 같고 얼굴도 푸석푸석하고 화장도……. (웃음) 좀 더 신경 쓰고 옷도 잘 챙겨 입을걸, 그런 아쉬움이 있지만 그래도 만족합니다.

김정인　　다른 가족들은 영화 보고 뭐라 하시던가요?

김남연　　사실 장애 아이 키우는 마음은 친부모 자매형제라도 잘 모르잖아요. 제가 무엇 때문에, 어떤 일을 하고 다니는지 잘 몰랐는데 이제는 잘 이해한대요. 구구절절 설명하지 않아도 이 영화 한 편으로 제 삶을 충분히 소개할 수 있게 된 거죠.

정난모　　제 남편은 너무 짠해서 마음이 아렸대요. 큰 녀석은 자기가 생각하는 것보다 엄마가 더 열심히 산 것 같다고 하네요. 재준이는 아는 아줌마들 나와서 좋았다 그러고요.

장민희　　가족들이 이구동성으로 고생 많았다고, 엄마가 자랑스럽다고 칭찬해 줬어요. 혜련이는 본인이 나와서 그런지 뿌듯해하는 것 같았어요.

조부용　　현정 아빠는 별다른 말 없이 과묵하게 있었는데 표정을 보니 만감이 교차하는 것 같았어요. 소윤이는…… 엄마나 아내가 아닌 한 사람으로서 조부용의 강인함과 인내를 보았다고 했어요.

이은자 남편은 캄캄한 동굴을 헤매다가 촛불 하나를 얻은 것 같은 느낌이라는데 도통 뭔 말인지 잘 모르겠네요. (웃음) 큰 딸은 공진초 이야기에 많이 공감했대요. 그리고 지현이는 평소에 영화를 잘 못 보는데 의외로 내내 집중해서 제가 놀랐어요. 무슨 영화를 봤냐고 물어봤더니 '지현이'라고 답했던 기억이 나요.

김정인 혹평은 안 하신 것 같아 다행입니다. 비록 작은 독립 다큐지이만 그래도 개봉 이후 인지도를 좀 느끼셨나요? (웃음)

조부용 하루는 동네 주민센터에 갔어요. 마스크를 쓰고 갔는데도 직원분이 "혹시 〈학교 가는 길〉 나오셨어요?" 하고 물어보더라고요.

장민희 저는, 처음 무릎 꿇은 엄마가 저인 줄 잘 모르더라고요. 그래서 제가 말하고 다녀요. (웃음)

이은자 하루는 제 지인이 지하철에서 지현이를 만났다고 전화를 했어요. 영화에서 본 사람이 옆에 있으니까 신기하다고 하더라고요.

조부용 지현이는 감자전 장면에서 그 누구도 할 수 없는 멋진 모습을 보여 줬잖아요.

정난모 제 경우에는 재준이가 수박 좋아하는 게 알려져서 지인이 수박 선물을 보내기도 했어요.

김남연 제 딸의 지인을 만난 적 있는데, 절 보고는 연예인

만나는 것 같다나요. (웃음)

다시 〈학교 가는 길〉을
곰곰 떠올려 보며

김정인　　그럼 영화 보면서 느낀 아쉬운 부분과 좋았던 부분이 있으시다면 편히 이야기해 주세요.

김남연　　김모 의원을 너무 미화한 것은 아닌지, 그 점이 아쉬웠고요. 삼보일배하는 장면이 들어간 게 정말 좋았어요. 장애인 부모들이 세상을 바꾸기 위해 얼마나 열심히 살고 있는지 그리고 우리 아이들이 얼마나 사랑스러운 존재인지 알릴 수 있게 되어 기뻤습니다.

이은자　　발달장애인 당사자나 가족들의 일상을 조금 더 보여 줬으면 좋았겠다고 생각했어요. 가장 좋았던 장면은 남연 언니가 국회에서 "국가는 도대체 무엇을 하고 있습니까?"라고 외치는 대목이에요. 정말 가슴을 후벼 파는 말이었고 볼 때마다 숨이 멎는 것 같아요. 누구나 공감할 수 있는 다양한 이야기가 녹아 있잖아요. 또 한 가지는, 훗날 제가 죽고 없을 때 우리 채림이나 지현이가 엄마 보고 싶으면 이 영화를 보면서 위로를 얻지 않을까 싶어요. 개인적으로 가장 감사한 부분입니다.

김정인　　저도 〈학교 가는 길〉을 한 장면으로 보여 줘야 한다면 단연 김남연 어머니의 국회 장면이라고 생각해요.

조부용　　　저도 그 장면 참 좋았고요. 또 하나는 서진학교가 개교하고 아이들이 밝은 모습으로 배우고 뛰노는 모습이 무척 마음에 들어요. 방방 뛰는 연수의 순수한 표정이 어찌나 사랑스러운지……. 제가 인터뷰할 때 말하는 속도가 너무 빨랐다는 점 말고 영화에 대해 아쉬운 건 없네요.

정난모　　　서진학교 설립을 위해 애쓰신 분들이 더 많은데 그분들의 활약을 충분히 담지 못한 게 아쉬웠어요. 그런 반면에, 시간이 지나면 잊히기 마련인 기억을 이렇게 영화로 남겼잖아요. 그것만으로도 의미가 크다고 생각해요. 발달장애인과 가족들에 대한 인식이 긍정적으로 변화하는 데 이바지했다는 것이 뿌듯했습니다.

장민희　　　캠프나 운동회 같은 행사들이 편집된 점이 아쉬웠고요. 엔딩 크레딧 올라갈 때 엄마와 자녀의 사진이 한 장 한 장 보이는 게 좋았어요. 그리고 저는 영화음악이 아주 좋았던 것 같아요. 모든 곡이 정말 다 마음에 들어요. 장면마다 적재적소에 맞게 음악이 잘 들어간 것 같아요.

김정인　　　네, 저도 음악작업의 결과에 너무 만족해요. 특히 엔딩 곡은 들을 때마다 가슴이 저미는 느낌이에요. 음악감독님이 저 때문에 고생 정말 많았어요. 너무 괴롭혀서 지금도 미안하네요. 음, 그러고 보니 어느새 개봉한 지 1년이 훌쩍 넘었는데 〈학교 가는 길〉과 함께한 시간이 어떤 의미로 저장될 수 있을까요?

정난모　　모두의 영화죠. 감독님과 부모들이 함께 만든 우리 영화. 사회에 던지는 메시지나 시사점은 되게 크고 무거운데 영화가 전체적으로는 따뜻해서 좋았어요. 장애에 관심이 없던 분들도 마음을 열고 함께 울고 웃을 수 있었던 것 같아요. 이런 영화에 참여할 수 있었다는 것 자체가 영광이었습니다.

장민희　　코로나 때문에 아쉬움이 컸지만 그래도 사회적으로 장애 학생의 교육권에 다시 한번 깊은 관심을 불러일으킨 것 같아요. 의미 있는 한 획을 그었다고 생각합니다. 그리고 제게는 여기저기 다니면서 관객과의 대화를 했던 것도 잊을 수 없는 사건이었어요. 언제 이런 경험을 해 보겠어요? 우리 해마다 다 같이 모여 〈학교 가는 길〉을 기념합시다.

조부용　　적어도 발달장애인 인권 관련해서는 〈학교 가는 길〉 개봉 전후로 나뉘었다는 이야기가 나올 정도로 큰 의미가 있었다고 생각해요. 개봉 이후 관객과의 대화를 다니면서 정말 자주 영화를 봤는데 볼 때마다 새로운 감동을 받았어요. 앞으로도 보고 또 봐도 계속 좋을 것 같아요.

이은자　　영화 속에 지현이 어릴 적 30대의 제 모습이 나왔잖아요. 거기 있는 은자가 너무 안돼 보이더라고요. 어떤 상황인지도 알고 어떤 희망으로 키웠는지도 아는데, 내가 열심히 노력하면 지현이가 정상이 될 거라는 믿음만으로 살았던 거죠. 이제 나이 오십이 넘은 내가 보니까 '아이고, 은자야. 그러면 너무 힘든데……' 싶은 거예요. 요즘 젊은 엄마들을 보면 그때의 저를 보는 것 같아서 너무 안쓰럽더라고요. 그래도 희망은 있다고 생각해요. 저는 기업인을 자주 만나잖아요. 〈학교 가는 길〉을 보신 분도 있고, 들어서 알고만 있는 분도 종종 계신데, 우리 아이들에 대한 호감이 높아진 걸 느껴요. 〈학교 가는 길〉이 주는 메시지 때문에 사람들이 굉장히 쉽게 공감하거든요. 앞으로도 이런 콘텐츠가 더 많아지면 좋겠어요.

김남연 2017년 9월 5일 '무릎사건'이 일어나기 전까지 한국전쟁 이후 장애 이슈가 한국 사회에서 이토록 크게 화제가 된 적이 없다고 하잖아요. (웃음) 그런데 그런 사건마저 시간이 지나면서 희미해져 가는데 〈학교 가는 길〉이 모두의 기억을 환기해 준 거죠. 사실 장애 이슈가 보편적 공감대를 얻기란 정말 어렵거든요. 그리고 저는 〈학교 가는 길〉이 장애인만의 영화가 아닌 점이 좋았어요. 공진초를 비롯한 가양동 이야기까지 잘 어우러져서 더욱 깊은 울림을 만들어 낸 것 같아요.

김정인 이게 다 우리 어머니들 덕분 아니겠습니까! 그럼 이제 마무리를 해 볼게요. 앞으로의 계획이나 소망이 무엇인지도 궁금합니다.

**한 걸음 한 걸음
걸어갈 나날들을 생각하며**

정난모　　앞서 얘기했다시피 재준이의 자립을 위해 더 꼼꼼하게 준비해 볼 생각이에요. 저는 지금 하는 일들 꾸준히 하면서 좀 더 건강한 삶을 살도록 노력할 겁니다. 최대한 건강하게, 행복하게 오래오래 사는 게 목표예요. 단순하죠? 이제 복잡한 것보다는 단순한 게 좋네요.

조부용　　장애인들의 '학교 가는 길'뿐만 아니라 졸업 이후에도 한 명의 시민으로 당당히 살아갈 수 있도록 장애인 정책이 잘 마련되면 좋겠습니다. 개인적으로는 건강한 몸과 마음으로 제가 할 수 있는 일에 최선을 다하고 싶습니다.

김남연　　죽는 날까지 발달장애 활동가로 현장에 남아 우리 아이들의 더 나은 삶을 위해 최선을 다해야죠. 중증 발달장애인인 우리 아들 윤호가 하루 4시간 일하고 남은 시간은 주간활동 서비스를 이용하면서 지역사회에서 밝고 씩씩하게 살아갈 수 있는 세상을 꼭 만들 거예요.

이은자　　일단 〈학교 가는 길〉 속편, 〈출근하는 길〉이 얼른 제작되기를 소망합니다. (웃음) 지금 하는 퍼스트잡사업 발달장애인 직업훈련과 일자리 발굴이 전국으로 확대되면 좋겠다는 생각이 들어요. 기회가 닿는 대로 적극 홍보할 계획입니다. 이 단계가 어느 정도 안정되면 주거 영역으로도 확장돼야겠지요. 정말

할 일이 많네요. 일복은 타고났나 봐요.

장민희   혜련이와 같은 친구들이 부모 없이도 지역사회 안에서 행복한 삶을 누릴 수 있도록 탄탄하고 안전한 시스템을 만드는 일에 일조할 생각입니다. 개인이 할 수 있는 일이 있고 다 함께 힘을 모아야만 할 수 있는 일이 있을 것인데, 후자를 위해 더 많은 사람과 연대하고자 합니다. 여러분, 함께해 주세요! (웃음)

김정인   이미 몇 차례 얘기한 바 있지만 어머니들과의 인연, 늘 소중하고 특별하게 생각하고 있어요. 팬데믹 시대, 여전히 안심할 수 없지만 건강하고 행복하시길 바랍니다! 함께 자리해 주셔서 감사합니다.

엔딩 크레딧

뭔가에 홀린 듯 길을 나섰다. 이렇다 할 목적도 종착지도 정하지 않은 채였다. 무작정 걷다 힘들면 쉬었고 기운이 나면 다시 걸었다. 그렇게 5년이 흘렀다. 그간 나의 변화가 궁금한 모양인지, 여정의 끝에서 무엇을 보고 느꼈는지 묻는 사람들이 있었다. 말문이 막혀 잠시 머리를 긁적이다, 간신히 떠오르는 문장 몇 개를 조합해 보았다.

"정말 사소한 이야기예요. 제가 자주 이용하는 지하철역 위로 장애인복지관이 있어요. 승강장에서 지하철을 기다리다 보면 발달장애인을 자주 만나게 되죠. 전에는 그들이 제 쪽으로 걸어오면 나도 모르게 피하곤 했는데 이제는 그러지 않아요. 대수롭지 않게, 특별할 것 없이, 그런 상황을 의식하지 않게 된 것 같아요.

아니, 오히려 오지랖을 부려 더 자세히 봐요. 현정이와 혜련이, 지현이, 재준이 그리고 윤호가 떠오르니까요."

세상 모든 사람에게 발달장애인을 보면 생각나는 친근하고 익숙한 얼굴이 있으면 좋겠다. 단 한 사람이라도 괜찮다. 그리만 된다면 더 이상 뉴스에서 안타까운 소식을 접할 일은 없을 것 같다.

영화 〈학교 가는 길〉을 통해 전하고자 한 이야기는 여기까지다. 더 많은 관객과 독자 길동무가 각자의 발걸음을 이어 가기를 기대한다. 여러분의 여정 끝에서는 무엇을 발견했는지 꼭 들려주시길. 나의 길과 당신의 길은 홀연히 맞닿아 있을 테니……. 우리는 언젠가 반드시 만날 것이다.

영화 제작 못지않게 책을 쓰는 작업 또한 도전의 연속이었다. 혼자였으면 절대 해내지 못할 일이었다. 함께 원고를 집필한 김남연, 김종옥, 이은자, 장민희, 정난모, 조부용, 최보영 일곱 분의 공동 저자에게 진심으로 고마움을 전한다. 같이할 수 있었기에 늘 든든하고 두렵지 않았다.

언제나 관심과 응원을 아끼지 않는 전국장애인부모연대 윤종술 회장님과 각 시도 임원진 회원들께도 깊은 감사를 전한다. 특히 영화 개봉 때부터 자기 일처럼 앞장서 준 이정근 전남지부장님의 열정을 언급하지 않을 수 없다. 본문에서도 이야기했지만, 동해시 장애인학부모회의 이영수 사무국장님의 존재도 큰 힘이

418

되었다.

불가능에 가까운 일을 뚝심 있게 해낸 서울시 교육청의 조희연 교육감님, 김정선 과장님, 최성목 과장님, 오승근 장학관님, 최민석 장학사님, 이경호 주무관님께 고개 숙여 감사드린다.

서진학교의 홍용희 교장 선생님과 나래학교의 양한재 교장 선생님, 완성도 높은 장애인식개선교육 교재를 집필해 준 이석영·강유미·김남·이후빈·장세정·문희수·이선화·장미 선생님, 교육부의 안상권 연구사님, 가양동에 얽힌 복잡다단한 사연을 진솔하게 증언해 준 강은영·임천수·고재훈 님께도 진심으로 감사드린다.

풋내기 작가를 무사히 이끌어 준 이혜재 편집자님, 코로나 중에도 고군분투해 준 배급사 진진의 김난숙 대표님과 직원분들, 화우공익재단의 이현서·홍유진 변호사님, 영감을 불어넣어 준 김세준·김대우·이문영 기자님께도 고마운 마음을 전한다.

부족한 제자를 포기하지 않고 귀한 가르침을 주신 김동원·홍순철·전규찬·김옥영·김진혁·임태우·홍형숙·경순·최진용·한선희·김일란 선생님께 깊이 감사드린다.

사랑하는 아내 정혜경과 그 못지않게 사랑하는 딸 마로에게 더없는 고마움을 전한다. 내가 마로의 아빠가 아니었더라면 이 영화와 책은 세상에 나올 수 없었다. 마로로 인해 비로소 사람의 마음을 배웠다. 늘 기도해 주시는 부모님, 장모님, 누나에게도 사랑한다고, 감사하다고, 힘주어 말하고 싶다.

다큐멘터리 영화의 궁극적인 감독은 신(神)이라는 말이 있다. 여전히 그분께 묻고 싶은 것도 따지고 싶은 것도 많다. 죽는 날까지 풀리지 않는 의문을 부여잡고 살 것 같다. 그럼에도 매번 나를 각성하고 성장하게 하는 사람들, 이야기를 예비해 두신 하나님께 감사한다. 다음에도 잘 부탁드린다.

그 밖에 감사한 분들

감병석 강사라 강주영 강진석 고두현 고석승 고석희 고한별 곽한나 권순선 권지용 권진희 기 선 길국진 김건훈 김경미 김경연 김기룡 김기현 김동주 김동현 김명옥 김명완 김병구 김 빈 김상규 김상임 김상환 김 석 김선미 김성민 김성진 김성태 김성하 김성환 김수정 김승현 김시천 김연지 김영숙 김영우 김영희 김원구 김원중 김은정 김이삭 김재용 김재욱 김재준 김재현 김정아 김정훈 김종민 김준협 김지혜 김진옥 김진웅 김진현 김진희 김창순 김한근 김현정 김형순 김형준 김형진 김혜수 김희영 나명분 남상은 랑 희 류경기 류한준 마민지 마진욱 문성경 문창용 박군제 박상욱 박은희 박인서 박일동 박지수 박태환 박현경 배경진 백남욱 사희욱 서동일 서백원 서은교 서은석 서하나 성경모 성진현 손기서 손재동 송기혁 신경호 신선혜 신세영 신애정 신재열 신효진 심윤서 심치옥 안동규 안민석 안소정 안영신 안유진 안지현 안채림 안충기 양소현 양승조 양승혜 양아련 양주연 양진순 양혜련 양혜림 양홍석 엄명희 엄정화 오길열 오순애 오성근 오현진 원의림 유근창

유미향 유은혜 유재원 유지원 윤선혜 윤여원 윤진철 이경주 이고운 이관용

이미경 이민정 이봉학 이상혁 이선희 이슬비 이승민 이승주 이영금 이우림

이원경 이윤우 이윤정 이윤호 이은주 이종필 이준용 이지유 이지혜 이지훈

이진우 이진영 이진희 이창민 이창우 이창재 이필현 이한승 이한우 이향숙

이현숙 이현정 이혜연 이효성 임이랑 임학수 장규호 장명숙 장미연 장병욱

장상기 장석웅 전광훈 전성우 전순희 전영순 전예신 전재하 정마태 정상진

정수은 정순경 정신애 장선영 정원오 정지원 정태원 정혜수 조경미 조미영

조상현 조용원 조윤호 조은아 조정훈 조지훈 조찬형 주소윤 주현정 지유경

채영혁 최규진 최기쁨 최낙용 최민주 최보람 최석준 최성원 최신호 최우영

최윤지 최은영 최철호 최춘식 탁미선 한고은 한선정 한유정 한철수 함성주

허 석 허철녕 황용순 황치승

학교 가는 길

서진학교, 17년의 기다림과 장애인권 이야기

1판 1쇄 발행 2022년 9월 5일
1판 5쇄 발행 2023년 11월 10일

지은이	김정인, 발달장애인 부모 7인(김남연, 김종옥, 이은자, 장민희, 정난모, 조부용, 최보영)
편집	이혜재
디자인	MALLYBOOK 최윤선, 오미인, 조여름
제작	세걸음

펴낸이	이혜재
펴낸곳	책폴
출판등록	제2021-000034호(2021년 3월 15일)
전화	031-947-9390
팩스	0303-3447-9390
전자우편	jumping_books@naver.com

© 김정인, 2022

ISBN 979-11-976267-7-7 (03300)

너와 나, 작고 큰 꿈을 안고 책으로 폴짝 빠져드는 순간
책폴
블로그 blog.naver.com/jumping_books
인스타그램 @jumping_books

책폴